食品生产经营
法律必知300问

杨永辉 编

U0367007

化学工业出版社

·北京·

内 容 简 介

　　《食品安全法》规定，食品生产经营者应当依照法律、法规和食品安全标准从事生产经营活动，保证食品安全，对社会和公众负责，承担社会责任。法律是专业性、技术性、实践性很强，又极具复杂性的社会科学。为切实提高食品生产经营者依法生产经营的能力，确保食品安全，本书将食品生产经营中经常遇到的问题以问答的方式呈现，将法律化复杂于简明、化深奥于通俗，依据最新法律、法规、规章以及司法解释作出直接、准确的解答。

　　本书内容全面客观、简单易懂，对于增强食品生产经营者法律意识、提高依法生产经营能力和水平具有积极意义。

图书在版编目（CIP）数据

　　食品生产经营法律必知 300 问/杨永辉编 .—北京：化学工业出版社，2021.2（2024.3重印）
　　ISBN 978-7-122-38144-6

　　Ⅰ.①食…　Ⅱ.①杨…　Ⅲ.①食品卫生法-中国-问题解答　Ⅳ.①D922.165

　　中国版本图书馆 CIP 数据核字（2020）第 243400 号

责任编辑：张　蕾	文字编辑：林　丹　邓　金
责任校对：刘　颖	装帧设计：刘丽华

出版发行：化学工业出版社（北京市东城区青年湖南街 13 号　邮政编码 100011）
印　　装：北京机工印刷厂有限公司
710mm×1000mm　1/16　印张 12　字数 237 千字　2024 年 3 月北京第 1 版第 2 次印刷

购书咨询：010-64518888　　　　　售后服务：010-64518899
网　　址：http://www.cip.com.cn
凡购买本书，如有缺损质量问题，本社销售中心负责调换。

定　　价：68.00 元

前言

　　国以民为本，民以食为天，食以安为先。食品安全是国家公共体系的重要组成部分，是重大的基本民生问题。食品生产经营者在食品安全民生工作中占据着十分重要的位置，将直接决定人民群众的饮食安全。当前，随着社会的快速发展，我国经济体制、社会机构、利益格局、思想观念等方面都在发生深刻变化。党和政府对食品安全工作高度重视，人民群众对食品安全问题普遍关注，消费者维护知情权、参与权、监督权的诉求日益强烈，对食品生产企业、商场超市、餐饮单位等生产经营者符合法律、法规以及食品安全标准的食品要求越来越高。

　　为使食品生产经营者更好地了解食品安全知识，掌握生产经营的有关规定，提高依法生产经营的能力，避免食品违法犯罪情形发生，确保食品安全，本书将食品生产经营中经常遇到的问题以问答的方式呈现，将法律化复杂于简明、化深奥于通俗，依据最新法律、法规、规章以及司法解释作出直接、准确的解答。本书内容全面客观、简明易懂，对于增强食品生产经营者法律意识、提高依法生产经营能力和水平具有积极意义。同时也较好地普及了食品安全知识，增强了消费者食品安全意识和自我保护能力。由于水平和时间有限，在编写过程中难免有不妥和疏漏之处，敬请批评指正。

编者

2020 年 10 月

部分法律、法规及标准名称表

序号	文件全称	文件简称	文号
1	《中华人民共和国食品安全法》	《食品安全法》	2018 修正
2	《中华人民共和国食品安全法实施条例》	《食品安全法实施条例》	国务院令第 721 号
3	《农业转基因生物安全管理条例》	《转基因条例》	国务院令第 304 号
4	《食品生产许可管理办法》		国家市场监督管理总局令第 24 号
5	《食品经营许可管理办法》		国家食品药品监督管理总局令第 17 号
6	《农业转基因生物标识管理办法》	《转基因标识管理办法》	2002 年 1 月 5 日农业部令第 10 号公布,2004 年 7 月 1 日农业部令第 38 号、2017 年 11 月 30 日农业部令 2017 年第 8 号修订
7	《食用农产品市场销售质量安全监督管理办法》	《食用农产品管理办法》	国家食品药品监督管理总局令第 20 号
8	《餐饮服务食品安全操作规范》	《餐饮操作规范》	国家市场监督管理总局公告 2018 年第 12 号
9	最高人民法院、最高人民检察院《关于办理生产、销售伪劣商品刑事案件具体应用法律若干问题的解释》	《伪劣商品若干问题的解释》	法释〔2001〕10 号
10	最高人民检察院、公安部《关于公安机关管辖的刑事案件立案追诉标准的规定(一)》	《刑事案件追诉规定》	公通字〔2008〕36 号
11	最高人民法院、最高人民检察院《关于办理危害食品安全刑事案件适用法律若干问题的解释》	《食品安全刑事案件若干解释》	法释〔2013〕12 号
12	食品药品监管总局、公安部、最高人民法院、最高人民检察院、国务院食品安全办《关于印发食品药品行政执法与刑事司法衔接工作办法的通知》	《行刑司法衔接》	食药监稽〔2015〕271 号
13	GB 2760—2014《食品安全国家标准 食品添加剂使用标准》	《食品添加剂使用标准》	
14	GB 7718—2011《食品安全国家标准 预包装食品标签通则》	《预包装食品标签通则》	
15	GB 14880—2012《食品安全国家标准 食品营养强化剂使用标准》	《食品营养强化剂使用标准》	
16	GB 29922—2013《食品安全国家标准 特殊医学用途配方食品通则》	《特殊医学用途配方食品通则》	

目录

第一章

》》总则

1 什么是食品？

《食品安全法》第一百五十条定义食品，指各种供人食用或者饮用的成品和原料以及按照传统既是食品又是中药材的物品，但是不包括以治疗为目的的物品。《食品安全法》规定的食品，不仅包括可直接食用的各种食物，还包括食品原料。既包括加工食品，也包括食用农产品，囊括了从农田到餐桌整个食物链的食品。食品按照包装可分为预包装食品和散装食品；按用途可分为保健食品、特殊医学用途配方食品、婴幼儿配方乳粉等；还可分为有机食品、绿色食品、无公害食品、转基因食品、进口食品、网购食品、特殊食品、餐饮食品等。

2 什么是食品安全？

《食品安全法》第一百五十条定义食品安全，指食品无毒、无害，符合应当有的营养要求，对人体健康不造成任何急性、亚急性或者慢性危害。

食品安全是探讨在食品加工、储存、销售等过程中确保食品卫生及食用安全，降低疾病隐患，防范食品安全事故的一个跨学科领域。食品（食用农产品）的种植、养殖、加工、包装、储存、运输、销售等活动应符合食品安全标准或者国家标准和要求，不存在可能损害或威胁人体健康的有毒、有害物质，以及导致消费者病亡或者危及消费者及其后代的隐患。因此，食品安全既包括生产安全，也包括经营安全；既包括结果安全，也包括过程安全；既包括现实安全，也包括未来安全。

3 法定要求食品生产经营者食品安全责任是什么?

《食品安全法》第四条规定,食品生产经营者对其生产经营食品的安全负责。食品生产经营者应当依照法律、法规和食品安全标准从事生产经营活动,保证食品安全,诚信自律,对社会和公众负责,接受社会监督,承担社会责任。

食品生产经营者是食品安全的第一责任人,应当对其生产经营的食品安全负责,承担食品安全主体责任,正所谓"谁生产,谁负责;谁经营,谁负责"。食品生产经营者落实主体责任,应当做到:一是依法生产经营,应当依照《食品安全法》《食品安全法实施条例》等与食品安全有关的法律、法规、规章和食品安全标准进行生产经营,禁止出现违法行为,否则将承担相应的法律责任;二是诚信经营,食品行业是良心行业,食品生产经营者要有责任感,守住道德底线,自觉接受社会监督,对社会和公众负责,承担社会责任。

4 什么是预包装食品?

《食品安全法》第一百五十条定义预包装食品,指预先定量包装或者制作在包装材料、容器中的食品。《预包装食品标签通则》定义预包装食品,指预先定量包装或者制作在包装材料和容器中的食品,包括预先定量包装以及预先定量制作在包装材料和容器中并且在一定量限范围内具有统一的质量或体积标识的食品。

预包装食品的定义主要来自《食品安全法》和《预包装食品标签通则》。《预包装食品标签通则》适用范围明确,适用于直接提供给消费者的预包装食品标签和非直接提供给消费者的预包装食品标签。由此可知,预包装食品包括了两种形式,一是直接提供给消费者的预包装食品;二是非直接提供给消费者的预包装食品。从预包装食品的定义,可知预包装食品必须符合两个条件,一是预先定量,二是包装或者制作在包装材料和容器中。同时符合这两个条件的加工食品属于预包装食品。如商场、超市销售的标签上标示净含量为 500mL(毫升)的包装饮用水,标签上标示净含量为 5L(升)的一级大豆油,标签上标示净含量为 500g(克)的精品火腿肠等都属于预包装食品。

5 什么是散装食品?

《食品经营许可管理办法》第五十二条定义散装食品,指无预先定量包装,需称重销售的食品,包括无包装和带非定量包装的食品。如商场、超市需称重销售的大米、果冻、糖果等属于散装食品。

6 餐饮食品有无食品安全标准?

这里所说的餐饮食品指餐饮单位通过即时制作加工,为消费者提供的食品。法律、法规没有定义什么是餐饮食品，但是餐饮食品属于食品。餐饮食品究竟有无食品安全标准，严格来讲，餐饮食品没有食品安全标准。什么是食品安全标准？《食品安全法》提出的食品安全标准包括食品安全国家标准和食品安全地方标准，食品企业标准是在食品安全国家标准或者地方标准的基础上制定的，因此有食品企业标准的食品一定有食品安全国家标准或者食品安全地方标准。《食品安全法》第二十七条第一款规定："食品安全国家标准由国务院卫生行政部门会同国务院食品安全监督管理部门制定、公布，国务院标准化行政部门提供国家标准编号。"《食品安全法》第二十九条规定："对地方特色食品，没有食品安全国家标准的，省、自治区、直辖市人民政府卫生行政部门可以制定并公布食品安全地方标准，报国务院卫生行政部门备案。食品安全国家标准制定后，该地方标准即行废止。"以上是《食品安全法》对食品安全国家标准和地方标准作出的规定。

　　食品生产者生产的食品有食品安全标准或者食品安全国家标准，如包装饮用水的食品安全标准是 GB 19298—2014《食品安全国家标准 包装饮用水》，酱油的食品安全标准是 GB 2717—2018《食品安全国家标准 酱油》，干果的食品安全国家标准是 GB 16325—2005《干果食品卫生标准》。从餐饮单位制作加工的酱卤肉中检出胭脂红项目不符合《食品添加剂使用标准》要求，那么《食品添加剂使用标准》是否属于餐饮食品的食品安全标准？《食品添加剂使用标准》强调"食品添加剂"使用时的标准，而不是餐饮食品的标准。可见，从某种角度来讲，餐饮食品没有食品安全标准。

7　预包装食品与散装食品、餐饮食品有什么区别？

　　区别：一是预包装食品是食品生产者生产的食品，餐饮食品则是餐饮服务单位制作加工的食品；二是预包装食品有执行标准，餐饮食品则没有执行标准；三是预包装食品有标签，餐饮食品、散装食品则无标签；四是预包装食品有食品类别编号，餐饮食品无食品类别编号；五是预包装食品的标签应当符合《预包装食品标签通则》的规定，餐饮食品、散装食品则不需要符合相关规定等。

8　什么是食品添加剂？

　　《食品安全法》定义食品添加剂，指为改善食品品质和色、香、味以及为防腐、保鲜和加工工艺的需要而加入食品中的人工合成或者天然物质，包括营养强化剂。《食品添加剂使用标准》定义食品添加剂，指为改善食品品质和色、香、味以及为防腐、保鲜和加工工艺的需要而加入食品中的人工合成或者天然物质。食品用香料、胶基糖果中基础剂物质、食品工业用加工助剂也包括在内。

　　《食品安全法》《食品添加剂使用标准》定义食品添加剂的内容基本相同，从其定义可知，营养强化剂属于食品添加剂，但食品添加剂和营养强化剂的使用是由两个不同的食品安全国家标准《食品添加剂使用标准》《食品营养强化剂使用标准》规范的。因此，营养强化剂的使用先要符合《食品营养强化剂使用标准》的要求。营养强化剂是为了增加食品的营养成分（价值）而加入食品中的天然或人工合成的营养素及其他营养成分。由于营养强化剂属于食品添加剂，因此营养强化剂的使用也要遵守法律、法规对食品添加剂的规定。

9 食品添加剂有多少种？

《食品添加剂使用标准》和卫生部门公告允许使用的食品添加剂共有 23 个类别，2400 多个品种，包括酸度调节剂、抗结剂、消泡剂、抗氧化剂、漂白剂、膨松剂、着色剂、护色剂、酶制剂、增味剂、营养强化剂、防腐剂、甜味剂、增稠剂、香料等。如富马酸属于酸度调节剂，CNS 号（中国编码系统）为 01.110；INS 号（国际编码）为 297。硫酸铝钾（又名钾明矾）、硫酸铝铵（又名铵明矾）属于膨松剂、稳定剂，CNS 号（中国编码系统）为 06.004、06.005；INS 号（国际编码）为 522、523。

10 什么是保健食品？保健食品执行什么标准？

GB 16740—2014《食品安全国家标准 保健食品》定义保健食品，指声称并具有特定保健功能或者以补充维生素、矿物质为目的的食品。即适用于特定人群食用，具有调节机体功能，不以治疗疾病为目的，并且对人体不产生任何急性、亚急性或慢性危害的食品。如劲牌参茸劲酒、鹿龟神牌葆力酒、蛋白粉、维生素 D 维生素 K 软胶囊、氨糖软骨素钙片等属于保健食品。

保健食品执行标准是 GB 16740—2014《食品安全国家标准 保健食品》。

11 什么是特殊医学用途配方食品？特殊医学用途配方食品分为哪几类？

《特殊医学用途配方食品通则》定义特殊医学用途配方食品，指为了满足进食受限、消化吸收障碍、代谢紊乱或特定疾病状态人群对营养素或膳食的特殊需要，专门加工配制而成的配方食品。该类产品必须在医生或临床营养师的指导下，单独食用或与其他食品配合食用。

特殊医学用途配方食品分为三类：一是全营养配方食品，是指可作为单一营养来源满足目标人群营养需求的特殊医学用途配方食品；二是特定全营养配方食品，是指可作为单一营养来源满足目标人群在特定疾病或医学状况下营养需求的特殊医学用途配方食品；三是非全营养配方食品，是指可满足目标人群部分营养需求的特殊医学用途配方食品，不适用于作为单一营养来源。

12　什么是特殊膳食用食品？特殊膳食用食品包含哪些食品类别？

GB 13432—2013《食品安全国家标准 预包装特殊膳食用食品标签》定义特殊膳食用食品，是指为满足特殊的身体或生理状况和（或）满足疾病、紊乱等状态下的特殊膳食需求，专门加工或配方的食品。这类食品的营养素和（或）其他营养成分的含量与可类比的普通食品有显著不同。

特殊膳食用食品的类别主要包括：①婴幼儿配方食品，a. 婴儿配方食品；b. 较大婴儿和幼儿配方食品；c. 特殊医学用途婴儿配方食品。②婴幼儿辅助食品，a. 婴幼儿谷类辅助食品；b. 婴幼儿罐装辅助食品。③特殊医学用途配方食品（特殊医学用途婴儿配方食品涉及的品种除外）。④除上述类别外的其他特殊膳食用食品（包括辅食营养补充品、运动营养食品以及其他具有相应国家标准的特殊膳食用食品）。

13　什么是婴儿配方食品？执行标准是什么？

GB 10765—2010《食品安全国家标准 婴儿配方食品》定义乳基婴儿配方食品，指以乳类及乳蛋白制品为主要原料，加入适量的维生素、矿物质和/或其他成分，仅用物理方法生产加工制成的液态或粉状产品。适于正常婴儿食用，其能量和营养成分能够满足 0～6 月龄婴儿的正常营养需要。豆基婴儿配方食品，指以大豆及大豆蛋白制品为主要原料，加入适量的维生素、矿物质和/或其他成分，仅用物理方法生产加工制成的液态或粉状产品。适于正常婴儿食用，其能量和营养成分能够满足 0～6 月龄婴儿的正常营养需要。

婴儿配方食品执行标准是 GB 10765—2010《食品安全国家标准 婴儿配方食品》。

14　什么是较大婴儿和幼儿配方食品？执行标准是什么？

GB 10767—2010《食品安全国家标准 较大婴儿和幼儿配方食品》规定较大婴儿指 6～12 月龄的人，幼儿指 12～36 月龄的人。较大婴儿和幼儿配方食品，指以乳类及乳蛋白制品和/或大豆及大豆蛋白制品为主要原料，加入适量的维生素、矿物质和/或其他辅料，仅用物理方法生产加工制成的液态或粉状产品，适用于较大婴儿和幼儿食用，其营养成分能满足正常较大婴儿和幼儿的部分营养需要。如宝贝滋养山药面属于较大婴儿和幼儿配方食品。

较大婴儿和幼儿配方食品执行标准是 GB 10767—2010《食品安全国家标准 较大婴儿和幼儿配方食品》。

15　什么是婴幼儿谷类辅助食品？执行标准是什么？

GB 10769—2010《食品安全国家标准 婴幼儿谷类辅助食品》定义婴幼儿谷类

辅助食品，指以一种或多种谷物（如小麦、大米、大麦、燕麦、黑麦、玉米等）为主要原料，且谷物占干物质组成的 25% 以上，添加适量的营养强化剂和（或）其他辅料，经加工制成的适于 6 月龄以上婴儿和幼儿食用的辅助食品。如"婴幼儿小米奶米乳 小米＋苹果"、"婴幼儿小米奶米乳 小米＋淮山药"、婴幼儿有机营养米粉等属于婴幼儿谷类辅助食品。

婴幼儿谷类辅助食品执行标准是 GB 10769—2010《食品安全国家标准 婴幼儿谷类辅助食品》。

16 什么是婴幼儿罐装辅助食品？执行标准是什么？

GB 10770—2010《食品安全国家标准 婴幼儿罐装辅助食品》定义婴幼儿罐装辅助食品，指食品原料经处理、灌装、密封、杀菌或无菌灌装后达到商业无菌，可在常温下保存的适于 6 月龄以上婴幼儿食用的食品。如虹宝（TM）胡萝卜南瓜苹果泥属于婴幼儿罐装辅助食品。

婴幼儿罐装辅助食品执行标准是 GB 10770—2010《食品安全国家标准 婴幼儿罐装辅助食品》。

17 什么是转基因食品？

《转基因条例》第三条规定，本条例所称农业转基因生物，是指利用基因工程技术改变基因组构成，用于农业生产或者农产品加工的动植物、微生物及其产品。主要包括：①转基因动植物（含种子、种畜禽、水产苗种）和微生物；②转基因动植物、微生物产品；③转基因农产品的直接加工品；④含有转基因动植物、微生物或者其产品成分的种子、种畜禽、水产苗种、农药、兽药、肥料和添加剂等产品。

所谓转基因食品，就是以转基因生物为原料加工生产的食品。根据转基因食品来源的不同可分为植物性转基因食品、动物性转基因食品和微生物性转基因食品。从世界上最早的转基因作物（烟草）于 1983 年诞生，到美国孟山都公司转基因食品研制的延熟保鲜转基因西红柿于 1994 年在美国批准上市，转基因食品的研发迅猛发展，产品品种及产量也迅猛增长。转基因作为一种新兴的生物技术手段，其不成熟和不确定性，使得转基因食品的安全成为人们关注的焦点。《食品安全法》规定生产经营转基因食品应当按照规定显著标示，但未规定禁止生产经营。

18 第一批实施标识管理的农业转基因生物有哪些？

《转基因标识管理办法》公布了第一批实施标识管理的农业转基因生物目录，第一批实施标识管理的农业转基因生物共有 5 类 17 种：

　　① 大豆种子、大豆、大豆粉、大豆油、豆粕。

　　②玉米种子、玉米、玉米油、玉米粉。

③ 油菜种子、油菜籽、油菜籽油、油菜籽粕。

④ 棉花种子。

⑤ 番茄种子、鲜番茄、番茄酱。

19 法定要求生产经营转基因食品如何标示？

《食品安全法》第六十九条规定生产经营转基因食品应当按照规定显著标示。

《转基因标识管理办法》第六条规定标识的标注方法：①转基因动植物（含种子、种畜禽、水产苗种）和微生物，转基因动植物、微生物产品，含有转基因动植物、微生物或者其产品成分的种子、种畜禽、水产苗种、农药、兽药、肥料和添加剂等产品，直接标注"转基因××"。②转基因农产品的直接加工品，标注为"转基因××加工品（制成品）"或者"加工原料为转基因××"。③用农业转基因生物或用含有农业转基因生物成分的产品加工制成的产品，但最终销售产品中已不再含有或检测不出转基因成分的产品，标注为"本产品为转基因××加工制成，但本产品中已不再含有转基因成分"或者标注为"本产品加工原料中有转基因××，但本产品中已不再含有转基因成分"。

第七条规定农业转基因生物标识应当醒目，并和产品的包装、标签同时设计和印制。难以在原有包装、标签上标注农业转基因生物标识的，可采用在原有包装、标签的基础上附加转基因生物标识的办法进行标注，但附加标识应当牢固、持久。

第十条规定农业转基因生物标识应当使用规范的中文汉字进行标注。

可见，转基因食品的标示方式有五种：如"转基因大豆""转基因大豆加工品（制成品）""加工原料为转基因大豆""本产品为转基因大豆加工制成，但本产品中已不再含有转基因成分""本产品加工原料中有转基因大豆，但本产品中已不再含有转基因成分"。

20 什么是新食品原料？

新食品原料指在我国无传统食用习惯的动物、植物和微生物；从动物、植物和微生物中分离的成分；原有结构发生改变的食品成分；其他新研制的食品原料。

国家卫生计生委关于印发《新食品原料申报与受理规定》和《新食品原料安全性审查规程》的通知（国卫食品发〔2013〕23号）明确：新食品原料应当具有食品原料的特性，符合应当有的营养要求，且无毒、无害，对人体健康不造成任何急性、亚急性、慢性或者其他潜在性危害。新食品原料不包括保健食品、转基因食品、食品添加剂新品种。

如国家卫生计生委于2017年5月31日审查通过的乳木果油（表1）、宝乐果粉（表2）等属于新食品原料。

表 1　乳木果油

中文名称	乳木果油	
英文名称	shea butter(sheanut oil,shea oil)	
基本信息	来源：山榄科乳油木树(*Butyrospermum parkii*)果仁	
生产工艺简述	以乳油木树果仁为原料,经预处理压榨、浸提、脱乳木果胶和精炼等工艺而制成	
质量要求	性状	白色至淡黄色半固体或固体
	脂肪酸组成(占总脂肪酸含量比)	硬脂酸($C_{18:0}$)/(g/100g)　≥25
		油酸　($C_{18:1}$)/(g/100g)　≥25
其他需要说明的情况	1. 使用范围：巧克力、糖果、冰激淋、烘焙产品及煎炸油,但不包括婴幼儿食品 2. 卫生安全指标应当符合我国相关标准	

表 2　宝乐果粉

中文名称	宝乐果粉
英文名称	borojo powder
基本信息	来源：茜草科宝乐果(*Borojo patinoi cuatrec*)的果实
生产工艺简述	以宝乐果的果肉为原料,经去皮、去籽,果胶酶酶解浓缩、喷雾干燥成粉
推荐食用量	≤30g/天
其他需要说明的情况	1. 婴幼儿不宜食用,标签及说明书中应当标注不适宜人群 2. 卫生安全指标应当符合我国相关标准

21　新食品原料的审查与公布有哪些法定要求？

《食品安全法》第三十七条规定,利用新的食品原料生产食品,应当向国务院卫生行政部门提交相关产品的安全性评估材料。国务院卫生行政部门应当自收到申请之日起六十日内组织审查；对符合食品安全要求的,准予许可并公布；对不符合食品安全要求的,不予许可并书面说明理由。

对于新食品原料的申请、审查与管理,《新食品原料安全性审查管理办法》(2017 年)作出了详细的规定,国家卫生计生委受理新食品原料申请后,向社会公开征求意见,并自受理新食品原料申请之日起六十日内,组织专家对新食品原料安全性评估材料进行审查,作出审查结论。审查过程中需要补充资料的,应当及时书面告知申请人,申请人应当按照要求及时补充有关资料；需要对生产工艺进行现场核查的,可以组织专家对新食品原料研制及生产现场进行核查,并出具现场核查意见,专家对出具的现场核查意见承担责任。国家卫生计生委根据新食品原料的安全性审查结论,对符合食品安全要求的,准予许可并予以公告；对不符合食品安全要求的,不予许可并书面说明理由。

22 既是食品又是药品的物质有多少种？分别是什么？

既是食品又是药品的物质有 93 种。

《关于进一步规范保健食品原料管理的通知》（卫法监发〔2002〕51 号）明确了既是食品又是药品的物质名单，既是食品又是药品的物质有 87 种，分别是：丁香、八角茴香、刀豆、小茴香、小蓟、山药、山楂、马齿苋、乌梢蛇、乌梅、木瓜、火麻仁、代代花、玉竹、甘草、白芷、白果、白扁豆、白扁豆花、龙眼肉（桂圆）、决明子、百合、肉豆蔻、肉桂、余甘子、佛手、杏仁（甜、苦）、沙棘、牡蛎、芡实、花椒、赤小豆、阿胶、鸡内金、麦芽、昆布、枣（大枣、酸枣、黑枣）、罗汉果、郁李仁、金银花、青果、鱼腥草、姜（生姜、干姜）、枳椇子、枸杞子、栀子、砂仁、胖大海、茯苓、香橼、香薷、桃仁、桑叶、桑椹、橘红、桔梗、益智仁、荷叶、莱菔子、莲子、高良姜、淡竹叶、淡豆豉、菊花、菊苣、黄芥子、黄精、紫苏、紫苏籽、葛根、黑芝麻、黑胡椒、槐米、槐花、蒲公英、蜂蜜、榧子、酸枣仁、鲜白茅根、鲜芦根、蝮蛇、橘皮、薄荷、薏苡仁、薤白、覆盆子、藿香。

《关于当归等 6 种新增按照传统既是食品又是中药材的物质公告》（2019 年第 8 号）明确新增 6 种物质纳入按照传统既是食品又是中药材的物质目录，分别是：当归、山柰、西红花、草果、姜黄、荜茇。

》 许可管理

23 从事食品生产经营活动必须取得许可吗?

情景再现:2018 年 4 月 5 日,张某投诉某食品生产企业未取得食品生产许可,大量生产粉条并销售,请求某食品安全监管部门依法查处。某食品安全监管部门经依法查证,某食品生产企业已向某市场监管部门申请办理食品生产许可证,监管部门还在审查过程中。某食品生产企业未取得食品生产许可从事食品生产经营活动情况属实,违法生产经营的食品货值金额九千元,违法所得六千元。某食品生产企业声称自己没有正式生产,属于试生产阶段。

法律分析:《食品安全法》第三十五条第一款规定国家对食品生产经营实行许可制度。从事食品生产……,应当依法取得许可。由此可知,从事食品生产经营必须在依法取得许可后方可从事食品生产经营活动,否则属于违法行为。依法取得食品生产经营许可是依法生产经营的前提,食品生产经营许可证是依法取得食品生产经营许可的标志。在规定、法定许可的同时,法律、法规还规定了某些场所销售某些食品不需要取得许可的特殊规定,比如,销售食用农产品,不需要取得许可;医疗机构、药品零售企业销售特定全营养配方食品,不需要取得食品经营许可。对食品生产加工小作坊和食品摊贩等的管理依据省、自治区、直辖市制定的具体管理办法执行。

24 未取得许可从事食品生产经营活动,应当承担什么法律责任?

情景再现:2018 年 5 月,某超市(以下简称"当事人")在未依法取得食品经营许可证的情况下营业 10 天,某食品安全监管部门(以下简称"办案单位")接到举报后查其原因,当事人已申请许可 25 天,办案单位经依法核查,当事人通风、采光不符合要求，责令其于 7 日内整改完毕，当事人未按规定进行整改，认为不整改监管部门也能下发许可证。因此，出现了举报人举报当事人未取得许可从事食品经营活动。办案单位经查证，当事人违法经营的食品货值金额二万三千元，违法所得一万二千元。

法律分析：《食品安全法》第三十五条第一款规定："国家对食品生产经营实行许可制度。从事……食品销售……，应当依法取得许可。"《食品安全法》第一百二十二条第一款规定："违反本法规定，未取得食品生产经营许可从事食品生产经营活动，……由县级以上人民政府食品安全监督管理部门没收违法所得和违法生产经营的食品、食品添加剂以及用于违法生产经营的工具、设备、原料等物品；违法生产经营的食品、食品添加剂货值金额不足一万元的，并处五万元以上十万元以下罚款；货值金额一万元以上的，并处货值金额十倍以上二十倍以下罚款。"

由此可知，当事人未取得食品经营许可从事食品经营活动的行为违反了《食品安全法》第三十五条第一款的规定，符合《食品安全法》第一百二十二条第一款的情形，因此应当依据《食品安全法》第一百二十二条第一款的规定给予当事人没收违法所得和违法生产经营的食品、食品添加剂以及用于违法生产经营的工具、设备、原料等物品，并处货值金额十倍以上二十倍以下罚款。

25 未取得许可从事食品生产经营活动，为其提供生产经营场所应当承担什么法律责任？

《食品安全法》第一百二十二条第二款规定："明知从事未取得许可从事食品生产经营活动的违法行为，仍为其提供生产经营场所或者其他条件的，由县级以上人民政府食品安全监督管理部门责令停止违法行为，没收违法所得，并处五万元以上十万元以下罚款；使消费者的合法权益受到损害的，应当与食品、食品添加剂生产经营者承担连带责任。"

所谓"明知"强调主观故意，明知食品生产经营者未取得许可仍为其提供生产经营场所或者其他条件的，性质恶劣，属于故意的共同违法行为，应当承担相应的法律责任。因此，凡是当事人的行为符合《食品安全法》第一百二十二条第二款的情形，应当依据《食品安全法》第一百二十二条第二款的规定责令当事人停止违法行为，没收违法所得，并处罚款的行政处罚。如果使消费者的合法权益受到损害，还应当与食品、食品添加剂生产经营者承担连带责任。

26 申请食品生产经营许可应当符合哪些条件？

食品生产经营许可包括食品生产许可和食品经营许可，食品生产许可和食品经营许可是由两个不同的管理办法来规范的。《食品生产许可管理办法》第十二条规定申请食品生产许可，应当符合下列条件：①具有与生产的食品品种、数量相适应的食品原料处理和食品加工、包装、贮存等场所，保持该场所环境整洁，并与有毒、有害场所以及其他污染源保持规定的距离。②具有与生产的食品品种、数量相适应的生产设备或者设施，有相应的消毒、更衣、盥洗、采光、照明、通风、防腐、防尘、防蝇、防鼠、防虫、洗涤以及处理废水、存放垃圾和废弃物的设备或者设施；保健食品生产工艺有原料提取、纯化等前处理工序的，需要具备与生产的品种、数量相适应的原料前处理设备或者设施。③有专职或者兼职的食品安全专业技术人员、食品安全管理人员和保证食品安全的规章制度。④具有合理的设备布局和工艺流程，防止待加工食品与直接入口食品、原料与成品交叉污染，避免食品接触有毒物、不洁物。⑤法律、法规规定的其他条件。《食品经营许可管理办法》第十一条规定申请食品经营许可，应当符合下列条件：①具有与经营的食品品种、数量相适应的食品原料处理和食品加工、销售、贮存等场所，保持该场所环境整洁，并与有毒、有害场所以及其他污染源保持规定的距离。②具有与经营的食品品种、数量相适应的经营设备或者设施，有相应的消毒、更衣、盥洗、采光、照明、通风、防腐、防尘、防蝇、防鼠、防虫、洗涤以及处理废水、存放垃圾和废弃物的设备或者设施。③有专职或者兼职的食品安全管理人员和保证食品安全的规章制度。④具有合理的设备布局和工艺流程，防止待加工食品与直接入口食品、原料与成品交叉污染，避免食品接触有毒物、不洁物。⑤法律、法规规定的其他条件。

《食品安全法》第三十五条第二款规定县级以上地方人民政府食品安全监督管理部门应当依照《中华人民共和国行政许可法》的规定，审核申请人提交的本法第三十三条第一款第一项至第四项规定要求的相关资料……；对符合规定条件的，准予许可。《食品安全法》第三十三条第一款第一项至第四项的规定就是《食品生产许可管理办法》《食品经营许可管理办法》规定的申请食品生产经营许可所必须符合的条件。

因此，申请食品生产经营许可，必须符合上述条件，监管部门才能准予许可。

27 食品生产者申请食品生产许可有哪些食品类别？

《食品生产许可管理办法》第十一条规定："申请食品生产许可，应当按照以下食品类别提出：粮食加工品，食用油、油脂及其制品，调味品，肉制品，乳制品，饮料，方便食品，饼干，罐头，冷冻饮品，速冻食品，薯类和膨化食品，糖果制品，茶叶及相关制品，酒类，蔬菜制品，水果制品，炒货食品及坚果制品，蛋制品，可可及焙烤咖啡产品，食糖，水产制品，淀粉及淀粉制品，糕点，豆制品，蜂产品，保健食品，特殊医学用途配方食品，婴幼儿配方食品，特殊膳食食品，其他食品等。……"食品生产者申请食品生产许可，共有 31 种食品类别。

如某食品生产企业生产加工小麦粉、大米、挂面，申请食品生产许可，食品类别为粮食加工品；生产酱油、食醋、味精、酱类、调味料、食盐，申请食品生产许可，食品类别为调味品；生产包装饮用水、碳酸饮料（汽水）、茶类饮料、果蔬汁类及其饮料、蛋白饮料、固体饮料，申请食品生产许可，食品类别为饮料。

28 食品经营者申请食品经营许可主体业态和经营项目是怎么规定的？

《食品经营许可管理办法》第十条规定，申请食品经营许可，应当按照食品经营主体业态和经营项目分类提出。

食品经营主体业态分为食品销售经营者、餐饮服务经营者、单位食堂。食品经营者申请通过网络经营、建立中央厨房或者从事集体用餐配送的，应当在主体业态后以括号标注。

食品经营项目分为预包装食品销售（含冷藏冷冻食品、不含冷藏冷冻食品）、散装食品销售（含冷藏冷冻食品、不含冷藏冷冻食品）、特殊食品销售（保健食品、特殊医学用途配方食品、婴幼儿配方乳粉、其他婴幼儿配方食品）、其他类食品销售；热食类食品制售、冷食类食品制售、生食类食品制售、糕点类食品制售、自制饮品制售、其他类食品制售等。

列入其他类食品销售和其他类食品制售的具体品种应当报国家食品药品监督管理总局批准后执行，并明确标注。具有热、冷、生、固态、液态等多种情形，难以明确归类的食品，可以按照食品安全风险等级最高的情形进行归类。"

如某超市申请食品经营许可，超市属于食品销售经营者，申请经营项目为预包装食品销售（含冷藏冷冻食品、不含冷藏冷冻食品）、散装食品销售（含冷藏冷冻食品、不含冷藏冷冻食品）、特殊食品销售（保健食品、特殊医学用途配方食品、婴幼儿配方乳粉、其他婴幼儿配方食品）、其他类食品销售。某饭店申请食品经营许可，饭店属于餐饮服务经营者，申请经营项目为预包装食品销售（含冷藏冷冻食品、不含冷藏冷冻食品）、散装食品销售（含冷藏冷冻食品、不含冷藏冷冻食品）、特殊食品销售（保健食品、特殊医学用途配方食品、婴幼儿配方乳粉、其他婴幼儿配方食品）、其他类食品销售；热食类食品制售、冷食类食品制售、生食类食品制售、糕点类食品制售、自制饮品制售、其他类食品制售等。

29 食品生产许可哪些事项发生变化需要申请变更？

《食品生产许可管理办法》第三十二条规定，食品生产许可证有效期内，食品生产者名称、现有设备布局和工艺流程、主要生产设备设施、食品类别等事项发生变化，需要变更食品生产许可证载明的许可事项的，食品生产者应当在变化后10个工作日内向原发证的市场监督管理部门提出变更申请。

因此，当食品生产者名称、现有设备布局和工艺流程、主要生产设备设施、食品类别等事项发生变化，食品生产者必须在变化后10个工作日内向原发证的市场监督管理部门申请变更。

30 食品经营许可哪些事项发生变化需要申请变更？

《食品经营许可管理办法》第二十三条规定，食品经营许可证应当载明：经营者名称、社会信用代码（个体经营者为身份证号码）、法定代表人（负责人）、住所、经营场所、主体业态、经营项目、许可证编号、有效期、日常监督管理机构、日常监督管理人员、投诉举报电话、发证机关、签发人、发证日期和二维码共十六项内容。这十六项内容中只有食品经营许可证载明的经营者名称、社会信用代码（个体经营者为身份证号码）、法定代表人（负责人）、住所、经营项目等发生变化时，食品经营者应当在变化后 10 个工作日内向原发证的市场监督管理部门申请变更经营许可。

许可事项发生变化要有证据做支撑，比如营业执照上载明的经营者名称、社会信用代码（个体经营者为身份证号码）、法定代表人（负责人）、住所、经营项目等内容与食品经营许可证上载明的内容不符，经营者提供的合同或者协议证明食品经营者身份证号码、法定代表人（负责人）等与实际经营者内容不符，发生上述变化时，应当及时按规定申请变更。

31 许可事项发生变化未按规定申请变更，应当承担什么法律责任？

情景再现：2020 年 4 月 1 日，某食品安全监管部门（以下简称"办案机构"）依法检查某食品生产企业（以下简称"当事人"），发现其食品生产许可证上载明的食品生产者名称与营业执照上载明的食品生产者名称不一致，除此之外，其他事项都符合要求。经查，当事人的营业执照是新申请办理的，营业执照上载明的发证日期是 2020 年 3 月 10 日。

法律分析：《食品生产许可管理办法》第三十二条第一款规定："食品生产许可证有效期内，食品生产者名称……等事项发生变化，需要变更食品生产许可证载明的许可事项的，食品生产者应当在变化后 10 个工作日内向原发证的市场监督管理部门提出变更申请。"《食品生产许可管理办法》第五十三条第一款规定："违反本办法第三十二条第一款规定，食品生产许可证有效期内，食品生产者名称……等事项发生变化，……未按规定申请变更的，由原发证的市场监督管理部门责令改正，给予警告；拒不改正的，处 1 万元以上 3 万元以下罚款。"由此判定，当事人食品生产者名称发生变化未按规定申请变更的行为违反了《食品生产许可管理办法》第三十二条第一款的规定，符合《食品生产许可管理办法》第五十三条第一款的情形，应当依据《食品生产许可管理办法》第五十三条第一款的规定责令其改正违法行为，给予警告处罚；拒不改正的，处 1 万元以上 3 万元以下罚款。

32 食品经营许可证遗失、损坏的怎么处理？

《食品经营许可管理办法》第三十五条规定，食品经营许可证遗失、损坏的，应当向原发证的食品药品监督管理部门申请补办，并提交下列材料：①食品经营许可证补办申请书。②食品经营许可证遗失的，申请人应当提交在县级以上地方食品药品监督管理部门网站或者其他县级以上主要媒体上刊登遗失公告的材料；食品经营许可证损坏的，应当提交损坏的食品经营许可证原件。

原发证的食品药品监督管理部门对于材料符合要求的，在规定时限内予以补发。补发的食品经营许可证，许可证编号不变，发证日期和有效期与原证书一致。

可见，食品经营许可证遗失的，首先需要在食品药品监管部门网站或者主要媒体上刊登遗失公告，然后携带公告有关证明材料申请补办食品经营许可证。食品经营许可证损坏的，申请补办时需要提交损坏的食品经营许可证原件。

33　许可地址与实际生产经营场所不符，应当怎么处理？

《食品生产许可管理办法》第三十二条第二款规定，食品生产者的生产场所迁址的，应当重新申请食品生产许可。《食品经营许可管理办法》第二十七条第二款规定，经营场所发生变化的，应当重新申请食品经营许可。外设仓库地址发生变化的，食品经营者应当在变化后 10 个工作日内向原发证的食品药品监督管理部门报告。

食品许可包括食品生产许可和食品经营许可，无论是食品生产者还是食品经营者，生产地址、场所发生变化，必须重新申请许可。

34　生产经营场所发生变化未重新申请食品生产经营许可从事食品生产经营活动，应当承担什么法律责任？

情景再现：2018 年 8 月 7 日，某食品安全监管部门依法检查某食品超市（以下简称"当事人"），发现其食品经营许可证上载明的经营场所与实际场所不一致，查其原因，当事人解释原经营场所因为房租到期，正好现在经营的场所各方面都非常合适，2018 年 7 月 20 日就搬到了现在经营的场所。除了经营场所变化外，其他事项都没变。经查，违法经营的食品货值金额一万一千元，违法所得七千元。

法律分析：《食品经营许可管理办法》第二十七条第二款规定，经营场所发生变化的，应当重新申请食品经营许可。可见，当事人经营场所发生变化，未重新申请食品经营许可，属于当事人从事食品经营未取得许可。《食品安全法》第三十五条第一款规定，从事食品生产、食品销售、餐饮服务，应当依法取得许可。《食品安全法》第一百二十二条第一款规定："违反本法规定，未取得食品生产经营许可从事食品生产经营活动，……由县级以上人民政府食品安全监督管理部门没收违法所得和违法生产经营的食品、食品添加剂以及用于违法生产经营的工具、设备、原料等物品；违法生产经营的食品、食品添加剂货值金额不足一万元的，并处五万元以上十万元以下罚款；货值金额一万元以上的，并处货值金额十倍以上二十倍以下罚款。"

因此，当事人经营场所发生变化未重新申请食品经营许可从事食品经营活动，构成了未取得食品经营许可从事食品经营活动的违法行为，违反了《食品安全法》第三十五条第一款的规定，符合《食品安全法》第一百二十二条第一款的情形，应当依据《食品安全法》第一百二十二条第一款的规定给予当事人没收违法所得和违法生产经营的食品、食品添加剂以及用于违法生产经营的工具、设备、原料等物品；并处货值金额十倍以上二十倍以下罚款的处罚。

35 食品生产许可证编号是怎么规定的?

《食品生产许可管理办法》第三十条规定，食品生产许可证编号由 SC（"生产"的汉语拼音字母缩写）和 14 位阿拉伯数字组成。数字从左至右依次为：3 位食品类别编码、2 位省（自治区、直辖市）代码、2 位市（地）代码、2 位县（区）代码、4 位顺序码、1 位校验码。具体表示形式如图 1 所示。

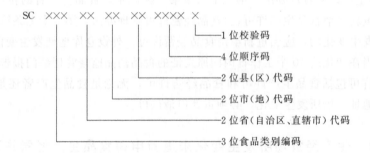

图 1　食品生产许可证编号编码构成

36 食品经营许可证编号是怎么规定的?

《食品经营许可管理办法》第二十四条规定，食品经营许可证编号由 JY（"经营"的汉语拼音字母缩写）和 14 位阿拉伯数字组成。数字从左至右依次为：1 位主体业态代码、2 位省（自治区、直辖市）代码、2 位市（地）代码、2 位县（区）代码、6 位顺序码、1 位校验码。具体表示形式如图 2 所示。

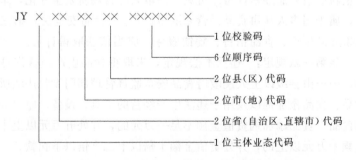

图 2　食品经营许可证编号编码构成

37 食品生产经营者如何保管许可证？

食品生产经营者包括食品生产者和食品经营者。《食品生产许可管理办法》第三十一条规定，食品生产者应当妥善保管食品生产许可证，不得伪造、涂改、倒卖、出租、出借、转让。食品生产者应当在生产场所的显著位置悬挂或者摆放食品生产许可证正本。《食品经营许可管理办法》第二十六条规定，食品经营者应当妥善保管食品经营许可证，不得伪造、涂改、倒卖、出租、出借、转让。食品经营者应当在经营场所的显著位置悬挂或者摆放食品经营许可证正本。

可见，食品生产经营者必须妥善保管食品生产经营许可证，不得伪造、涂改、倒卖、出租、出借、转让。食品生产经营者必须在生产经营场所的显著位置悬挂或者摆放食品生产经营许可证正本。

38 食品生产者终止食品生产，食品生产许可被撤回、撤销，应当怎么处理？

《食品生产许可管理办法》第四十条第一款规定："食品生产者终止食品生产，食品生产许可被撤回、撤销，应当在 20 个工作日内向原发证的市场监督管理部门申请办理注销手续。"

因此，食品生产者终止食品生产，食品生产许可被撤回、撤销，必须在 20 个工作日内向原发证的市场监督管理部门申请办理注销手续。

39 食品生产者未按规定申请办理注销手续，将受到什么处理？

《食品生产许可管理办法》第四十一条规定："有下列情形之一，食品生产者未按规定申请办理注销手续的，原发证的市场监督管理部门应当依法办理食品生产许可注销手续，并在网站进行公示：①食品生产许可有效期届满未申请延续的；②食品生产者主体资格依法终止的；③食品生产许可依法被撤回、撤销或者食品生产许可证依法被吊销的；④因不可抗力导致食品生产许可事项无法实施的；⑤法律法规规定的应当注销食品生产许可的其他情形。"

可见，食品生产者未按规定申请办理注销手续，原发证的市场监督管理部门应当依法办理食品生产许可注销手续，并在网站进行公示。

40 食品生产经营许可的有效期是怎么规定的？

《食品安全法实施条例》第十五条第一款规定食品生产经营许可的有效期为 5 年。《食品生产许可管理办法》第二十五条规定食品生产许可证发证日期为许可决定作出的日期，有效期为 5 年。《食品经营许可管理办法》第十九条规定食品经营许可证发证日期为许可决定作出的日期，有效期为 5 年。可见，食品生产经营许可的有效期为 5 年，许可证发证日期为许可决定作出的日期。

41 申请办理延续许可，需要提交哪些材料？

《食品生产许可管理办法》第三十四条规定，食品生产者需要延续依法取得的食品生产许可的有效期的，应当在该食品生产许可有效期届满 30 个工作日前，向原发证的市场监督管理部门提出申请。第三十五条规定，食品生产者申请延续食品生产许可，应当提交下列材料：①食品生产许可延续申请书；②与延续食品生产许可事项有关的其他材料。保健食品、特殊医学用途配方食品、婴幼儿配方食品的生产企业申请延续食品生产许可的，还应当提供生产质量管理体系运行情况的自查报告。

《食品经营许可管理办法》第二十九条规定，食品经营者需要延续依法取得的食品经营许可的有效期的，应当在该食品经营许可有效期届满 30 个工作日前，向原发证的食品药品监督管理部门提出申请。第三十条规定，食品经营者申请延续食品经营许可，应当提交下列材料：①食品经营许可延续申请书；②食品经营许可证正本、副本；③与延续食品经营许可事项有关的其他材料。

可见，申请办理延续许可，必须在规定的时间内按照以上要求提交相关材料。

42 未按规定申请办理延续许可，许可证过期后仍从事食品生产经营活动，应当承担什么法律责任？

情景再现：2019 年 10 月 18 日，某食品安全监管部门依法检查某食品生产企业（以下简称"当事人"），发现其食品生产许可证上载明的食品类别为淀粉及淀粉制品；许可证有效期至 2019 年 9 月 18 日，其他许可事项符合法定要求。经查，当事人忽略了许可证超过有效期的事情，违法生产经营的食品货值金额五万三千元，违法所得四万元。

法律分析：《食品生产许可管理办法》第三十四条规定："食品生产者需要延续依法取得的食品生产许可的有效期的，应当在该食品生产许可有效期届满 30 个工作日前，向原发证的市场监督管理部门提出申请。"第三十九条第一款规定："市场监督管理部门决定准予延续的，应当向申请人颁发新的食品生产许可证，……"当事人未按规定申请办理延续许可，许可证过期后仍从事食品生产经营活动，属于当事人未取得食品生产许可从事食品生产经营活动。

《食品安全法》第一百二十二条第一款规定："违反本法规定，未取得食品生产经营许可从事食品生产经营活动，……由县级以上人民政府食品安全监督管理部门没收违法所得和违法生产经营的食品、食品添加剂以及用于违法生产经营的工具、设备、原料等物品；违法生产经营的食品、食品添加剂货值金额不足一万元的，并处五万元以上十万元以下罚款；货值金额一万元以上的，并处货值金额十倍以上二十倍以下罚款。"

可见，当事人未取得食品生产许可从事食品生产经营活动的行为符合《食品安全法》第一百二十二条第一款的情形，应当依据《食品安全法》第一百二十二条第一款的规定没收违法所得四万元和违法生产经营的食品、食品添加剂以及用于违法生产经营的工具、设备、原料等物品；并处货值金额十倍以上二十倍以下的罚款处罚。

43　隐瞒真实情况或者提供虚假材料申请许可，应当承担什么法律责任？

《食品生产许可管理办法》第五十条规定，许可申请人隐瞒真实情况或者提供虚假材料申请食品生产许可的，由县级以上地方市场监督管理部门给予警告。申请人在 1 年内不得再次申请食品生产许可。《食品经营许可管理办法》第四十六条规定，许可申请人隐瞒真实情况或者提供虚假材料申请食品经营许可的，由县级以上地方食品药品监督管理部门给予警告。申请人在 1 年内不得再次申请食品经营许可。

可见，许可申请人申请食品生产经营许可是不能隐瞒真实情况或者提供虚假材料的，否则许可申请人将依法受到警告处罚，在 1 年内不得再次申请食品生产经营许可。

44　以欺骗、贿赂等不正当手段取得许可，应当承担什么法律责任？

《食品生产许可管理办法》第五十一条规定，被许可人以欺骗、贿赂等不正当手段取得食品生产许可的，由原发证的市场监督管理部门撤销许可，并处 1 万元以上 3 万元以下罚款。被许可人在 3 年内不得再次申请食品生产许可。《食品经营许可管理办法》第四十七条规定，被许可人以欺骗、贿赂等不正当手段取得食品经营许可的，由原发证的食品药品监督管理部门撤销许可，并处 1 万元以上 3 万元以下罚款。被许可人在 3 年内不得再次申请食品经营许可。

因此，许可申请人不能以欺骗、贿赂等不正当手段取得食品生产经营许可，否则被许可人将依法受到撤销许可并处罚款的处罚，在 3 年内不得再次申请食品生产经营许可。

》人员管理

45 法定要求由谁全面负责食品生产经营企业的食品安全工作？

《食品安全法》第四十四条第二款规定："食品生产经营企业的主要负责人应当落实企业食品安全管理制度，对本企业的食品安全工作全面负责。"《食品安全法实施条例》第十九条规定："食品生产经营企业的主要负责人对本企业的食品安全工作全面负责，建立并落实本企业的食品安全责任制，加强供货者管理、进货查验和出厂检验、生产经营过程控制、食品安全自查等工作。食品生产经营企业的食品安全管理人员应当协助企业主要负责人做好食品安全管理工作。"

可见，法定要求食品生产经营企业的主要负责人全面负责本企业的食品安全工作。在建立和落实本企业食品安全管理制度过程中，必须担负起对本企业食品安全管理制度和食品安全工作的全面责任。这既是法律责任，也是社会责任。

46 食品生产经营企业未配备食品安全管理人员，应当承担什么法律责任？

情景再现：2018 年 12 月 10 日，某食品安全监管部门依法检查某餐饮服务企业（以下简称"当事人"）经营情况，发现当事人未配备食品安全管理人员，也未能提供任何配备食品安全管理人员的材料。经查证，原配备的食品安全管理人员于 2018 年 11 月 5 日辞职，企业还未来得及配备新的食品安全管理人员。

法律分析：《食品安全法》第四十四条第三款规定："食品生产经营企业应当配备食品安全管理人员，加强对其培训和考核。经考核不具备食品安全管理能力的，不得上岗。……"《食品安全法》第一百二十六条规定："违反本法规定，有下列情形之一的，由县级以上人民政府食品安全监督管理部门责令改正，给予警告；拒不改正的，处五千元以上五万元以下罚款；情节严重的，责令停产停业，直至吊销许可证；……（二）食品生产经营企业未按规定建立食品安全管理制度，或者未按规定配备或者培训、考核食品安全管理人员；……"

由此判定，食品生产经营企业未按规定配备食品安全管理人员的行为违反了《食品安全法》第四十四条第三款的规定，符合《食品安全法》第一百二十六条第一款第二项的情形，应当依据《食品安全法》第一百二十六条第一款第二项的规定，责令其改正违法行为，给予警告处罚；拒不改正的，处五千元以上五万元以下罚款；情节严重的，责令停产停业，直至吊销许可证。

47　法定要求哪些单位必须配备食品安全管理人员并对其培训、考核？

《食品安全法》第四十四条第三款规定："食品生产经营企业应当配备食品安全管理人员，加强对其培训和考核。经考核不具备食品安全管理能力的，不得上岗。……"

因此，食品生产经营企业的食品安全管理人员必须经过培训和考核，只有经考核并具备食品安全管理能力的，才能担任本企业的食品安全管理人员；考核不通过的，不能上岗。

48　餐饮服务食品安全管理人员的培训、考核是怎么规定的？

《市场监管总局办公厅关于印发餐饮服务食品安全管理人员必备知识参考题库的通知》（市监食监二〔2018〕5号）明确，为落实《食品安全法》规定，强化餐饮服务食品安全管理人员必备知识普及，督促餐饮服务提供者进一步落实食品安全主体责任，提升餐饮业质量安全水平，总局组织编写了《餐饮服务食品安全管理人员必备知识参考题库》（以下简称《题库》，见附录），要求餐饮服务提供者依据《题库》组织食品安全管理人员进行学习培训。同时要求各地食品安全监管部门在日常监督检查中，依据《题库》对餐饮服务食品安全管理人员食品安全知识的掌握情况进行现场抽查考试，考试不合格的，要对其在规定时限内进行补考。

因此，餐饮服务食品安全管理人员的培训、考核除遵守法律、法规的有关规定外，还要依据国家总局下发的《题库》进行学习培训，食品安全监管部门在日常监督检查中，依据《题库》对餐饮服务食品安全管理人员进行抽查考试，考试不合格的，限期进行补考。

49　法定要求哪些食品生产经营人员必须每年进行健康检查？

《食品安全法》第四十五条第二款规定，从事接触直接入口食品工作的食品生产经营人员应当每年进行健康检查，取得健康证明后方可上岗工作。

法律规定从事接触直接入口食品工作的食品生产经营人员必须每年进行健康检查，从事接触直接入口食品工作的食品生产经营人员究竟指哪些人员，食品生产企业中有法定代表人、食品安全管理人员、生产加工制作人员、采购员、库管员等；食品经营单位中有单位负责人、切菜人员、配菜人员、烹饪人员、传菜人员、餐饮具清洗消毒工作人员等。这些人员中有的工作人员接触的不是直接入口食品的工作，如法定代表人、库管员等；有的工作人员接触的是直接入口食品的工作，如生产加工制作人员、烹饪人员、传菜人员、餐饮具清洗消毒工作人员等。食品安全涉及食品生产经营的每个环节，特别是直接接触食品生产经营的工作人员，如果患有细菌性痢疾、甲型病毒性肝炎、活动性肺结核等疾病，极易通过食品把病毒传给顾客，从而导致食品污染，引发不必要的食品安全事故。

因此，从事接触直接入口食品工作的食品生产经营人员必须每年进行健康检查，取得健康证明后方可准许工作。

50 食品生产经营者能否安排未取得健康证明的人员从事接触直接入口食品的工作？

《食品安全法》第四十五条第二款规定："从事接触直接入口食品工作的食品生产经营人员应当每年进行健康检查，取得健康证明后方可上岗工作。"由《食品安全法》第四十五条第二款可知，食品生产经营者安排未取得健康证明的人员从事接触直接入口食品的工作属于违法行为。因此，食品生产经营者不能安排未取得健康证明的人员从事接触直接入口食品的工作。

51 食品生产经营者安排未取得健康证明的人员从事接触直接入口食品的工作，应当承担什么法律责任？

情景再现：2018 年 6 月 7 日，某食品安全监管部门依法检查某食品生产企业生产情况，现场发现刘××穿有清洁的工作服，戴有清洁的工作帽和口罩，但未持有健康证明正在从事接触直接入口食品的工作，经查刘××是该企业于 2018 年 5 月 5 日招来的一名工作人员，还未进行健康检查，属于正准备办理健康证明过程中。

法律分析：《食品安全法》第四十五条第二款规定："从事接触直接入口食品工作的食品生产经营人员应当每年进行健康检查，取得健康证明后方可上岗工作。"《食品安全法》第一百二十六条规定："违反本法规定，有下列情形之一的，由县级以上人民政府食品安全监督管理部门责令改正，给予警告；拒不改正的，处五千元以上五万元以下罚款；情节严重的，责令停产停业，直至吊销许可证：……（六）食品生产经营者安排未取得健康证明或者患有国务院卫生行政部门规定的有碍食品安全疾病的人员从事接触直接入口食品的工作；……"

因此，食品生产经营者安排未取得健康证明的人员从事接触直接入口食品工作的行为违反了《食品安全法》第四十五条第二款的规定，符合《食品安全法》第一百二十六条第一款第六项的情形，应当依据《食品安全法》第一百二十六条第一款第六项的规定责令食品生产企业改正违法行为，给予警告处罚；拒不改正的，处五千元以上五万元以下罚款；情节严重的，责令停产停业，直至吊销许可证。

52 国务院卫生部门规定哪些人员属于有碍食品安全疾病的人员？

《国家卫生计生委关于印发有碍食品安全的疾病目录的通知》（国卫食品发〔2016〕31号）明确了有碍食品安全的疾病目录：①霍乱；②细菌性和阿米巴性痢疾；③伤寒和副伤寒；④病毒性肝炎（甲型、戊型）；⑤活动性肺结核；⑥化脓性或者渗出性皮肤病。

凡是患有以上疾病目录中疾病的人员，从事接触直接入口食品的工作，都有可能对食品造成污染，导致疾病传播，影响食品安全。因此，国务院卫生部门规定的有碍食品安全疾病的人员是指患有霍乱、细菌性和阿米巴性痢疾、伤寒和副伤寒、病毒性肝炎（甲型、戊型）、活动性肺结核、化脓性或者渗出性皮肤病的人员。

53 食品生产经营者安排国务院卫生部门规定的有碍食品安全疾病的人员从事接触直接入口食品的工作，应当承担什么法律责任？

情景再现：2019年7月22日，某食品安全监管部门依法检查某大型饭店遵守《食品安全法》的情况，在食品烹饪区发现张××正在制作加工××食品，在张××胳膊上清晰可见其患有化脓性皮肤病，经核实，张××是2019年3月26日来企业上班，确实患有化脓性皮肤病，一直在积极治疗，但未治愈。

法律分析：《食品安全法》第四十五条第一款规定："……患有国务院卫生行政部门规定的有碍食品安全疾病的人员，不得从事接触直接入口食品的工作。"《国家卫生计生委关于印发有碍食品安全的疾病目录的通知》（国卫食品发〔2016〕31号）明确了化脓性皮肤病属于国务院卫生行政部门规定的有碍食品安全的疾病。《食品安全法》第一百二十六条规定："违反本法规定，有下列情形之一的，由县级以上人民政府食品安全监督管理部门责令改正，给予警告；拒不改正的，处五千元以上五万元以下罚款；情节严重的，责令停产停业，直至吊销许可证：……（六）食品生产经营者安排……或者患有国务院卫生行政部门规定的有碍食品安全疾病的人员从事接触直接入口食品的工作；……"

因此，食品生产经营者安排患有化脓性皮肤病的人员从事接触直接入口食品工作的行为违反了《食品安全法》第四十五条第一款的规定，符合《食品安全法》第一百二十六条第一款第六项的情形，应当依据《食品安全法》第一百二十六条第一款第六项的规定责令当事人改正违法行为，给予警告处罚；拒不改正的，处五千元以上五万元以下罚款；情节严重的，责令停产停业，直至吊销许可证。

54 餐饮单位新参加和临时参加工作的从业人员，是否需要取得健康证明？

《餐饮操作规范》规定，从事接触直接入口食品工作的从业人员（包括新参加和临时参加工作的从业人员）应取得健康证明后方可上岗工作，并每年进行健康检查取得健康证明，必要时进行临时健康检查。由此可知，餐饮单位新参加和临时参加工作的从事接触直接入口食品工作的从业人员上岗前必须取得健康证明。

55 餐饮单位从事接触直接入口食品工作的人员包括哪些人员？

《餐饮操作规范》规定，从事接触直接入口食品工作的从业人员包括餐饮单位清洁操作区内的加工制作及切菜人员、配菜人员、烹饪人员、传菜人员、餐饮具清洗消毒工作人员。

餐饮单位清洁操作区指为防止食品受到污染，清洁程度要求较高的加工制作区域，包括专间、专用操作区。专间是指处理或短时间存放直接入口食品的专用加工制作间，包括冷食间、生食间、裱花间、中央厨房和集体用餐配送单位的分装或包装间等。专用操作区是指处理或短时间存放直接入口食品的专用加工制作区域，包括现榨果蔬汁加工制作区、果蔬拼盘加工制作区、备餐区（指暂时放置、整理、分发成品的区域）等。

因此，餐饮单位从事接触直接入口食品工作的人员包括（冷食间、生食间、裱花间、中央厨房和集体用餐配送单位的分装或包装间；现榨果蔬汁加工制作区、果蔬拼盘加工制作区、备餐区等）加工制作及切菜人员、配菜人员、烹饪人员、传菜人员、餐饮具清洗消毒工作人员。

56 取得健康证明后的食品生产经营人员是否需要晨检或者日常检查？

《餐饮操作规范》规定："餐饮服务提供者应建立每日晨检制度。有发热、腹泻、皮肤伤口或感染、咽部炎症等有碍食品安全病症的人员，应立即离开工作岗位，待查明原因并将有碍食品安全的病症治愈后，方可重新上岗。"取得健康证明后并不能保证食品生产经营人员在从业期间每天都符合食品安全要求，因此取得健康证明后的食品生产经营人员仍需要晨检或者日常检查，排除安全隐患，确保食品安全。

57 食品生产经营禁用人员是怎么规定的？

《食品安全法》第一百三十五条规定，被吊销许可证的食品生产经营者及其法定代表人、直接负责的主管人员和其他直接责任人员自处罚决定作出之日起五年内不得申请食品生产经营许可，或者从事食品生产经营管理工作、担任食品生产经营企业食品安全管理人员。

因食品安全犯罪被判处有期徒刑以上刑罚的，终身不得从事食品生产经营管理工作，也不得担任食品生产经营企业食品安全管理人员。

食品生产经营者聘用人员违反前两款规定的，由县级以上人民政府食品安全监督管理部门吊销许可证。

可见，食品生产经营禁用人员包括：一是被吊销许可证的食品生产经营者及其法定代表人、直接负责的主管人员和其他直接责任人员，自吊销许可证的处罚决定作出之日起五年内不得从事食品生产经营管理工作、担任食品生产经营企业食品安全管理人员；二是因食品安全犯罪被判处有期徒刑以上刑罚的，说明违法犯罪的情节影响恶劣，性质严重，已不适合再从事食品生产经营管理工作或者担任食品生产经营企业食品安全管理人员，此类人员终身不得从事食品生产经营管理工作，也不得担任食品生产经营企业食品安全管理人员。

58 食品生产经营者聘用禁用人员，应当承担什么法律责任？

情景再现：2018 年 10 月 9 日，某市食品安全监管部门依法检查某食品生产有限责任公司（以下简称"当事人"），发现其食品安全主要负责人张××，是被吊销许可证的原×××食品生产企业的法定代表人，2016 年×月×日原×××食品生产企业因严重违法行为被某市场监管部门吊销许可证，张××被列入五年内不得从事食品生产经营管理工作、担任食品生产经营企业食品安全管理人员名单中。

法律分析：当事人聘用张××为食品安全主要负责人的行为违反了《食品安全法》第一百三十五条第一款的规定，符合《食品安全法》第一百三十五条第三款的情形，应当依据《食品安全法》第一百三十五条第三款的规定对当事人给予吊销许可证的处罚。因此，食品生产经营者聘用禁用人员，将会受到吊销许可证的行政处罚。

第四章

》 进货贮存

59　法定要求食品生产者如何采购食品原料、食品添加剂、食品相关产品？

《食品安全法》第五十条第一款规定："食品生产者采购食品原料、食品添加剂、食品相关产品，应当查验供货者的许可证和产品合格证明；对无法提供合格证明的食品原料，应当按照食品安全标准进行检验；不得采购或者使用不符合食品安全标准的食品原料、食品添加剂、食品相关产品。"

食品生产者生产食品，需要先购买食品原料、食品添加剂、食品相关产品。采购的食品原料、食品添加剂、食品相关产品是否符合法律、法规的规定和食品安全标准的要求，将直接影响生产食品的安全。因此，食品生产者采购食品原料、食品添加剂、食品相关产品，必须查验供货者的许可证和产品合格证明。查验供货者的许可证，就是检查、验证供货者是否有合法的生产经营资质。查验产品合格证明，就是检查、验证所采购的食品原料、食品添加剂、食品相关产品是否经依法检验合格。通过查验供货者的许可证和产品合格证明来保证采购的食品原料、食品添加剂、食品相关产品符合法律、法规的规定和食品安全标准的要求。对采购的食品原料，有些可能无法提供合格证明，如采购的食用农产品等，此时，食品生产者应当按照食品安全标准对采购的食用农产品进行检验，以验证食品原料的安全性，确保采购的食品原料符合食品安全标准。对不符合食品安全标准的食品原料、食品添加剂和食品相关产品，食品生产者不得采购。

60　食品生产企业如何建立食品原料、食品添加剂、食品相关产品进货查验记录？

《食品安全法》第五十条第二款规定："食品生产企业应当建立食品原料、

食品添加剂、食品相关产品进货查验记录制度，如实记录食品原料、食品添加剂、食品相关产品的名称、规格、数量、生产日期或者生产批号、保质期、进货日期以及供货者名称、地址、联系方式等内容，并保存相关凭证。记录和凭证保存期限不得少于产品保质期满后六个月；没有明确保质期的，保存期限不得少于二年。"

由此可知，法律规定食品生产企业必须建立食品原料、食品添加剂、食品相关产品进货查验记录制度，并未要求食品生产企业之外的食品生产者必须建立食品原料、食品添加剂、食品相关产品进货查验记录制度。记录的内容，规定食品生产企业必须如实记录食品原料、食品添加剂、食品相关产品的名称、规格、数量、生产日期或者生产批号、保质期、进货日期以及供货者名称、地址、联系方式等内容，并保存相关凭证。法定要求必须依法记录相关内容，否则属于违法记录。记录的内容必须真实有效，并妥善保存记录和相关凭证。记录和凭证保存期限不得少于产品保质期满后六个月；没有明确保质期的，保存期限不得少于二年。

61　产品合格证明包括哪些证明文件？

产品合格证明一般包括检验合格报告（法律、法规规定按批次进行检验的，应当按批次索取）、出厂检验合格证明、动物检疫证明、相关进口证明等具有法律效力的证明文件。

62　法定要求食品经营者如何采购食品？

《食品安全法》第五十三条第一款规定："食品经营者采购食品，应当查验供货者的许可证和食品出厂检验合格证或者其他合格证明（以下称合格证明文件）。"《食品安全法》第五十三条第三款规定："实行统一配送经营方式的食品经营企业，可以由企业总部统一查验供货者的许可证和食品合格证明文件，进行食品进货查验记录。"

由此可知，食品经营者采购食品必须落实食品进货查验制度，对供货者的资质和购进食品的安全性进行检查，符合规定要求的予以采购，不符合规定要求的则不能采购。这里的食品经营者包括所有从事食品经营的单位和个人，既包括食品经营企业，也包括从事食品经营的个体工商户。对于采购的食品，必须检查、验证是否符合要求，对发现存在食品安全问题的，禁止采购进货。食品经营者采购食品查验的内容，包括供货者的许可证和食品合格证明文件或者其他合格证明。供货者有可能是食品生产者，也有可能是其他食品经营者。食品合格的证明文件，包括食品出厂检验合格证或者其他合格证明，其他合格证明主要包括食品生产企业出具的自检报告或者其他检验报告等。如果食品经营者采购食品不严格落实进货查验制度，对不符合食品安全标准的食品予以验收进货或者不经验收就进货，则需要对采购的不符合食品安全标准的食品负责。

有些食品经营企业，如肯德基、麦当劳等，采用了统一配送的经营方式，对于这些企业，可以由企业总部统一查验供货者的许可证和食品合格证明文件。法定要求的是"可以"，而不是"必须"，但是无论是企业总部，还是各分部进行进货查验，都应当做到依法查验，确保食品安全。

63 食品经营企业如何建立食品进货查验记录？

《食品安全法》第五十三条第二款规定："食品经营企业应当建立食品进货查验记录制度，如实记录食品的名称、规格、数量、生产日期或者生产批号、保质期、进货日期以及供货者名称、地址、联系方式等内容，并保存相关凭证。记录和凭证保存期限应当符合本法第五十条第二款的规定。"这里的食品经营企业仅限于企业不包括个体工商户。进货查验记录的内容包括食品的名称、规格、数量、生产日期或者生产批号、保质期、进货日期以及供货者名称、地址、联系方式等内容。依法建立食品进货查验记录，是食品经营者的法定责任，可较好做到问题食品的追溯。因此，食品经营企业应当严格依法建立食品进货查验记录。

64 法定要求餐饮单位如何采购食品原料？

《食品安全法》第五十五条规定："餐饮服务提供者应当制定并实施原料控制要求，不得采购不符合食品安全标准的食品原料。倡导餐饮服务提供者公开加工过程，公示食品原料及其来源等信息。"

采购食品原料是餐饮单位食品安全的第一道门槛，食品原料符合食品安全标准是原料采购的实体要求。餐饮单位采购的食品原料通常有：一是食用农产品，如畜禽肉、蔬菜、水产品、鲜蛋等；二是预包装食品，如罐头、火腿肠、瓶装白酒、啤酒等；三是进口食品等。无论采购的是食用农产品、预包装食品，还是进口食品，都应当符合法律、法规的规定和食品安全标准的要求。采购的食用农产品，主要查其农药残留、兽药残留是否符合食品安全国家标准。采购的预包装食品主要查其外包装标签是否符合法定要求和《预包装食品标签通则》的要求，同时还要通过索要的检验报告等证明文件验证产品质量是否合格。采购的进口食品按照法定要求必须符合我国法律、法规的规定和食品安全国家标准的要求。

因此，餐饮单位采购食品原料时，必须依法、依规按要求制定并实施原料控制要求，保证采购的食品原料符合食品安全标准，不得采购不符合食品安全标准的食品原料。

65 餐饮单位能否购进、贮存、使用亚硝酸盐？

《中华人民共和国卫生部、国家食品药品监督管理局公告》（2012 年第 10 号）

明确，为保证食品安全，确保公众身体健康，根据《食品安全法》及其实施条例的规定，现决定禁止餐饮服务单位采购、贮存、使用食品添加剂亚硝酸盐（亚硝酸钠、亚硝酸钾），自公告之日起施行。

《关于餐饮服务提供者禁用亚硝酸盐、加强醇基燃料管理的公告》（原国家食品药品监督管理总局公告 2018 年第 18 号）明确，为防止误食亚硝酸盐导致食物中毒、误饮甲醇导致人身伤亡，保障人民群众身体健康和生命安全，现就餐饮服务提供者禁用亚硝酸盐、加强醇基燃料管理公告如下：一、禁止餐饮服务提供者采购、贮存、使用亚硝酸盐（包括亚硝酸钠、亚硝酸钾），严防将亚硝酸盐误作食盐使用加工食品。……

亚硝酸盐（亚硝酸钠、亚硝酸钾）属于食品添加剂，按照《食品添加剂使用标准》在酱卤肉制品中残留量不大于 30mg/kg（毫克/千克）。亚硝酸钠、亚硝酸钾为护色剂、防腐剂，CNS 号（中国编码系统）为 09.002、09.004；INS 号（国际编码）为 250、249。亚硝酸盐外观及滋味都与食盐相似，食入 0.3～0.5g 的亚硝酸盐即可引起中毒，肉类制品中允许限量使用，但是近年来餐饮单位误用亚硝酸盐引发食品安全事故的概率较高。为避免餐饮服务环节发生误食亚硝酸盐引发食物中毒，总局决定禁止餐饮服务单位采购、贮存、使用食品添加剂亚硝酸盐（亚硝酸钠、亚硝酸钾）。

因此，餐饮单位不能购进、贮存、使用亚硝酸盐。

66　餐饮单位进货时，查验哪些证明文件？

《餐饮操作规范》规定，随货证明文件查验：一是从食品生产者采购食品的，查验其食品生产许可证和产品合格证明文件等；采购食品添加剂、食品相关产品的，查验其营业执照和产品合格证明文件等。二是从食品销售者（商场、超市、便利店等）采购食品的，查验其食品经营许可证等；采购食品添加剂、食品相关产品的，查验其营业执照等。三是从食用农产品个体生产者直接采购食用农产品的，查验其有效身份证明。四是从食用农产品生产企业和农民专业合作经济组织采购食用农产品的，查验其社会信用代码和产品合格证明文件。五是从集中交易市场采购食用农产品的，索取并留存市场管理部门或经营者加盖公章（或负责人签字）的购货凭证。六是采购畜禽肉类的，还应查验动物产品检疫合格证明；采购猪肉的，还应查验肉品品质检验合格证明。七是实行统一配送经营方式的，可由企业总部统一查验供货者的相关资质证明及产品合格证明文件，留存每笔购物或送货凭证；各门店能及时查询、获取相关证明文件复印件或凭证。八是采购食品、食品添加剂、食品相关产品的，应留存每笔购物或送货凭证。

67　采购预包装食品，应当查验哪些事项？

采购的预包装食品都有完整的包装，外包装标签上按照法定要求应当标示食品名称、规格、净含量、生产日期、保质期、生产许可证编号、产品标准代号等内容。出厂销售的预包装食品应当是经依法检验合格的食品。

因此，食品生产经营者采购预包装食品，首先对其外观进行查验。查预包装食品的包装是否完整、清洁，有无破损，标识与内容物是否一致。检查食品是否具有正常的感官性状，标签标示内容是否存在虚假内容以及标示内容是否符合法定要求，是否在保质期内。

其次是相关证明文件查验。查供货者的许可证，验证其生产企业是否具有法定资质。查食品出厂检验合格证或者检验报告，验证采购的预包装食品是否经检验合格。

最后是温度查验。冷藏食品表面温度与标签标识的温度要求不得超过＋3℃，冷冻食品表面温度不宜高于－9℃。查验期间，尽可能减少食品的温度变化。

68 采购散装食品，应当查验哪些事项？

散装食品是食品生产者生产的食品，包括无包装和带非定量包装的食品。采购散装食品，销售者可能是食品生产者，也可能是食品经营者。因此，采购散装食品，应当先检查验证供货者的许可证，保证进货渠道合法。

食品生产者生产经营的散装食品，应当是依法按照食品安全标准经检验合格后出厂或者销售的食品。因此，采购散装食品除查验供货者的许可证之外，还要查验食品出厂检验合格证或者检验报告等证明材料，来验证散装食品是否经过检验，是否符合食品安全标准。

《食品安全法》第六十八条规定，食品经营者销售散装食品，应当在散装食品的容器、外包装上标明食品的名称、生产日期或者生产批号、保质期以及生产经营者名称、地址、联系方式等内容。因此，在食品经营者处采购散装食品的，无论是无包装散装食品，还是带非定量包装的散装食品，还要查验其外包装标识内容是否符合要求。

69 什么是特定餐饮服务提供者？

《餐饮操作规范》定义特定餐饮服务提供者，指学校（含托幼机构）食堂、养老机构食堂、医疗机构食堂、中央厨房、集体用餐配送单位、连锁餐饮企业等。

70 学校食堂（含托幼机构）不得采购、制售、加工制作哪些食品及原料？

情景再现：2018 年 1 月 22 日，某民办幼儿园（以下简称"当事人"）误用亚硝酸盐，导致该园 30 名幼儿出现腹痛、呕吐等症状。某食品安全监管部门（以下简称"办案单位"）接到报告后，迅速会同有关部门赶到现场依法调查处理。经查，亚硝酸盐是该园负责人自行购买，在幼儿园食堂加工春节自用肉食后，将剩余的亚硝酸盐留在幼儿园食堂厨房。因亚硝酸盐与食盐相似，该园炊事员在烹制大锅菜过程中，误将亚硝酸盐当作食盐放入菜中，导致此事件发生。由于治疗及时，30名患病幼儿均已康复。

法律分析：亚硝酸盐是列入《食品添加剂使用标准》中的一种食品添加剂。《食品安全法》第三十四条第四项规定："禁止生产经营超范围、超限量使用食品添加剂的食品。"卫生部公告（2012年第10号）明确禁止餐饮服务单位采购、贮存、使用食品添加剂亚硝酸盐（亚硝酸钠、亚硝酸钾）。《关于餐饮服务提供者禁用亚硝酸盐、加强醇基燃料管理的公告》（原国家食品药品监督管理总局公告2018年第18号）明确禁止餐饮服务提供者采购、贮存、使用亚硝酸盐（包括亚硝酸钠、亚硝酸钾），严防将亚硝酸盐误作食盐使用加工食品。民办幼儿园误将亚硝酸盐当作食盐放入炖菜中，导致30名幼儿食用后出现腹痛、呕吐等症状。很显然，当事人超范围使用了亚硝酸盐，导致此次事件发生。

《学校食品安全与营养健康管理规定》第三十六条规定，学校食堂不得采购、贮存、使用亚硝酸盐（包括亚硝酸钠、亚硝酸钾）。中小学、幼儿园食堂不得制售冷荤类食品、生食类食品、裱花蛋糕，不得加工制作四季豆、鲜黄花菜、野生蘑菇、发芽土豆等高风险食品。

学校、托幼机构等是人员较密集的场所，如果采购、加工制作高风险食品，极易引发集体性食物中毒。因此，为确保学校食堂（含托幼机构）食品安全，法律等规定学校食堂（含托幼机构）不得采购、贮存、使用亚硝酸盐（包括亚硝酸钠、亚硝酸钾）。中小学、幼儿园食堂不得制售冷荤类食品、生食类食品、裱花蛋糕，不得加工制作四季豆、鲜黄花菜、野生蘑菇、发芽土豆等高风险食品。

71 法定要求食品生产经营者在食品生产、加工场所禁止贮存哪些物质？

《食品安全法实施条例》第二十二条规定，食品生产经营者不得在食品生产、加工场所贮存依照国务院食品安全监督管理部门会同国务院卫生行政等部门根据食源性疾病信息、食品安全风险监测信息和监督管理信息等，对发现的添加或者可能添加到食品中的非食品用化学物质和其他可能危害人体健康的物质制定的名录中的物质。

名录中的物质都是极易引发食品安全事故，对人体健康造成危害的物质。因此，为保证食品生产经营者生产经营的食品安全，避免发生食物中毒，消除安全隐患，食品生产经营者不能在其生产、加工场所贮存国务院食品安全监督管理部门会同国务院卫生行政等部门制定的有关名录中的物质。

72 食品经营者如何贮存散装食品？

《食品安全法》第五十四条第二款规定："食品经营者贮存散装食品，应当在贮存位置标明食品的名称、生产日期或者生产批号、保质期、生产者名称及联系方式等内容。"《餐饮操作规范》规定："在散装食品（食用农产品除外）贮存位置，应标明食品的名称、生产日期或者生产批号、使用期限等内容，宜使用密闭容器贮存。"

散装食品不同于预包装食品的包装信息那么完整，特别是无包装的散装食品，如果不标清楚生产日期、保质期等事项，容易导致销售给顾客的食品是超过保质期的食品，同时也不利于管理。因此，为了便于食品经营者加强食品安全管理，及时清理过期食品，防止将过期食品销售给顾客以及发生食品问题后能追溯供货者，法定要求食品经营者贮存散装食品，必须在贮存位置标明食品的名称、生产日期或者生产批号、保质期、生产者名称及联系方式等内容。

73　法定要求食品生产经营贮存场所应当符合哪些条件？

《食品安全法》第三十三条规定："食品生产经营应当符合食品安全标准，并符合下列要求：（一）具有与生产经营的食品品种、数量相适应的食品原料处理和食品加工、包装、贮存等场所，保持该场所环境整洁，并与有毒、有害场所以及其他污染源保持规定的距离；（二）具有与生产经营的食品品种、数量相适应的生产经营设备或者设施，有相应的消毒、更衣、盥洗、采光、照明、通风、防腐、防尘、防蝇、防鼠、防虫、洗涤以及处理废水、存放垃圾和废弃物的设备或者设施；⋯⋯"《餐饮操作规范》规定，一是根据食品贮存条件，设置相应的食品库房或存放场所，必要时设置冷冻库、冷藏库。二是冷冻柜、冷藏柜有明显的区分标识。冷冻、冷藏柜（库）设有可正确显示内部温度的温度计，宜设置外显式温度计。三是库房应设有通风、防潮及防止有害生物侵入的装置。四是库房内应设置足够数量的存放架，其结构及位置能使贮存的食品和物品离墙离地，距离地面应在10cm（厘米）以上，距离墙壁宜在10cm以上。

食品生产经营贮存场所如果不清洁、设置不合理、不符合要求，将会直接导致生产经营的食品受到污染，从而引发不必要的食品安全事件等。因此，食品生产经营贮存场所必须保持环境整洁，并与有毒、有害场所等保持规定的距离，同时具有相应的采光、照明、通风、防腐、防尘、防蝇、防鼠、防虫等设备或者设施。需要冷冻、冷藏的，冷冻、冷藏柜（库）的温度要符合要求；需要存放架贮存的，贮存的食品和物品必须保证离墙、离地10cm以上。

74　法定要求餐饮单位如何维护食品加工、贮存、陈列等设施、设备？

《食品安全法》第五十六条第一款规定："餐饮服务提供者应当定期维护食品

加工、贮存、陈列等设施、设备；……"

餐饮单位食品加工、贮存、陈列等设施、设备如不进行定期维护，温度不当、设备不清洁，容易造成污染。这些设施、设备在使用之后，必须按规定及时清洗、消毒，避免滞留其上的食品发生质变，引发不安全因素。因此，餐饮单位食品加工、贮存、陈列、设施、设备必须进行定期维护，在使用一段时间后，应当按照要求对设施、设备的安全性能进行检查，确保食品在加工、贮存、陈列过程中的安全。

75　餐饮单位同一库房内如何贮存不同类别食品和非食品？

《餐饮操作规范》规定，同一库房内贮存不同类别食品和非食品（如食品包装材料等），应分设存放区域，不同区域有明显的区分标识。

餐饮单位不同于食品生产单位和食品销售经营者，餐饮食品是通过即时加工制作向消费者提供的食品，餐饮单位库房内贮存的食品原料和非食品如不能明显区分，混杂在一起，则不利于餐饮食品的加工制作。因此，餐饮单位同一库房内贮存不同类别食品和非食品，应当分设存放区域，不同区域有明显的区分标识。

76　餐饮单位原料贮存有哪些要求？

《餐饮操作规范》规定原料贮存：一是要分区、分架、分类、离墙、离地存放食品。二是要分隔或分离贮存不同类型的食品原料。三是在散装食品（食用农产品除外）贮存位置，应标明食品的名称、生产日期或者生产批号、使用期限等内容，宜使用密闭容器贮存。四是按照食品安全要求贮存原料。有明确的保存条件和保质期的，应按照保存条件和保质期贮存。保存条件、保质期不明确的及开封后的，应根据食品品种、加工制作方式、包装形式等针对性的确定适宜的保存条件和保存期限，并应建立严格的记录制度来保证不存放和使用超期食品或原料，防止食品腐败变质。五是及时冷冻（藏）贮存采购的冷冻（藏）食品，减少食品的温度变化。六是冷冻贮存食品前，宜分割食品，避免使用时反复解冻、冷冻。七是冷冻（藏）贮存食品时，不宜堆积、挤压食品。八是遵循先进、先出、先用的原则，使用食品原料、食品添加剂、食品相关产品。及时清理腐败变质等感官性状异常、超过保质期等的食品原料、食品添加剂、食品相关产品。

餐饮单位原料贮存是否符合要求，将直接决定餐饮单位加工制作的食品是否安全。因此，只有依法依规按要求贮存食品原料，才能保证餐饮单位食品原料符合国家标准；只有依法依规按要求贮存食品原料，才能保证餐饮单位有序加工制作餐饮食品；只有依法依规按要求贮存食品原料，才能保证餐饮单位加工制作的食品安全。因此，餐饮单位必须严格按照《餐饮操作规范》的要求实施原料贮存。

77 餐饮单位贮存场所安装灭蝇灯有什么要求?

《餐饮操作规范》规定,一是食品处理区、就餐区宜安装粘捕式灭蝇灯。使用电击式灭蝇灯的,灭蝇灯不得悬挂在食品加工制作或贮存区域的上方,防止电击后的虫害碎屑污染食品。二是应根据餐饮服务场所的布局、面积及灭蝇灯使用技术要求,确定灭蝇灯的安装位置和数量。

灭蝇灯属于《食品安全法》规定的防蝇设施,是保证餐饮食品安全的措施之一。如灭蝇灯的安装位置和数量不符合要求,则不会达到食品安全的要求,反而导致餐饮单位加工制作的食品存在安全隐患,构成违法经营的行为。因此,餐饮单位贮存场所安装灭蝇灯不得悬挂在食品加工制作或贮存区域的上方,要根据餐饮服务场所的布局、面积及灭蝇灯使用技术要求,确定灭蝇灯的安装位置和数量。

78 餐饮单位贮存食品与温度、时间有什么要求?

《餐饮操作规范》规定,一是高危易腐食品熟制后,在 8~60℃条件下存放 2h(小时)以上且未发生感官性状变化的,食用前应进行再加热。二是再加热时,食品的中心温度应达到 70℃以上。

任何食物,在常温下放置一段时间后都会变质。特别是餐饮食品,常温下贮存很容易被微生物污染,有的变酸,有的腐烂发臭。为避免餐饮食品变质,被微生物污染,餐饮食品在 8~60℃条件下存放 2h 以上且未发生感官性状变化的,食用前应进行再加热,保证食品的中心温度在 70℃以上,能较好地保证食品安全。

79 餐饮单位存储食品原料对温度有什么要求?

餐饮单位存储食品原料,对温度无具体要求且需冷冻或冷藏的食品,其温度可参考《餐饮操作规范》明确的餐饮服务业食品原料建议存储温度进行食品原料存储。

餐饮服务业食品原料建议存储温度见表 3~表 6。

表 3 蔬菜类建议存储温度

种类	环境温度	涉及产品范围
根茎菜类	0~5℃	蒜薹、大蒜、长柱山药、土豆、辣根、芜菁、胡萝卜、萝卜、竹笋、芦笋、芹菜
	10~15℃	扁块山药、生姜、甘薯、芋头

续表

种类	环境温度	涉及产品范围
叶菜类	0～3℃	结球生菜、直立生菜、紫叶生菜、油菜、奶白菜、菠菜(尖叶型)、茼蒿、小青葱、韭菜、甘蓝、抱子甘蓝、菊苣、乌塌菜、小白菜、芥蓝、菜心、大白菜、羽衣甘蓝、莴笋、欧芹、茭白、牛皮菜
瓜菜类	5～10℃	佛手瓜和丝瓜
	10～15℃	黄瓜、南瓜、冬瓜、冬西葫芦(笋瓜)、矮生西葫芦、苦瓜
茄果类	0～5℃	红熟番茄和甜玉米
	9～13℃	茄子、绿熟番茄、青椒
食用菌类	0～3℃	白灵菇、金针菇、平菇、香菇、双孢菇
	11～13℃	草菇
菜用豆类	0～3℃	甜豆、荷兰豆、豌豆
	6～12℃	四棱豆、扁豆、芸豆、豇豆、豆角、毛豆荚、菜豆

表 4　水果类建议存储温度

种类	环境温度	涉及产品范围
核果类	0～3℃	杨梅、枣、李、杏、樱桃、桃
	5～10℃	橄榄、芒果(催熟果)
	13～15℃	芒果(生果实)
仁果类	0～4℃	苹果、梨、山楂
浆果类	0～3℃	葡萄、猕猴桃、石榴、蓝莓、柿子、草莓
柑橘类	5～10℃	柚类、宽皮柑橘类、甜橙类
	12～15℃	柠檬
瓜类	0～10℃	西瓜、哈密瓜、甜瓜和香瓜
热带、亚热带水果	4～8℃	椰子、龙眼、荔枝
	11～16℃	红毛丹、菠萝(绿色果)、番荔枝、木菠萝、香蕉

表 5　畜禽肉类建议存储温度

种类	环境温度	涉及产品范围
畜禽肉(冷藏)	-1～4℃	猪、牛、羊和鸡、鸭、鹅等肉制品
畜禽肉(冷冻)	-12℃以下	猪、牛、羊和鸡、鸭、鹅等肉制品

表 6　水产品建议存储温度

种类	环境温度	涉及产品范围
水产品(冷藏)	0～4℃	罐装冷藏蟹肉、鲜海水鱼
水产品(冷冻)	-15℃以下	冻扇贝、冻裹面包屑虾、冻虾、冻裹面包屑鱼、冻鱼、冷冻鱼糜、冷冻银鱼

种类	环境温度	涉及产品范围
水产品(冷冻)	-18℃以下	冻罗非鱼片、冻烤鳗、养殖红鳍东方鲀
水产品(冷冻生食)	-35℃以下	养殖红鳍东方鲀

80 禁止采购不符合食品安全标准的食品，食品安全标准主要包括哪些标准?

《食品安全法》第三十二条第一款规定："省级以上人民政府卫生行政部门应当会同同级食品安全监督管理、农业行政等部门，分别对食品安全国家标准和地方标准的执行情况进行跟踪评价，并根据评价结果及时修订食品安全标准。"由此可知，食品安全标准包括食品安全国家标准、食品安全地方标准，还包括食品生产企业制定的企业标准、农业主管部门制定的与食品有关的农业标准等。

81 食品安全国家标准由哪些部门制定、公布?

《食品安全法》(2009 年版)第二十一条第一款规定，食品安全国家标准由国务院卫生行政部门负责制定、公布，国务院标准化行政部门提供国家标准编号。《食品安全法》(2015 年版)第二十七条第一款规定，食品安全国家标准由国务院卫生行政部门会同国务院食品药品监督管理部门制定、公布，国务院标准化行政部门提供国家标准编号。《食品安全法》(2018 年版)第二十七条第一款规定，食品安全国家标准由国务院卫生行政部门会同国务院食品安全监督管理部门制定、公布，国务院标准化行政部门提供国家标准编号。

因此，食品安全国家标准由国务院卫生行政部门或者国务院卫生行政部门会同国务院食品药品监督管理部门或者国务院卫生行政部门会同国务院食品安全监督管理部门制定、公布。

82 采购的蜂产品包括哪些品种? 有什么区别?

蜂产品包括蜂蜜、蜂王浆、蜂花粉、蜂产品制品。

区别：蜂蜜指蜜蜂采集植物的花蜜、分泌物或蜜露，与自身分泌物混合后，经充分酿造而成的天然甜物质。

蜂王浆产品包括蜂王浆和蜂王浆冻干粉。蜂王浆：由工蜂咽下腺和上颚腺分泌的，是主要用于饲喂蜂王和蜂幼虫的乳白色、淡黄色或浅橙色浆状物质。蜂王浆冻干粉：通过真空冷冻干燥方法加工制成的脱水蜂王浆粉末。

蜂花粉指工蜂采集的花粉。单一品种蜂花粉：工蜂采集一种植物的花粉形成的蜂花粉。杂花粉：工蜂采集两种或两种以上植物的花粉形成的蜂花粉，或两种及两种以上单一品种蜂花粉的混合物。碎蜂花粉：蜂花粉团粒破碎后形成的粉末。

蜂产品制品指蜂蜜、蜂王浆（含蜂王浆冻干粉）、蜂花粉的提取物、混合物，或以蜂蜜、蜂王浆（含蜂王浆冻干粉）、蜂花粉为主要原料通过添加其他物质（如食品添加剂、营养强化剂、植物提取物、其他食品等），经科学加工而制成的具有蜂产品基本特性的产品。蜂产品制品包括蜂蜜膏、王浆膏、蜂花粉片等相关产品。

83　采购的酿造酱油分几级？

根据 GB/T 18186—2000《酿造酱油》标准，酿造酱油可分为四个等级，即特级、一级、二级和三级，对应的氨基酸态氮分别为 $\geqslant0.8g/100mL$（克/100 毫升）、$\geqslant0.7g/100mL$、$\geqslant0.55g/100mL$、$\geqslant0.4g/100mL$。因此，无论市面上卖的酱油是哪个等级，其氨基酸态氮都不能低于 $0.4g/100mL$，否则就是不合格产品。

84　新食品原料与普通食品是怎么界定与管理的？

《食品安全法》第三十七条规定，由国务院卫生行政部门负责新食品原料的安全性评估材料审查。为规范新食品原料安全性评估材料审查工作，国务院卫生计生委将原卫生部依据《食品卫生法》制定的《新资源食品管理办法》已修订为《新食品原料安全性审查管理办法》（2018 年国家卫生和计划生育委员会令第 18 号）并于 2018 年 1 月 10 日正式实施。《新食品原料安全性审查管理办法》规定，新食品原料是指在我国无传统食用习惯的以下物品：动物、植物和微生物；从动物、植物和微生物中分离的成分；原有结构发生改变的食品成分；其他新研制的食品原料。属于上述情形之一的物品，如需开发用于普通食品的生产经营，应当按照《新食品原料安全性审查管理办法》的规定申报批准。对符合《新食品原料安全性审查管理办法》规定的有传统食用习惯的食品，企业生产经营可结合该办法，依照《食品安全法》等的规定执行。

原卫生部 1998 年下发《关于 1998 年全国保健食品市场整顿工作安排的通知》（卫监法发〔1998〕第 9 号），将新资源食品油菜花粉、玉米花粉、松花粉、向日葵花粉、紫云英花粉、荞麦花粉、芝麻花粉、高粱花粉、魔芋、钝顶螺旋藻、极大螺旋藻、刺梨、玫瑰茄、蚕蛹列为普通食品管理。

原卫生部于 2002 年发布《关于进一步规范保健食品原料管理的通知》（卫法监发〔2002〕51 号）明确了《既是食品又是药品的物品名单》中的物品，可用于生产普通食品。于 2010 年公布《可用于食品的菌种名单》（卫办监督发〔2010〕65 号）中的菌种可用于生产普通食品。

国务院卫生行政部门公告批准的新食品原料（新资源食品）名单中的物质为新食品原料。

85 普通食品与保健食品原料是怎么界定与管理的?

《食品安全法》第七十五条第三款规定:"……列入保健食品原料目录的原料只能用于保健食品生产,不得用于其他食品生产。"关于发布《保健食品原料目录(一)》和《允许保健食品声称的保健功能目录(一)》的公告(2016 年第 205 号)明确现已发布的保健食品原料目录中共有 69 种原料。这 69 种原料只能用于保健食品生产,是不能用于其他食品生产的。

原卫生部于 2002 年发布《关于进一步规范保健食品原料管理的通知》(卫法监发〔2002〕51 号)明确了《可用于保健食品的物品名单》和《保健食品禁用物品名单》。保健食品原料的管理规定应当参照该通知要求,国家食品安全监督管理部门另有规定的从其规定。

原卫生部于 2007 年、2009 年分别发布《关于"黄芪"等物品不得作为普通食品原料使用的批复》(卫监督函〔2007〕274 号)、《关于普通食品中有关原料问题的批复》(卫监督函〔2009〕326 号)明确了原卫生部于 2002 年发布的《可用于保健食品的物品名单》所列物品仅限用于保健食品。除已公布可用于普通食品的物品外,《可用于保健食品的物品名单》中的物品不得作为普通食品原料生产经营。如需开发《可用于保健食品的物品名单》中的物品用于普通食品生产,应当按照《新食品原料安全性审查管理办法》规定的程序申报批准。对不按规定使用《可用于保健食品的物品名单》中所列物品的,应按照《食品安全法》及其实施条例的有关规定进行处罚。

第五章

》生产经营

第一节　一般规定

86 食品生产经营者应当建立并实施哪些食品安全制度?

《食品安全法》规定食品生产经营者应当建立并实施以下食品安全制度:

一是食品生产经营企业应当建立健全食品安全管理制度。对职工进行食品安全知识培训,加强食品检验工作,依法从事生产经营活动。食品生产经营企业的主要负责人应当落实企业食品安全管理制度,对本企业的食品安全工作全面负责。食品生产经营企业应当配备食品安全管理人员,加强对其培训和考核。经考核不具备食品安全管理能力的,不得上岗。食品安全监督管理部门应当对企业食品安全管理人员随机进行监督抽查考核并公布考核情况。监督抽查考核不得收取费用。

二是食品生产经营者应当建立并执行从业人员健康管理制度。患有国务院卫生行政部门规定的有碍食品安全疾病的人员,不得从事接触直接入口食品的工作。从事接触直接入口食品工作的食品生产经营人员应当每年进行健康检查,取得健康证明后方可上岗工作。

三是食品生产经营者应当建立食品安全自查制度,定期对食品安全状况进行检查评价。生产经营条件发生变化,不再符合食品安全要求的,食品生产经营者应当立即采取整改措施;有发生食品安全事故潜在风险的,应当立即停止食品生产经营活动,并向所在地县级人民政府食品安全监督管理部门报告。

四是食品生产企业应当建立食品原料、食品添加剂、食品相关产品进货查验记录制度,如实记录食品原料、食品添加剂、食品相关产品的名称、规格、数量、生产日期或者生产批号、保质期、进货日期以及供货者名称、地址、联系方式等内容，并保存相关凭证。记录和凭证保存期限不得少于产品保质期满后六个月；没有明确保质期的，保存期限不得少于二年。

五是食品生产企业应当建立食品出厂检验记录制度，查验出厂食品的检验合格证和安全状况，如实记录食品的名称、规格、数量、生产日期或者生产批号、保质期、检验合格证号、销售日期以及购货者名称、地址、联系方式等内容，并保存相关凭证。记录和凭证保存期限不得少于产品保质期满后六个月；没有明确保质期的，保存期限不得少于二年。

六是食品经营企业应当建立食品进货查验记录制度，如实记录食品的名称、规格、数量、生产日期或者生产批号、保质期、进货日期以及供货者名称、地址、联系方式等内容，并保存相关凭证。记录和凭证保存期限不得少于产品保质期满后六个月；没有明确保质期的，保存期限不得少于二年。

食品经营者采购食品，应当查验供货者的许可证和食品出厂检验合格证或者其他合格证明（以下称合格证明文件）。实行统一配送经营方式的食品经营企业，可以由企业总部统一查验供货者的许可证和食品合格证明文件，进行食品进货查验记录。

从事食品批发业务的经营企业应当建立食品销售记录制度，如实记录批发食品的名称、规格、数量、生产日期或者生产批号、保质期、销售日期以及购货者名称、地址、联系方式等内容，并保存相关凭证。记录和凭证保存期限不得少于产品保质期满后六个月；没有明确保质期的，保存期限不得少于二年。

七是食用农产品销售者应当建立食用农产品进货查验记录制度，如实记录食用农产品的名称、数量、进货日期以及供货者名称、地址、联系方式等内容，并保存相关凭证。记录和凭证保存期限不得少于六个月。

八是食品添加剂生产者应当建立食品添加剂出厂检验记录制度，查验出厂产品的检验合格证和安全状况，如实记录食品添加剂的名称、规格、数量、生产日期或者生产批号、保质期、检验合格证号、销售日期以及购货者名称、地址、联系方式等内容，并保存相关凭证。记录和凭证保存期限不得少于产品保质期满后六个月；没有明确保质期的，保存期限不得少于二年。

87 食品生产经营企业未按规定建立食品安全管理制度，应当承担什么法律责任？

情景再现：2019 年 7 月 9 日，某市食品安全监管部门依法检查某食品生产企业（以下简称"当事人"）遵守《食品安全法》的情况，当事人不能提供出本企业的食品安全管理制度。经查证，该食品生产企业负责人以及食品安全管理人员均不清楚食品生产企业建立食品安全管理制度的相关事宜，忽略了对《食品安全法》等食品安全相关法律、法规的学习。

法律分析：《食品安全法》第四十四条第一款规定："食品生产经营企业应当建

立健全食品安全管理制度，对职工进行食品安全知识培训，加强食品检验工作，依法从事生产经营活动。"《食品安全法》第一百二十六条规定："违反本法规定，有下列情形之一的，由县级以上人民政府食品安全监督管理部门责令改正，给予警告；拒不改正的，处五千元以上五万元以下罚款；情节严重的，责令停产停业，直至吊销许可证：……（二）食品生产经营企业未按规定建立食品安全管理制度，或者未按规定配备或者培训、考核食品安全管理人员；……"

由此可知，当事人未依法建立食品安全管理制度的行为违反了《食品安全法》第四十四条第一款的规定，符合《食品安全法》第一百二十六条第一款第二项的情形，应当依据《食品安全法》第一百二十六条第一款第二项的规定责令当事人立即改正违法行为，给予警告处罚；拒不改正的，处五千元以上五万元以下罚款；情节严重的，责令停产停业，直至吊销许可证。

88　餐饮单位如何开展食品安全自查？

《餐饮操作规范》规定，食品安全自查包括制度自查、定期自查和专项自查。

一是制度自查。对食品安全制度的适用性，每年至少开展一次自查。在国家食品安全法律、法规、规章、规范性文件和食品安全国家标准发生变化时，及时开展制度自查和修订。二是定期自查。特定餐饮服务提供者对其经营过程，应每周至少开展一次自查；其他餐饮服务提供者对其经营过程，应每月至少开展一次自查。定期自查的内容，应根据食品安全法律、法规、规章和规范确定。三是专项自查。获知食品安全风险信息后，应立即开展专项自查。专项自查的重点内容应根据食品安全风险信息确定。

89　经营条件发生变化未及时处理，应当承担什么法律责任？

情景再现：2017 年 8 月 16 日，某市食品安全监管部门依法检查某餐饮企业，现场发现炭火锅包间内排风设施不能正常运转，灭蝇灯也不能正常工作。经核实，该餐饮企业食品安全管理人员曾发现经营条件发生变化，不符合食品安全要求，但未及时采取整改措施，导致炭火锅包间内排风设施不能正常运转，灭蝇灯也不能正常工作。

法律分析：《食品安全法》第四十七条规定："食品生产经营者应当建立食品安全自查制度，定期对食品安全状况进行检查评价。生产经营条件发生变化，不再符合食品安全要求的，食品生产经营者应当立即采取整改措施；有发生食品安全事故潜在风险的，应当立即停止食品生产经营活动，并向所在地县级人民政府食品安全监督管理部门报告。"《食品安全法》第一百二十六条规定："违反本法规定，有下列情形之一的，由县级以上人民政府食品安全监督管理部门责令改正，给予警告；拒不改正的，处五千元以上五万元以下罚款；情节严重的，责令停产停业，直至吊销许可证：……（十一）食品生产经营者未定期对食品安全状况进行检查评价，或者生产经营条件发生变化，未按规定处理；……"

由此可知，该餐饮企业经营条件发生变化未按规定处理的行为违反了《食品安全法》第四十七条的规定，符合《食品安全法》第一百二十六条第一款第十一项的情形，应当依据《食品安全法》第一百二十六条第一款第十一项的规定责令其改正违法行为，给予警告处罚；拒不改正的，处五千元以上五万元以下罚款；情节严重的，责令停产停业，直至吊销许可证。

90 法定要求食品生产单位生产加工食品有哪些规定？

《食品安全法》第四十六条规定，食品生产企业应当就下列事项制定并实施控制要求，保证所生产的食品符合食品安全标准：①原料采购、原料验收、投料等原料控制；②生产工序、设备、贮存、包装等生产关键环节控制；③原料检验、半成品检验、成品出厂检验等检验控制；④运输和交付控制。《食品安全法》第五十一条规定，食品生产企业应当建立食品出厂检验记录制度，查验出厂食品的检验合格证和安全状况，如实记录食品的名称、规格、数量、生产日期或者生产批号、保质期、检验合格证号、销售日期以及购货者名称、地址、联系方式等内容，并保存相关凭证。记录和凭证保存期限不得少于产品保质期满后六个月；没有明确保质期的，保存期限不得少于二年。《食品安全法》第五十二条规定，食品……的生产者，应当按照食品安全标准对所生产的食品……进行检验，检验合格后方可出厂或者销售。

生产安全食品是食品生产企业的基本义务。食品生产企业只有制定并实施有效的控制要求，才能保证所生产的食品符合食品安全标准，从而保证食品安全。食品出厂前检验是食品生产中的最后一道工序，是食品生产者能够控制食品安全的最后一道关卡。如果食品生产者不依法对出厂前食品检验，不严格把关，就有可能使不符合食品安全标准的食品流入市场。企业作为食品安全的第一责任人，有责任、有义务对自己生产的食品进行检验，确保出厂食品合格、安全、符合食品安全标准。

因此，法定要求食品生产单位生产加工食品先要制定并实施有效的控制要求，保证所生产的食品符合食品安全标准。同时做好食品出厂前检验，确保出厂的食品符合食品安全国家标准、地方校准或者企业标准。经检验不合格或者未依法按食品安全标准检验的，不得出厂或者销售。

91 食品生产者生产的食品有多少类？分别是什么？

食品生产者生产的食品有 31 大类。

分别是：粮食加工品，食用油、油脂及其制品，调味品，肉制品，乳制品，饮料，方便食品，饼干，罐头，冷冻饮品，速冻食品，薯类和膨化食品，糖果制品，茶叶及相关制品，酒类，蔬菜制品，水果制品，炒货食品及坚果制品，蛋制品，可可及焙烤咖啡产品，食糖，水产制品，淀粉及淀粉制品，糕点，豆制品，蜂产品，保健食品，特殊医学用途配方食品，婴幼儿配方食品，特殊膳食食品，其他食品等。

92　食品类别编码是怎么规定的?

《市场监管总局办公厅关于印发食品生产许可文书和食品生产许可证格式标准的通知》(市监食生〔2020〕18号)明确，食品类别编码用3位数字标识，具体为：第1位数字代表食品、食品添加剂生产许可识别码，阿拉伯数字"1"代表食品、阿拉伯数字"2"代表食品添加剂；第2、3位数字代表食品、食品添加剂类别编号。其中，食品添加剂类别编号标识为："01"代表食品添加剂，"02"代表食品用香精，"03"代表复配食品添加剂。食品类别编码按照《食品生产许可管理办法》第十一条所列食品类别顺序依次标识。具体见表7。

表7　食品类别编码表

食品类别编码	食品、食品添加剂类别	备注
101	粮食加工品	
102	食用油、油脂及其制品	
103	调味品	
104	肉制品	
105	乳制品	
106	饮料	
107	方便食品	
108	饼干	
109	罐头	
110	冷冻饮品	
111	速冻食品	
112	薯类和膨化食品	
113	糖果制品	
114	茶叶及相关制品	
115	酒类	
116	蔬菜制品	
117	水果制品	
118	炒货食品及坚果制品	
119	蛋制品	
120	可可及焙烤咖啡产品	
121	食糖	

续表

食品类别编码	食品、食品添加剂类别	备注
122	水产制品	
123	淀粉及淀粉制品	
124	糕点	
125	豆制品	
126	蜂产品	
127	保健食品	
128	特殊医学用途配方食品	
129	婴幼儿配方食品	
130	特殊膳食食品	
131	其他食品	
201	食品添加剂	
202	食品用香精	
203	复配食品添加剂	

93 生产的食品不属于许可证上载明的食品类别的，应当承担什么法律责任？

情景再现：2020 年 4 月 7 日，某食品安全监管部门（以下简称"办案机构"）依法检查某食品生产企业（以下简称"当事人"），发现其食品生产许可证上载明的食品类别为饮料，但部分工作人员正在加工制作糕点。经查证，生产的糕点不属于食品生产许可范围。违法生产经营的糕点货值金额三千元，违法所得一千元。

法律分析：《食品生产许可管理办法》第四十九条第二款规定，食品生产者生产的食品不属于食品生产许可证上载明的食品类别的，视为未取得食品生产许可从事食品生产活动。《食品安全法》第一百二十二条第一款规定："违反本法规定，未取得食品生产经营许可从事食品生产经营活动，或者未取得食品添加剂生产许可从事食品添加剂生产活动的，由县级以上人民政府食品安全监督管理部门没收违法所得和违法生产经营的食品、食品添加剂以及用于违法生产经营的工具、设备、原料等物品；违法生产经营的食品、食品添加剂货值金额不足一万元的，并处五万元以上十万元以下罚款；货值金额一万元以上的，并处货值金额十倍以上二十倍以下罚款。"

由此判定，当事人生产的糕点不属于食品生产许可证上载明的食品类别，应当视为当事人未取得食品生产许可从事食品生产活动，符合《食品安全法》第一百二十二条第一款的情形，应当依据《食品安全法》第一百二十二条第一款的规定没收违法所得一千元和违法生产经营的食品以及用于违法生产经营的工具、设备、原料等物品；并处五万元以上十万元以下罚款的处罚。

94　生产日期与销售日期相同的包装饮用水能否出厂销售？

情景再现：2018 年 9 月 17 日，某食品安全监管部门依法检查一家学校食堂，发现学校班级学生饮用的包装饮用水（此包装饮用水为预包装食品，非天然矿泉水），标签标示生产日期为 2018 年 9 月 17 日，保质期为 45 天。经查，此包装饮用水为生产水的某食品生产企业（以下简称"当事人"）直接销售给学生，与取得食品经营许可证的学校食堂无关，其他事项视为合格。

法律分析：生产水的食品生产企业依据《食品安全法》第五十二条规定，应当按照食品安全标准对生产的食品进行检验，检验合格后方可出厂或者销售。本案当事人生产的包装饮用水应当按照"食品安全标准"进行检验，此"食品安全标准"是 GB 19298—2014。GB 19298—2014 属于食品安全国家标准，在这个国家标准中有两项微生物指标，一是大肠菌群，二是铜绿假单胞菌。GB 19298—2014 规定检验大肠菌群项目要依据 GB 4789.3—2016 平板计数法检验，GB 4789.3—2016 平板计数法中规定检验大肠菌群的时间最少需要 42 小时，也就是说，生产日期为 2018 年 9 月 17 日的水最快要 42 小时后，才能知道检验结果是合格还是不合格。检验合格后方可出厂或者销售，不合格还要采取别的措施。

当事人 2018 年 9 月 17 日生产的水当天卖给学生喝，生产企业是怎么检验的呢？只能证明当事人未按规定对生产的包装饮用水进行检验。

《食品安全法》第五十二条规定，食品……生产者应当按照食品安全标准对所生产的食品……进行检验，检验合格后方可出厂或者销售。《食品安全法》第一百二十六条第一款第一项规定："违反本法规定，有下列情形之一的，由县级以上人民政府食品安全监督管理部门责令改正，给予警告；拒不改正的，处五千元以上五万元以下罚款；情节严重的，责令停产停业，直至吊销许可证：（一）食品……生产者未按规定对采购的食品原料和生产的食品……进行检验。"因此，当事人未按规定对生产的包装饮用水进行检验的行为违反了《食品安全法》第五十二条的规定，符合《食品安全法》第一百二十六条第一款第一项的情形，应当依据《食品安全法》第一百二十六条第一款第一项的规定责令当事人立即改正违法行为，给予警告处罚。

因此，生产日期与销售日期相同的包装饮用水，是生产销售单位违法生产经营的水，是存在安全隐患的水，是不能出厂或者销售的，必须经依法检验合格后方可出厂或者销售。

95　食品生产企业应当制定并实施哪些措施，保证所生产的食品符合食品安全标准？

《食品安全法》第四十六条规定："食品生产企业应当就下列事项制定并实施

控制要求，保证所生产的食品符合食品安全标准：（一）原料采购、原料验收、投料等原料控制；（二）生产工序、设备、贮存、包装等生产关键环节控制；（三）原料检验、半成品检验、成品出厂检验等检验控制；（四）运输和交付控制。"

生产安全食品是食品生产企业的基本义务。要保证食品安全，需要食品生产企业对食品生产全过程提出控制要求，并有效实施，保证所生产的食品符合食品安全标准，从而保证食品安全。

法定要求：一是做好原料采购、原料验收、投料等原料控制，来保证所生产的食品符合食品安全标准。食品原料是生产安全食品的基础，是食品生产销售链条的源头，食品原料的采购和验收应按照《食品安全法》第五十条的规定，做好进货查验、进货验收记录等工作。在生产过程中，严格按生产工艺进行投料，并做好相关生产记录。二是做好对生产工序、设备、贮存、包装等生产关键环节的控制。食品生产企业应当实施危害分析与关键控制点体系，确定生产过程中的质量关键控制点，并严格按照有关要求进行生产，做好生产记录。三是做好对原料检验、半成品检验、成品出厂检验等的控制。法定要求食品生产企业可以自行对所生产的食品进行检验，也可以委托具有法定资质的食品检验机构进行检验。为确保食品安全，食品生产企业应当加强对原料的检验，确保原料符合要求；在生产过程中，按照工艺文件的要求做好半成品检验，以便及时发现问题；成品出厂前，还要做好出厂检验，检验合格后方可出厂或者销售。四是做好运输和交付控制。贮存、运输和装卸食品的容器、工具和设备应当安全、无害，保持清洁，降低食品污染的风险。选择适宜的贮存和运输条件，必要时应配备保温、冷藏、保鲜等设备设施。不得将食品与有毒、有害物品一同贮存、运输。通过以上措施，确保生产经营的食品是安全的。

96 常见酒类有哪些品种？酒类按照酒精度、发酵工艺、产品的香型是怎么分类的？

常见酒类有：白酒、黄酒、啤酒、葡萄酒、果酒、配制酒、其他蒸馏酒。

按产品的酒精度分为：高度酒 $41\%\sim68\%$ vol、低度酒 $25\%\sim40\%$ vol。

按产品的发酵工艺分为：固态法白酒、液态法白酒、固液法白酒。

按产品的香型分为：浓香型、清香型、米香型、凤香型、豉香型、特香型、芝麻香型、老白干香型、酱香型、兼香型等。

97 什么是浓香型白酒、清香型白酒、米香型白酒？

GB/T 10781.1—2006 定义浓香型白酒，指以粮谷为原料，经传统固态法发酵、蒸馏、陈酿、勾兑而成的，未添加食用酒精及非白酒发酵产生的呈香呈味物质，具有以己酸乙酯为主体复合香的白酒。

GB/T 10781.2—2006 定义清香型白酒，指以粮谷为原料，经传统固态法发酵、蒸馏、陈酿、勾兑而成的，未添加食用酒精及非白酒发酵产生的呈香呈味物质，具有以乙酸乙酯为主体复合香的白酒。

GB/T 10781.3—2006 定义米香型白酒，指以大米等为原料，经传统半固态法发酵、蒸馏、陈酿、勾兑而成的，未添加食用酒精及非白酒发酵产生的呈香呈味物质，具有以乳酸乙酯、β-苯乙醇为主体复合香的白酒。

98　生产经营使用工业酒精勾兑的白酒，应当承担什么法律责任？

情景再现：2017 年 10 月 5 日，某县食品安全监管部门接到多起举报，称在某酒坊（生产企业）购买的 50°纯高粱散白酒，饮用后出现视物模糊、头昏、嗜睡等不适。涉及 6 人，其中 2 人死亡，2 人处于昏迷状态入院治疗，2 人有轻度不适未入院治疗。某食品安全监管部门立即会同有关部门进行调查处理，经查，某酒坊销售的 50°纯高粱散白酒是由工业酒精勾兑而成。

法律分析：某酒坊生产销售的由工业酒精勾兑而成的 50°纯高粱散白酒导致亡人事故，是因为生产企业勾兑工业酒精所致。工业酒精是全国打击违法添加非食用物质和滥用食品添加剂专项整治领导小组于 2009 年 5 月下发的《食品中可能违法添加的非食用物质名单》（第三批）中的物质。

《食品安全刑事案件若干解释》第二十条第二项规定："下列物质应当认定为'有毒、有害的非食品原料'：……（二）国务院有关部门公布的《食品中可能违法添加的非食用物质名单》；……"因此，工业酒精应当认定为"有毒、有害的非食品原料"。

《食品安全刑事案件若干解释》第九条第一款规定："在食品加工、销售、运输、贮存等过程中，掺入有毒、有害的非食品原料，或者使用有毒、有害的非食品原料加工食品的，依照《刑法》第一百四十四条的规定以生产、销售有毒、有害食品罪定罪处罚。"因此，某酒坊生产销售使用工业酒精勾兑食品的行为已涉嫌构成食品安全犯罪，应当依法移送公安机关追究其刑事责任。

99　用回收食品作为原料生产食品，应当承担什么法律责任？

情景再现：2018 年 9 月 17 日，某县食品安全监管部门依法检查某食品生产企业，在生产车间发现 20 箱已过期的月饼，同时发现已将部分过期月饼打碎成原料，经进一步询问、调取监控核实，某食品生产企业生产经营用回收过期月饼重新加工制作新的月饼货值金额二万元，违法所得八千元。

法律分析：《食品安全法》第三十四条第一项规定："禁止生产经营下列食品……：（一）……或者用回收食品作为原料生产的食品。"《食品安全法》第一百二十三条第一款第一项规定："违反本法规定，有下列情形之一，尚不构成犯罪的，由县级以上人民政府食品安全监督管理部门没收违法所得和违法生产经营的食品，并可以没收用于违法生产经营的工具、设备、原料等物品；违法生产经营的食品货值金额不足一万元的，并处十万元以上十五万元以下罚款；货值金额一万元以上的，并处货值金额十五倍以上三十倍以下罚款；情节严重的，吊销许可证，并可以由公安机关对其直接负责的主管人员和其他直接责任人员处五日以上十五日以下拘留；（一）……或者用回收食品作为原料生产食品，或者经营上述食品。"因此，某食品生产企业生产经营用回收食品作为原料生产食品的行为违反了《食品安全法》第三十四条第一项的规定，符合《食品安全法》第一百二十三条第一款第一项的情形，应当依据《食品安全法》第一百二十三条第一款第一项的规定给予当事人没收违法所得和违法生产经营的食品，并处罚款的严重行政处罚；情节严重的，吊销许可证，并可以由公安机关对其直接负责的主管人员和其他直接责任人员处五日以上十五日以下拘留。

100 法定要求如何使用食品添加剂？

《食品安全法》第四十条第二款规定："食品生产经营者应当按照食品安全国家标准使用食品添加剂。"

食品生产经营者可以使用食品添加剂的情况主要有：保持或提高食品本身的营养价值；作为某些特殊膳食用食品的必要配料或成分；提高食品的质量和稳定性，改进其感官特性；便于食品的生产、加工、包装、运输或者贮藏。使用食品添加剂应当遵循的原则：不应对人体产生任何健康危害；不应掩盖食品腐败变质；不应掩盖食品本身或加工过程中的质量缺陷或以掺杂、掺假、伪造为目的而使用食品添加剂；不应降低食品本身的营养价值；在达到预期目的的前提下尽可能降低在食品中的用量。

食品添加剂不能单独使用。食品生产经营者应当按照食品安全标准关于食品添加剂的品种、使用范围、最大使用量的规定使用食品添加剂。首先，要按照食品添加剂品种使用。允许使用的食品添加剂必须是经过风险评估，证明是安全可靠，并纳入使用范围的食品添加剂。如《食品添加剂使用标准》规定食品添加剂环己基氨基磺酸钠（又名甜蜜素）在生产加工面包、糕点、水果罐头、配制酒等 19 种食品时可以允许添加使用。因此，在生产加工面包、糕点、水果罐头、配制酒等食品时可以使用食品添加剂环己基氨基磺酸钠（又名甜蜜素）。

其次，要按照食品添加剂的使用范围和用量使用。根据被生产加工食品的理化性质、感官要求、营养学特征，各种食品添加剂的使用范围也不同。如《食品添加剂使用标准》规定环己基氨基磺酸钠（又名甜蜜素）可以在配制酒中使用，但未规定可以在其他类别的酒中使用，因此食品添加剂甜蜜素的使用范围包括配制酒，但不包括其他类别的白酒。《食品添加剂使用标准》规定环己基氨基磺酸钠（又名甜蜜素）在配制酒中的最大使用量是 0.65g/kg（克/千克），因此在生产加工配制酒过程中甜蜜素的使用量则不能超过 0.65g/kg，否则将构成超范围、超限量使用食品添加剂的违法行为。

101　销售不符合食品安全标准的食品，应当承担什么法律责任？

情景再现：2018 年 8 月 17 日，某糕点食品生产企业生产经营的面包经依法抽检，菌落总数项目不符合 GB 7099—2015《食品安全国家标准 糕点、面包》标准要求，检验结论为不合格。经核实，某食品生产企业违法生产经营的面包货值金额二千元，违法所得一千元。

法律分析：菌落总数属于微生物，不属于致病菌。《食品安全法》第三十四条第十三项规定：“禁止生产经营下列食品……：（十三）其他不符合法律、法规或者食品安全标准的食品……”《食品安全法》第一百二十四条第二款规定：“除前款和本法第一百二十三条、第一百二十五条规定的情形外，生产经营不符合法律、法规或者食品安全标准的食品、食品添加剂的，依照前款规定给予处罚。”因此，某食品生产企业生产经营菌落总数项目不符合 GB 7099—2015《食品安全国家标准 糕点、面包》标准要求食品的行为违反了《食品安全法》第三十四条第十三项的规定，符合《食品安全法》第一百二十四条第二款的情形，应当依据《食品安全法》第一百二十四条第二款的规定给予当事人没收违法所得和违法生产经营的食品、食品添加剂，并处罚款的行政处罚。

102　食品生产者生产的食品未经检验能否销售给顾客？

情景再现：2019 年 7 月 25 日，某食品安全监管部门依法检查某面包厂，发现其生产经营的面包（净含量：50g；产品标准代号：GB 7099—2015；标签其他事项视为合格）未经检验直接销售给顾客。经查，违法销售的面包货值金额二百元，违法所得二十九元。

法律分析：《食品安全法》第五十二条规定：“食品……的生产者，应当按照食品安全标准对所生产的食品……进行检验，检验合格后方可出厂或者销售。”因此，食品生产者生产的食品未经检验销售的行为属于违法行为，是不能销售给顾客的。

103　销售未经检验的食品，应当承担什么法律责任？

《食品安全法》第五十二条规定：“食品……的生产者，应当按照食品安全标准对所生产的食品……进行检验，检验合格后方可出厂或者销售。”因此，食品生产经营者生产经营未经检验的食品是违反《食品安全法》规定的。《食品安全法》第三十四条第十三项规定：“禁止生产经营下列食品……：……（十三）其他不符合法律……的食品、……”《食品安全法》第一百二十四条第二款规定：“除前款和本法第一百二十三条、第一百二十五条规定的情形外，生产经营不符合法律、法规或者食品安全标准的食品、食品添加剂的，依照前款规定给予处罚。"因此，食品生产经营者销售未经检验的食品即食品生产经营者生产经营其他不符合法律的食品（"其他不符合法律的食品"指《食品安全法》除前十二项之外不符合法律的食品），食品生产经营者的行为违反了《食品安全法》第三十四条第十三项的规定，符合《食品安全法》第一百二十四条第二款的情形，应当依据《食品安全法》第一百二十四条第二款的规定给予当事人没收违法所得和违法生产经营的食品、食品添加剂，并处罚款的行政处罚。

104 食品生产者销售用非食品原料生产的食品，应当承担什么法律责任？

《食品安全法》第一百二十三条第一款第一项规定："违反本法规定，有下列情形之一，尚不构成犯罪的，由县级以上人民政府食品安全监督管理部门没收违法所得和违法生产经营的食品，并可以没收用于违法生产经营的工具、设备、原料等物品；违法生产经营的食品货值金额不足一万元的，并处十万元以上十五万元以下罚款；货值金额一万元以上的，并处货值金额十五倍以上三十倍以下罚款；情节严重的，吊销许可证，并可以由公安机关对其直接负责的主管人员和其他直接责任人员处五日以上十五日以下拘留：（一）用非食品原料生产食品……，或者经营上述食品。"

由此可知，食品生产者销售用非食品原料生产的食品符合《食品安全法》第一百二十三条第一款第一项的情形，应当依据《食品安全法》第一百二十三条第一款第一项的规定给予当事人没收违法所得和违法生产经营的食品，并可以没收用于违法生产经营的工具、设备、原料等物品；违法生产经营的食品货值金额不足一万元的，并处十万元以上十五万元以下罚款；货值金额一万元以上的，并处货值金额十五倍以上三十倍以下罚款；情节严重的，吊销许可证，并可以由公安机关对其直接负责的主管人员和其他直接责任人员处五日以上十五日以下拘留。

105 使用硫黄熏蒸的馒头能否销售？

情景再现：2017 年 4 月 3 日，某食品安全监管部门依法对某食品生产企业（以下简称"当事人"）进行监督检查，发现该食品生产企业正在使用工业硫黄熏蒸馒头。经查，用工业硫黄熏蒸制作的馒头共 100kg，已销售成品馒头 90kg，销售价格 5 元/kg。

法律分析：国家卫生部门公布的《食品中可能违法添加的非食用物质名单》（第一批）第 15 条规定，工业硫黄为食品中可能违法添加的非食用物质。《食品安全刑事案件若干解释》第二十条规定，国务院有关部门公布的《食品中可能违法添加的非食用物质名单》上的物质应当认定为"有毒、有害的非食品原料"。

由此判定，工业硫黄为"有毒、有害的非食品原料"。《食品安全刑事案件若干解释》第九条第一款规定："在食品加工、销售、运输、贮存等过程中，掺入有毒、有害的非食品原料，或者使用有毒、有害的非食品原料加工食品的，依照《刑法》第一百四十四条的规定以生产、销售有毒、有害食品罪定罪处罚。"因此，当事人使用工业硫黄熏蒸馒头已涉嫌构成食品安全犯罪，应当依法移送公安机关追究其刑事责任。

如果公安机关在食品安全犯罪案件侦查过程中认为没有犯罪事实，或者犯罪事实显著轻微，不需要追究刑事责任的，但依法应当追究行政责任的，此时，某食品安全监管部门应当依据《食品安全法》的有关规定给予行政处罚。

《食品安全法》第一百二十三条第一款第一项规定："违反本法规定，有下列情形之一，尚不构成犯罪的，由县级以上人民政府食品安全监督管理部门没收违法所得和违法生产经营的食品，并可以没收用于违法生产经营的工具、设备、原料等物品；违法生产经营的食品货值金额不足一万元的，并处十万元以上十五万元以下罚款；货值金额一万元以上的，并处货值金额十五倍以上三十倍以下罚款；情节严重的，吊销许可证，并可以由公安机关对其直接负责的主管人员和其他直接责任人员处五日以上十五日以下拘留：（一）用非食品原料生产食品……，或者经营上述食品。"硫黄属于非食品原料，销售使用硫黄熏蒸馒头的行为符合《食品安全法》第一百二十三条第一款第一项的情形，因此销售使用硫黄熏蒸的馒头，尚未构成犯罪的，应当依据《食品安全法》第一百二十三条第一款第一项的规定给予处罚。

如果使用的硫黄为食品添加剂，由于食品添加剂硫黄的使用范围只包括水果干类、蜜饯凉果、干制蔬菜、经表面处理的鲜食用菌和藻类、食糖、其他（仅限魔芋粉），未将加工制作馒头列入食品添加剂硫黄的使用范围内。因此，使用食品添加剂硫黄熏蒸馒头涉嫌构成生产经营超范围使用食品添加剂的食品，符合《食品安全法》第一百二十四条第一款第三项的情形，应当依据《食品安全法》第一百二十四条第一款第三项的规定给予没收违法所得和违法生产经营的食品、食品添加剂，并可以没收用于违法生产经营的工具、设备、原料等物品；并处罚款的处罚。

因此，使用硫黄熏蒸馒头，无论硫黄是否属于食品添加剂，都不能销售，否则将依法受到处罚。

106 使用含铝食品添加剂加工制作的油条能否销售？

《国家卫生计生委等5部门关于调整含铝食品添加剂使用规定的公告》（2014年第8号）决定，自2014年7月1日起，禁止将酸性磷酸铝钠、硅铝酸钠和辛烯基琥珀酸铝淀粉用于食品添加剂生产、经营和使用，膨化食品生产中不得使用含铝食品添加剂，小麦粉及其制品［除油炸面制品、面糊（如用于鱼和禽肉的拖面糊）、裹粉、煎炸粉外〕生产中不得使用硫酸铝钾和硫酸铝铵。2014 年 7 月 1 日前已按照相关标准使用上述食品添加剂生产的食品，可以继续销售至保质期结束。《食品添加剂使用标准》规定硫酸铝钾（又名钾明矾）、硫酸铝铵（又名铵明矾）功能为膨松剂、稳定剂，油炸面制品中铝的残留量应当≤100mg/kg。

由此可知，使用含铝食品添加剂加工制作的油条，如果铝的残留量≤100mg/kg 是符合食品添加剂使用标准的，如果铝的残留量＞100mg/kg 则不符合食品添加剂使用标准。因此，使用含铝食品添加剂加工制作的油条，如果是符合食品添加剂使用标准的可以销售。

107 销售标注虚假生产日期、保质期的食品，应当承担什么法律责任？

情景再现：2018 年 9 月 13 日，某食品安全监管部门依法检查某饮料有限责任公司（以下简称"当事人"），发现其生产的包装饮用水（名称：××山泉水；净含量：18.9L；执行标准：GB 19298—2014）生产日期标示为 2018 年 9 月 18 日。经查证，违法生产经营的包装饮用水货值金额二千元，违法所得一千元。

法律分析：当事人生产经营的包装饮用水包装上标注的生产日期是 2018 年 9 月 18 日，监管部门检查时间是 2018 年 9 月 13 日，显然当事人标注的生产日期是虚假日期。因此，构成了当事人生产经营标注虚假生产日期的食品。《食品安全法》第一百二十四条第一款第五项规定："违反本法规定，有下列情形之一，尚不构成犯罪的，由县级以上人民政府食品安全监督管理部门没收违法所得和违法生产经营的食品、食品添加剂，并可以没收用于违法生产经营的工具、设备、原料等物品；违法生产经营的食品、食品添加剂货值金额不足一万元的，并处五万元以上十万元以下罚款；货值金额一万元以上的，并处货值金额十倍以上二十倍以下罚款；情节严重的，吊销许可证：……（五）生产经营标注虚假生产日期……的食品、……"因此，当事人生产经营标注虚假生产日期食品的行为符合《食品安全法》第一百二十四条第一款第五项的情形，应当依据《食品安全法》第一百二十四条第一款第五项的规定给予没收违法所得和违法生产经营的食品、食品添加剂，并可以没收用于违法生产经营的工具、设备、原料等物品；并处罚款的行政处罚。

108 法定要求批发食品的企业应当建立哪些记录？

《食品安全法》第五十三条第二款规定："食品经营企业应当建立食品进货查验记录制度，如实记录食品的名称、规格、数量、生产日期或者生产批号、保质期、进货日期以及供货者名称、地址、联系方式等内容，并保存相关凭证。记录和凭证保存期限不得少于产品保质期满后六个月；没有明确保质期的，保存期限不得少于二年。"《食品安全法》第五十三条第四款规定："从事食品批发业务的经营企业应当建立食品销售记录制度，如实记录批发食品的名称、规格、数量、生产日期或者生产批号、保质期、销售日期以及购货者名称、地址、联系方式等内容，并保存相关凭证。记录和凭证保存期限不得少于产品保质期满后六个月；没有明确保质期的，保存期限不得少于二年。"

批发食品的企业属于食品经营企业，因此批发食品的企业首先应当依据《食品安全法》第五十三条第二款的规定建立食品进货查验记录。其次还应当依据《食品安全法》第五十三条第四款的规定建立食品销售记录。

109　饭店能否加工制作鲜活河豚鱼销售给顾客？

情景再现：2017 年 7 月 12 日，某市食品安全监管部门（以下简称"办案单位"）接到某酒店（以下简称"当事人"）关于五名顾客食用河豚鱼后出现恶心、呕吐、腹痛、腹泻、四肢麻木无力、身体摇摆、走路困难等症状的报告后，办案单位立即会同有关单位开展依法处理，由于治疗及时五名顾客均已康复。经查证，致病原因是食用酒店加工制作的河豚鱼引起的。

法律分析：2011 年 6 月 9 日，食药监办食函〔2011〕242 号规定，在国家有关政策调整前，严禁任何餐饮服务提供者加工制作鲜河豚鱼，对经营河豚鱼（或以其他替代名称）的，依照《食品安全法》第八十五条的规定进行处罚。《国家局关于经营河豚鱼导致食物中毒案件行政处罚有关事项的通知》（食药监办食函〔2011〕12 号）中规定餐饮服务提供者经营河豚鱼导致食物中毒，其行政处罚按生产经营国家为防病等特殊需要明令禁止生产经营的食品论处。

因此，餐饮单位加工制作鲜活河豚鱼销售给顾客食用，导致发生食品安全事故，其违法行为应认定为"生产经营国家为防病等特殊需要明令禁止生产经营的食品"。《食品安全法》第三十四条第十二项规定，禁止生产经营国家为防病等特殊需要明令禁止生产经营的食品。《食品安全法》第一百二十三条第一款第五项规定："违反本法规定，有下列情形之一，尚不构成犯罪的，由县级以上人民政府食品安全监督管理部门没收违法所得和违法生产经营的食品，并可以没收用于违法生产经营的工具、设备、原料等物品；违法生产经营的食品货值金额不足一万元的，并处十万元以上十五万元以下罚款；货值金额一万元以上的，并处货值金额十五倍以上三十倍以下罚款；情节严重的，吊销许可证，并可以由公安机关对其直接负责的主管人员和其他直接责任人员处五日以上十五日以下拘留；……（五）生产经营国家为防病等特殊需要明令禁止生产经营的食品；……"可见，当事人加工制作鲜活河豚鱼销售给顾客的行为违反了《食品安全法》第三十四条第十二项的规定，符合《食品安全法》第一百二十三条第一款第五项的情形，应当依据《食品安全法》第一百二十三条第一款第五项的规定给予当事人严重的行政处罚。

因此，饭店加工制作鲜活河豚鱼销售给顾客是违法的，是存在食品安全隐患和风险的，饭店不能加工制作鲜活河豚鱼销售给顾客。

110 法定要求由谁负责监管进口食品？

《食品安全法》第九十一条规定，国家出入境检验检疫部门对进出口食品安全实施监督管理。《食品安全法》第九十五条第二款规定，县级以上人民政府食品安全监督管理部门对国内市场上销售的进口食品、食品添加剂实施监督管理。《食品安全法》第一百五十二条第四款规定，国境口岸食品的监督管理由出入境检验检疫机构依照本法以及有关法律、行政法规的规定实施。

因此，国内市场上销售的进口食品、食品添加剂由食品安全监管部门负责监管。国境口岸食品由出入境检验检疫机构负责监管。

111 食品、食品添加剂进口和销售记录是怎么规定的？

《食品安全法》第九十八条规定，进口商应当建立食品、食品添加剂进口和销售记录制度，如实记录食品、食品添加剂的名称、规格、数量、生产日期、生产或者进口批号、保质期、境外出口商和购货者名称、地址及联系方式、交货日期等内容，并保存相关凭证。记录和凭证保存期限不得少于产品保质期满后六个月；没有明确保质期的，保存期限不得少于二年。

由此可知，食品、食品添加剂进口和销售记录应当由进口商依法建立。一是必须建立食品、食品添加剂进口记录。食品、食品添加剂进口记录是指记载食品、食品添加剂及其相关进口信息的纸质或者电子文件。食品、食品添加剂进口记录内容应当包括进口食品、食品添加剂的名称、品牌、规格、数量、货值、生产批号、生产日期、保质期、原产地、输出国家或者地区、生产企业名称及在华注册号、出口商或者代理商备案编号、名称及联系方式、贸易合同号、进口口岸、目的地、根据需要出具的国（境）外官方或者官方授权机构出具的相关证书编号、报检单号、入境时间、存放地点、联系人及电话等内容。二是必须建立进口食品、食品添加剂销售记录。进口食品、食品添加剂销售记录是指记载进口商将进口食品提供给食品经营者或者消费者的纸质或者电子文件。进口食品、食品添加剂销售记录应当包括销售流向记录、销售对象投诉及召回记录等内容。其中，销售流向记录应当包括进口食品、食品添加剂的名称、规格、数量、生产日期、生产批号、销售日期、购货人名称、地址及联系方式、出库单号、发票流水编号、食品召回后处理方式等信息。三是保存相关凭证。《食品进口记录和销售记录管理规定》第八条规定："收货人应当保存如下进口记录档案材料：贸易合同、提单、根据需要出具的国（境）外官方相关证书、报检单的复印件、出入境检验检疫机构出具的《入境货物检验检疫证明》《卫生证书》等文件副本。"第十一条规定："收货人应当保存如下销售记录档案材料：购销合同、销售发票留底联、出库单等文件原件或者复印件，自用食品的收货人还应当保存加工使用记录等资料。"记录和凭证保存期限不得少于产品保质期满后六个月；没有明确保质期的，保存期限不得少于二年。

112　进口食品召回是怎么规定的？

《食品安全法》第九十四条第三款规定，发现进口食品不符合我国食品安全国家标准或者有证据证明可能危害人体健康的，进口商应当立即停止进口，并依照本法第六十三条的规定召回。《进出口食品安全管理办法》第四十八条第一款规定，进口食品存在安全问题，已经或者可能对人体健康和生命安全造成损害的，进口食品进口商应当主动召回并向所在地检验检疫机构报告。进口食品进口商应当向社会公布有关信息，通知销售者停止销售，告知消费者停止使用，做好召回食品情况记录。

因此，进口食品存在安全问题，已经或者可能对人体健康和生命安全造成损害的，进口商应当主动召回。如果进口食品的进口商不主动召回，县级以上人民政府食品安全监管部门可以责令其召回。

113　餐饮单位需要定期维护食品加工、贮存、陈列等设施、设备吗？

《食品安全法》第五十六条第一款规定："餐饮服务提供者应当定期维护食品加工、贮存、陈列等设施、设备；……"《餐饮操作规范》3.1.2规定，定期维护食品加工、贮存等设施、设备；定期清洗、校验保温设施及冷藏、冷冻设施。

食品在加工、贮存、陈列过程中，如果温度不当、设备不清洁，容易造成污染。餐饮服务提供者除应符合《食品安全法》第三十三条第一款第二项规定的具有与生产经营的食品品种、数量相适应的生产经营设备或者设施，有相应的消毒、更衣、盥洗、采光、照明、通风、防腐、防尘、防蝇、防鼠、防虫、洗涤以及处理废水、存放垃圾和废弃物的设备或者设施等硬性要求外，还需要对其中的各种设备、设施进行维护、校验、清洗和消毒。这些设施、设备在使用后，必须按规定及时清洗、消毒，避免滞留其上的食品发生质变，引发不安全因素。在使用一段时间后，应对设施、设备的安全性能进行检查，确保食品在加工、贮存、陈列过程中的安全。

因此，餐饮单位必须定期维护食品加工、贮存、陈列等设施、设备，确保餐饮单位加工制作的食品安全。

114　如何清洁餐饮服务场所、设备、设施及工具？

《餐饮操作规范》建议餐饮服务提供者按照以下方法（见表8）清洁餐饮服务场所、设备、设施及工具。

表 8　清洁餐饮服务场所、设备、设施及工具的时间、用具及方法

场所、设备、设施及工具	清洁时间	清洁用具	方法
地面	每天完工或有需要时	扫帚、拖把、刷子、清洁剂	1. 用扫帚扫地 2. 用拖把以清洁剂拖地 3. 用刷子刷去余下污物 4. 用水冲洗干净 5. 用干拖把拖干地面
排水沟	每天完工或有需要时	铲子、刷子、清洁剂	1. 用铲子铲去沟内大部分污物 2. 用清洁剂洗净排水沟 3. 用刷子刷去余下污物 4. 用水冲洗干净
墙壁、门窗及天花板（包括照明设施）	每月一次或有需要时	抹布、刷子、清洁剂	1. 用干抹布去除干的污物 2. 用湿抹布擦抹或用水冲刷 3. 用清洁剂清洗 4. 用湿抹布抹净或用水冲洗干净 5. 用清洁的抹布抹干/风干
冷冻（藏）库	每周一次或有需要时	抹布、刷子、清洁剂	1. 清除食物残渣及污物 2. 用湿抹布擦抹或用水冲刷 3. 用清洁剂清洗 4. 用湿抹布抹净或用水冲洗干净 5. 用清洁的抹布抹干/风干
排烟设施	表面每周一次，内部每年 2 次以上	抹布、刷子、清洁剂	1. 用清洁剂清洗 2. 用刷子、抹布去除油污 3. 用湿抹布抹净或用水冲洗干净 4. 风干
工作台及洗涤盆	每次使用后	抹布、刷子、清洁剂、消毒剂	1. 清除食物残渣及污物 2. 用湿抹布擦抹或用水冲刷 3. 用清洁剂清洗 4. 用湿抹布抹净或用水冲洗干净 5. 用消毒剂消毒 6. 用水冲洗干净 7. 风干
餐厨废弃物存放容器	每天完工或有需要时	刷子、清洁剂、消毒剂	1. 清除食物残渣及污物 2. 用水冲刷 3. 用清洁剂清洗 4. 用水冲洗干净 5. 用消毒剂消毒 6. 风干

续表

场所、设备、设施及工具	清洁时间	清洁用具	方法
设备、工具	每次使用后	抹布、刷子、清洁剂、消毒剂	1. 清除食物残渣及污物 2. 用湿抹布擦抹或用水冲刷 3. 用清洁剂清洗 4. 用湿抹布抹净或用水冲洗干净 5. 用消毒剂消毒 6. 用水冲洗干净 7. 风干
卫生间	定时或有需要时	扫帚、拖把、刷子、抹布、清洁剂、消毒剂	1. 清除地面、便池、洗手池及台面、废弃物存放容器等的污物、废弃物 2. 用刷子刷去余下污物 3. 用扫帚扫地 4. 用拖把以清洁剂拖地 5. 用刷子、清洁剂清洗便池、洗手池及台面、废弃物存放容器 6. 用消毒剂消毒便池 7. 用水冲洗干净地面、便池、洗手池及台面、废弃物存放容器 8. 用干拖把拖干地面 9. 用湿抹布抹净洗手池及台面、废弃物存放容器 10. 风干

115 餐饮单位加工制作食品的基本要求是什么？

《餐饮操作规范》规定加工制作食品的基本要求：

（1）加工制作的食品品种、数量与场所、设施、设备等条件相匹配。

（2）加工制作食品过程中，应采取下列措施，避免食品受到交叉污染：①不同类型的食品原料、不同存在形式的食品（原料、半成品、成品）分开存放，其盛放容器和加工制作工具分类管理、分开使用，定位存放；②接触食品的容器和工具不得直接放置在地面上或者接触不洁物；③食品处理区内不得从事可能污染食品的活动；④不得在辅助区（如卫生间、更衣区等）内加工制作食品、清洗消毒餐饮具；⑤餐饮服务场所内不得饲养和宰杀禽、畜等动物。

116 餐饮单位从业人员如何进行洗手消毒？

从业人员在加工制作食品前，应洗净手部。洗手程序：①打开水龙头，用自来水（宜为温水）将双手弄湿。②双手涂上皂液或洗手液等。③双手互相搓擦 20s（秒），必要时，以洁净的指甲刷清洁指甲。工作服为长袖的应洗到腕部，工作服为短袖的应洗到肘部。④用自来水冲净双手。⑤关闭水龙头（手动式水龙头应用肘部或以清洁纸巾包裹水龙头将其关闭）。⑥用清洁纸巾、卷轴式清洁抹手布或干手机干燥双手。

标准的清洗手部方法见图 3。

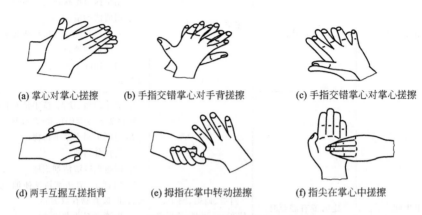

(a) 掌心对掌心搓擦　　(b) 手指交错掌心对手背搓擦　　(c) 手指交错掌心对掌心搓擦

(d) 两手互握互搓指背　　(e) 拇指在掌中转动搓擦　　(f) 指尖在掌心中搓擦

图 3　标准的清洗手部方法

标准的消毒手部方法：

消毒手部前应先洗净手部。方法一：将洗净后的双手在消毒剂水溶液中浸泡 20～30s，用自来水将双手冲净。方法二：取适量的乙醇类速干手消毒剂于掌心，按照标准的清洗手部方法充分搓擦双手 20～30s，搓擦时保证手消毒剂完全覆盖双手皮肤，直至干燥。

加工制作过程中，应保持手部清洁。出现下列情形时，应重新洗净手部：

（1）①加工制作不同存在形式的食品前；②清理环境卫生、接触化学物品或不洁物品（落地的食品、受到污染的工具容器和设备、餐厨废弃物、钱币、手机等）后；③咳嗽、打喷嚏及擤鼻涕后。

（2）使用卫生间、用餐、饮水、吸烟等可能会污染手部的活动后，应重新洗净手部。

（3）加工制作不同类型的食品原料前，宜重新洗净手部。

（4）从事接触直接入口食品工作的从业人员，加工制作食品前应洗净手部并进行手部消毒。

加工制作过程中，应保持手部清洁。出现下列情形时，应重新洗净手部并消毒：①接触非直接入口食品后。②触摸头发、耳朵、鼻子、面部、口腔或身体其他部位后。③其他需要重新洗净手部的情形。

117 餐饮单位加工制作食品过程中，不得存在哪些行为？

《餐饮操作规范》规定加工制作食品过程中，不得存在下列行为：

一是使用非食品原料加工制作食品。二是在食品中添加食品添加剂以外的化学物质和其他可能危害人体健康的物质。三是使用回收食品作为原料，再次加工制作食品。四是使用超过保质期的食品、食品添加剂。五是超范围、超限量使用食品添加剂。六是使用腐败变质、油脂酸败、霉变生虫、污秽不洁、混有异物、掺假掺杂或者感官性状异常的食品、食品添加剂。七是使用被包装材料、容器、运输工具等污染的食品、食品添加剂。八是使用无标签的预包装食品、食品添加剂。九是使用国家为防病等特殊需要明令禁止经营的食品（如织纹螺等）。十是在食品中添加药品（按照传统既是食品又是中药材的物质除外）。十一是法律、法规禁止的其他加工制作行为。

118　餐饮单位加工制作哪些食品需要在专间内进行？

《餐饮操作规范》规定下列食品的加工制作应在专间内进行：

一是生食类食品；二是裱花蛋糕；三是冷食类食品（既可在专间也可在专用操作区内加工制作的食品除外）。另外，学校（含托幼机构）食堂和养老机构食堂的备餐宜在专间内进行。

119　餐饮单位哪些加工制作既可在专间也可在专用操作区内进行？

《餐饮操作规范》规定下列加工制作既可在专间也可在专用操作区内进行：

一是备餐；二是现榨果蔬汁、果蔬拼盘等的加工制作；三是仅加工制作植物性冷食类食品（不含非发酵豆制品）；四是对预包装食品进行拆封、装盘、调味等简单加工制作后即供应的；五是调制供消费者直接食用的调味料。

120　餐饮单位粗加工制作与切配有哪些要求？

《餐饮操作规范》规定粗加工制作与切配要求：

一是加工前应认真检查待加工食品，发现有腐败变质、油脂酸败、霉变生虫、污秽不洁或者其他感官性状异常的，不得加工和使用。二是食品原料在使用前应洗净，动物性食品原料、植物性食品原料、水产品原料应分池清洗，禽蛋在使用前应对外壳进行清洗，必要时进行消毒。破蛋后应单独存放在暂存容器内，确认禽蛋未变质后再合并存放。三是盛放或加工制作不同类型食品原料的工具和容器应分开使用，并有明显标识。盛放或加工制作畜肉类原料、禽肉类原料及蛋类原料的工具和容器宜分开使用，并有明显标识。四是易腐烂变质食品应尽量缩短在常温下的存放时间，加工后应及时使用或冷藏。五是切配好的半成品应避免受到污染，与原料分开存放，并应根据性质分类存放。六是切配好的半成品应按照加工操作规程，在规定时间内使用。七是用于盛装食品的容器不得直接放置于地面，以防止食品受到污染。八是冷冻（藏）食品出库后，应及时加工制作。冷冻食品原料不宜反复解冻、冷冻。九是宜使用冷藏解冻或冷水解冻方法进行解冻，解冻时合理防护，避免受到污染。使用微波解冻方法的，解冻后的食品原料应被立即加工制作。

121 餐饮单位专间内成品加工制作有哪些要求？

《餐饮操作规范》规定餐饮单位专间内成品加工制作要求：

一是专间内温度不得高于 25℃。二是每餐（或每次）使用专间前，应对专间空气进行消毒。消毒方法应遵循消毒设施使用说明书要求。使用紫外线灯消毒的，应在无人加工制作时开启紫外线灯 30min（分钟）以上并做好记录。三是由专人加工制作，非专间加工制作人员不得擅自进入专间。进入专间前，加工制作人员应更换专用的工作衣帽并佩戴口罩。加工制作人员在加工制作前应严格清洗消毒手部，加工制作过程中适时清洗消毒手部。四是应使用专用的工具、容器、设备，使用前使用专用清洗消毒设施进行清洗消毒并保持清洁。五是及时关闭专间的门和食品传递窗口。六是蔬菜、水果、生食的海产品等食品原料应清洗处理干净后，方可传递进专间。预包装食品和一次性餐饮具应去除外层包装并保持最小包装清洁后，方可传递进专间。七是在专用冷冻或冷藏设备中存放食品时，宜将食品放置在密闭容器内或使用保鲜膜等进行无污染覆盖。八是加工制作生食海产品，应在专间外剔除海产品的非食用部分，并将其洗净后，方可传递进专间。加工制作时，应避免海产品可食用部分受到污染。加工制作后，应将海产品放置在密闭容器内冷藏保存，或放置在食用冰中保存并用保鲜膜分隔。放置在食用冰中保存的，加工制作后至食用前的间隔时间不得超过 1h（小时）。九是加工制作裱花蛋糕，裱浆和经清洗消毒的新鲜水果应当天加工制作、当天使用。蛋糕胚应存放在专用冷冻或冷藏设备中。打发好的奶油应尽快使用完毕。十是加工制作好的成品宜当餐供应。十一是不得在专间内从事非清洁操作区的加工制作活动。

专间属于清洁操作区，专间内加工制作的食品易受到污染，因此为避免专间内成品受到污染，专间内成品加工制作应符合上述要求。

122 餐饮单位专用操作区内成品加工制作有哪些要求？

《餐饮操作规范》规定专用操作区内成品加工制作要求：

一是由专人加工制作。加工制作人员应穿戴专用的工作衣帽并佩戴口罩。加工制作人员在加工制作前应严格清洗消毒手部，加工制作过程中适时清洗消毒手部。二是应使用专用的工具、容器、设备，使用前进行消毒，使用后洗净并保持清洁。三是在专用冷冻或冷藏设备中存放食品时，宜将食品放置在密闭容器内或使用保鲜膜等进行无污染覆盖。四是加工制作的水果、蔬菜等，应清洗干净后方可使用。五是加工制作好的成品应当餐供应。六是现调、冲泡、分装饮品可不在专用操作区内进行。七是不得在专用操作区内从事非专用操作区的加工制作活动。

专用操作区与专间同属于清洁操作区，是清洁程度要求较高的加工制作区域。

因此，餐饮单位专用操作区内成品加工制作必须做到，专人加工制作，使用专用工具、容器、设备，专用冷冻或冷藏，原料使用前必须洗净等。

123 餐饮单位烹饪区内加工制作一般要求有哪些

《餐饮操作规范》规定烹饪区内加工制作一般要求：

一是烹饪前应认真检查待加工食品，发现有腐败变质、油脂酸败、霉变生虫、污秽不洁、混有异物、掺假掺杂或者感官性状异常的食品、食品添加剂的，不得进行烹饪加工。二是烹饪食品的温度和时间应能保证食品安全。三是需要烧熟煮透的食品，加工制作时食品的中心温度应达到70℃以上。对特殊加工制作工艺，中心温度低于70℃的食品，餐饮服务提供者应严格控制原料质量安全状态，确保经过特殊加工制作工艺制作成品的食品安全。四是需要冷藏的熟制品，应尽快冷却后再冷藏，冷却应在清洁操作区进行，并标注加工时间等。五是加工后的成品应与半成品、原料分开存放。六是盛放调味料的容器应保持清洁，使用后加盖存放，宜标注预包装调味料标签上标注的生产日期、保质期等内容及开封日期。不得与地面或污垢接触。七是菜品用的围边、盘花应保证清洁新鲜、无腐败变质，不得回收后再使用。不得将回收后的食品经加工后再次销售。八是宜采用有效的设备或方法，避免或减少食品在烹饪过程中产生有害物质。

124 餐饮单位烹饪区内加工制作油炸类食品有哪些要求？

《餐饮操作规范》规定加工制作油炸类食品应当符合以下要求：

一是选择热稳定性好、适合油炸的食用油脂。二是与炸油直接接触的设备、工具内表面应为耐腐蚀、耐高温的材质（如不锈钢等），易清洁、维护。三是油炸食品前，应尽可能减少食品表面的多余水分。油炸食品时，油温不宜超过190℃。油量不足时，应及时添加新油。定期过滤在用油，去除食物残渣。鼓励使用快速检测方法定时测试在用油的酸价、极性组分等指标。定期拆卸油炸设备，进行清洁维护。

125 餐饮单位烹饪区内加工制作烧烤类食品有哪些要求？

《餐饮操作规范》规定加工制作烧烤类食品应当符合以下要求：

一是烧烤场所应具有良好的排烟系统。二是加工前应认真检查待加工食品，发现有腐败变质、油脂酸败、霉变生虫、污秽不洁、混有异物、掺假掺杂或者感官性状异常的食品、食品添加剂的，不得进行加工制作。三是原料、半成品应分开放置，成品应有专用存放场所，避免受到污染。四是烤制食品的温度和时间应能使食品被烤熟。五是烤制食品时，应避免食品直接接触火焰或烤制温度过高，减少有害物质产生。

126 餐饮单位烹饪区内加工制作火锅类食品有哪些要求?

《餐饮操作规范》规定加工制作火锅类食品应符合以下要求:

一是不得重复使用火锅底料。二是使用醇基燃料(如酒精等)时,应在没有明火的情况下添加燃料。使用炭火或煤气时,应通风良好,防止一氧化碳中毒。

127 餐饮单位烹饪区内加工制作糕点类食品有哪些要求?

《餐饮操作规范》规定加工制作糕点类食品应当符合以下要求:

一是使用烘焙包装用纸时,应考虑颜色可能对产品的迁移,并控制有害物质的迁移量,不应使用有荧光增白剂的烘烤纸。二是使用自制蛋液的,应冷藏保存蛋液,防止蛋液变质。

由于糕点的种类繁多、制作工艺复杂,无论是加工制作哪种糕点,都要依法、依规按照食品安全国家标准使用食品原料、食品添加剂、食品相关产品,保证生产加工的食品符合食品安全国家标准。

128 餐饮单位烹饪区内加工制作自制饮品有哪些要求?

《餐饮操作规范》规定加工制作自制饮品应当符合以下要求:

一是从事自制饮品制作的人员操作前应清洗消毒手部,操作时佩戴口罩。二是用于自制饮品的设备、工具、容器应专用。每餐次使用前应消毒,用后应洗净并在专用保洁设施内存放。三是用于自制饮品的蔬菜、水果应新鲜,未经清洗处理干净的不得使用。四是加工制作自制饮品的用水,应为预包装饮用水、使用符合相关规定的水净化设备或设施处理后的直饮水、煮沸冷却后的生活饮用水。五是自制饮品所用的原料乳,宜为预包装乳制品。六是煮沸生豆浆时,应将上涌泡沫除净,煮沸后保持沸腾状态 5min(分钟)以上。七是制作自制饮品不得掺杂、掺假及使用非食用物质。八是制作的自制饮品当餐不能用完的,应妥善处理,不得重复利用。

129 餐饮外卖的食品被包装材料污染,应当承担什么法律责任?

情景再现:2018 年 7 月 12 日,张某投诉餐饮外卖的食品被包装材料所污染,某市食品安全监管部门经依法查证,张某通过外卖平台购买鸡蛋炒饭一份、红烧茄子一份、红烧肉一份、油炸花生米一份,共消费八十元。鸡蛋炒饭中的米饭接触黑色包装盒的部分呈黑颜色,用白色纸巾可明显擦掉包装盒表面黑颜色。很显然某餐饮外卖销售的鸡蛋炒饭是被黑色包装盒所污染的。

法律分析:《食品安全法》第三十四条第九项规定:"禁止生产经营下列食品……:……(九)被包装材料、容器、运输工具等污染的食品、……"《食品安全法》第一百二十五条第一款第一项规定："违反本法规定，有下列情形之一的，由县级以上人民政府食品安全监督管理部门没收违法所得和违法生产经营的食品、食品添加剂，并可以没收用于违法生产经营的工具、设备、原料等物品；违法生产经营的食品、食品添加剂货值金额不足一万元的，并处五千元以上五万元以下罚款；货值金额一万元以上的，并处货值金额五倍以上十倍以下罚款；情节严重的，责令停产停业，直至吊销许可证：（一）生产经营被包装材料……等污染的食品、……"

由此可知，某餐饮外卖销售被黑色包装盒所污染鸡蛋炒饭的行为违反了《食品安全法》第三十四条第九项的规定，符合《食品安全法》第一百二十五条第一款第一项的情形，应当依据《食品安全法》第一百二十五条第一款第一项的规定给予当事人没收违法所得和违法生产经营的食品……，并处罚款的处罚。

130 餐饮单位食品再加热是怎么要求的？

在烹饪后至食用前需要较长时间（超过 2h）存放的高危易腐食品，应在高于 60℃或低于 8℃的条件下存放。在 8~60℃条件下存放超过 2h，且未发生感官性状变化，需再次利用的应充分加热，加热前应确认食品未变质，其加工时食品中心温度应不低于 70℃。冷冻熟食品应彻底解冻后经充分加热方可食用。不符合加热标准的食品不得食用。

131 餐饮单位能否使用食品添加剂硫酸铝钾、硫酸铝铵？

情景再现：2019 年 8 月 22 日，某食品安全监管部门依法检查某大型饭店，在面点间发现半袋食品添加剂硫酸铝钾，经询问面点师，已开封的硫酸铝钾是面点师加工制作包子所用，执法部门随即对饭店加工制作的包子进行抽样，检验结论证实包子中铝的残留量（以干基计）项目不符合《食品添加剂使用标准》的要求，标准指标为不得检出，实测值为 590mg/kg，检验结论为不合格。经查证，违法经营的食品货值金额二百元，违法所得一百元。

法律分析：《国家卫生计生委等 5 部门关于调整含铝食品添加剂使用规定的公告》（2014 年第 8 号）决定，自 2014 年 7 月 1 日起，禁止将酸性磷酸铝钠、硅铝酸钠和辛烯基琥珀酸铝淀粉用于食品添加剂生产、经营和使用，膨化食品生产中不得使用含铝食品添加剂，小麦粉及其制品［除油炸面制品、面糊（如用于鱼和禽肉的拖面糊）、裹粉、煎炸粉外］生产中不得使用硫酸铝钾和硫酸铝铵。2014 年 7 月 1 日前已按照相关标准使用上述食品添加剂生产的食品，可以继续销售至保质期结束。《食品添加剂使用标准》"硫酸铝钾（又名钾明矾）"一项中所列的"食品名称"中记载有"豆类制品""面糊（如用于鱼和禽肉的拖面糊）、裹粉、煎炸粉""油炸面制品""虾味片""焙烤食品""腌制水产品（仅限海蜇）"等共计 6 个类别，未记载有"面制品"类别。

由此可知，餐饮单位构成了超范围使用食品添加剂的违法行为。《食品安全法》第三十四条第四项规定，禁止生产经营超范围、超限量使用食品添加剂的食品。《食品安全法》第一百二十四条第一款第三项规定："违反本法规定，有下列情形之一，尚不构成犯罪的，由县级以上人民政府食品安全监督管理部门没收违法所得和违法生产经营的食品、食品添加剂，并可以没收用于违法生产经营的工具、设备、原料等物品；违法生产经营的食品、食品添加剂货值金额不足一万元的，并处五万元以上十万元以下罚款；货值金额一万元以上的，并处货值金额十倍以上二十倍以下罚款；情节严重的，吊销许可证；……（三）生产经营超范围、超限量使用食品添加剂的食品。"因此，当事人超范围使用食品添加剂的行为违反了《食品安全法》第三十四条第四项的规定，符合《食品安全法》第一百二十四条第一款第三项的情形，应当依据《食品安全法》第一百二十四条第一款第三项的规定给予没收违法所得，并处罚款的处罚。

因此，餐饮单位使用食品添加剂硫酸铝钾加工制作销售包子、馒头、花卷是违法的，是不能使用的。油炸面制品、面糊（如用于鱼和禽肉的拖面糊）、裹粉、煎炸粉是可以使用的，但使用时必须符合食品安全国家标准要求。

132 中小学、幼儿园食堂为何不能制售冷荤类食品？

《食品经营许可审查通则（试行）》第五十一条规定："职业学校、普通中等学校、小学、特殊教育学校、托幼机构的食堂原则上不得申请生食类食品制售项目。"《学校食品安全与营养健康管理规定》第三十六条第三款规定："中小学、幼儿园食堂不得制售冷荤类食品、生食类食品、裱花蛋糕，……"

《学校食品安全与营养健康管理规定》是中华人民共和国教育部、国家市场监督管理总局和国家卫生健康委员会联合制定于 2019 年 4 月 1 日起施行的。是为保障学生和教职工在校集中用餐的食品安全与营养健康，加强监督管理，根据《中华人民共和国食品安全法》《中华人民共和国教育法》《中华人民共和国食品安全法实施条例》等法律、法规制定的规定，同时明确了相对应的处罚措施。无论是冷荤类食品，还是生食类食品、裱花蛋糕，加工制作此类食品具有较高的食品安全风险，清洁程度要求较高，无论是场所、设施，还是消毒、人员配置等都有较高的要求，不适宜中小学、幼儿园食堂制售。

因此，中小学、幼儿园食堂不能制售冷荤类食品。

133 中小学、幼儿园食堂加工制作四季豆、鲜黄花菜、野生蘑菇、发芽土豆等高风险食品，应当承担什么法律责任？

情景再现：2018 年 9 月 22 日，某食品安全监管部门依法检查某小学食堂，在食品处理区发现工作人员正在加工制作四季豆。经查证,四季豆是学校食堂采购员昨天采购的,数量20kg,采购价8元/kg,准备备菜后于中午供学校师生食用,学校食堂用餐人数约500人。

法律分析:《学校食品安全与营养健康管理规定》第三十六条第三款规定:"中小学、幼儿园食堂不得……,不得加工制作四季豆、鲜黄花菜、野生蘑菇、发芽土豆等高风险食品。"《学校食品安全与营养健康管理规定》第五十五条第二款规定:"违反本规定第三十六条第三款,中小学、幼儿园食堂(或者供餐单位)制售冷荤类食品、生食类食品、裱花蛋糕,或者加工制作四季豆、鲜黄花菜、野生蘑菇、发芽土豆等高风险食品的,由县级以上人民政府食品安全监督管理部门责令改正;拒不改正的,给予警告,并处5000元以上3万元以下罚款。"

由此可知,中小学、幼儿园食堂加工制作四季豆、鲜黄花菜、野生蘑菇、发芽土豆等高风险食品的行为违反了《学校食品安全与营养健康管理规定》第三十六条第三款的规定,符合《学校食品安全与营养健康管理规定》第五十五条第二款的情形,应当依据《学校食品安全与营养健康管理规定》第五十五条第二款的规定责令其立即改正;拒不改正的,给予警告,并处5000元以上3万元以下罚款。

四季豆中毒一年四季均有发生,主要是由于吃了未煮熟的四季豆所引起的,以消化道症状为主要表现。四季豆中含有胰蛋白酶抑制剂、红细胞凝集素、皂苷等,是有毒物质。胰蛋白酶抑制剂,能抑制体内蛋白酶的正常活性,引起消化不良、恶心、腹胀、腹痛等。红细胞凝集素,存在于种子中,能破坏红细胞,使人体红细胞发生凝血,引起强烈呕吐。皂苷,存在于豆荚外皮中,对胃肠道黏膜有强烈的刺激性,可引起胃肠道局部充血、肿胀甚至出血性炎症,还能破坏血红细胞的渗透性而发生溶血。因此,为保证学校师生身体健康,确保食品安全,中小学、幼儿园食堂不能加工制作四季豆、鲜黄花菜、野生蘑菇、发芽土豆等高风险食品。

134 能否在网络上销售特定全营养配方食品?如销售应当承担什么法律责任?

《网络食品安全违法行为查处办法》(国家食品药品监督管理总局令第27号)第十九条第二款规定:"特殊医学用途配方食品中特定全营养配方食品不得进行网络交易。"《网络食品安全违法行为查处办法》第四十一条第二款规定:"违反本办法第十九条第二款规定,食品生产经营者通过网络销售特定全营养配方食品的,由县级以上地方食品药品监督管理部门处3万元罚款。"

由此可知,入网食品生产经营者在网络上销售特定全营养配方食品的行为违反了《网络食品安全违法行为查处办法》第十九条第二款规定,符合《网络食品安全违法行为查处办法》第四十一条第二款的情形,应当依据《网络食品安全违法行为查处办法》第四十一条第二款的规定处3万元罚款的行政处罚。

因此,不能在网络上销售特定全营养配方食品。如销售应当给予入网食品生产经营者处 3 万元罚款的行政处罚。

135 网络食品交易第三方平台提供者应履行的义务和承担的责任有哪些?

《食品安全法》第六十二条规定,网络食品交易第三方平台提供者应当对入网食品经营者进行实名登记,明确其食品安全管理责任;依法应当取得许可证的,还应当审查其许可证。

网络食品交易第三方平台提供者发现入网食品经营者有违反本法规定行为的,应当及时制止并立即报告所在地县级人民政府食品安全监督管理部门;发现有严重违法行为的,应当立即停止提供网络交易平台服务。

根据《食品安全法》《消费者权益保护法》《合同法》等法律、法规的规定,第三方平台提供者履行的义务有:一是登记审查义务。第三方平台提供者应当对入网食品经营者进行实名登记,以及依法审查食品经营许可证,明确入网食品经营者的食品安全管理责任。二是管理报告义务。第三方平台提供者具有及时制止违法经营行为并向有关部门报告的义务,情况严重时还应立即停止服务。三是忠实告知义务。当消费者的合法权益受到侵害时,第三方平台应当向消费者提供违法经营者的真实名称、地址、联系方式等信息,否则权益受侵害的消费者可以选择向第三方平台提供者索赔。四是约定义务。第三方平台提供者的约定义务源于其做出的"更有利于消费者的承诺"。这种承诺涉及先行赔付等赔偿性条款、退换货等替代性条款以及"满减""赠饮""新用户优惠"等优惠性条款。

第三方平台提供者的食品安全法律责任:一是行政责任。《食品安全法》第一百三十一条规定,违反本法规定,网络食品交易第三方平台提供者未对入网食品经营者进行实名登记、审查许可证,或者未履行报告、停止提供网络交易平台服务等义务的,由县级以上人民政府食品安全监督管理部门责令改正,没收违法所得,并处五万元以上二十万元以下罚款;造成严重后果的,责令停业,直至由原发证部门吊销许可证;……由此可知,网络食品交易第三方平台提供者承担行政责任,不以消费者权益受到实际损失为前提,而是依法加重处罚的一种方式。二是民事责任。网络食品交易第三方平台提供者应当承担的民事责任主要包括违约责任和侵权责任两种。违约责任,就是平台提供者所做出的有利于消费者的承诺,至于违约后承担责任的内容和方式,有约定的按约定,没有约定的依照有关法律法规的规定。侵权责任,即第三方平台提供者无法提供入网食品经营者的真实姓名、地址和有效联系方式等信息,即未能履行法定的登记审查义务时,由网络食品交易第三方平台提供者承担赔偿责任。

136 餐饮单位供餐有哪些要求?

《餐饮操作规范》规定餐饮单位供餐应当符合以下要求:

一是供应前应认真检查待供应食品，发现有腐败变质、污秽不洁、混有异物或者其他感官性状异常的，不得供应。二是分派菜肴、整理造型的工具使用前应清洗消毒。三是加工制作围边、盘花等的材料应符合食品安全要求，使用前应清洗消毒。四是在烹饪后至食用前需要较长时间（超过2h）存放的高危易腐食品，应在高于60℃或低于8℃的条件下存放。在8～60℃条件下存放超过2h，且未发生感官性状变化的，应按本规范要求再加热后方可供餐。五是宜按照标签标注的温度等条件，供应预包装食品。食品的温度不得超过标签标注的温度＋3℃。六是供餐过程中，应对食品采取有效防护措施，避免食品受到污染。使用传递设施（如升降笼、食梯、滑道等）的，应保持传递设施清洁。七是供餐过程中，应使用清洁的托盘等工具，避免从业人员的手部直接接触食品（预包装食品除外）。

137　食品配送有哪些要求？

《餐饮操作规范》规定食品配送一般要求有：

一是不得将食品与有毒、有害物品混装配送。二是应使用专用的密闭容器和车辆配送食品，容器的内部结构应便于清洁。三是配送前，应清洁运输车辆的车厢和配送容器，盛放成品的容器还应经过消毒。四是配送过程中，食品与非食品、不同存在形式的食品应使用容器或独立包装等分隔，盛放容器和包装应严密，防止食品受到污染。五是食品的温度和配送时间应符合食品安全要求。

138　集体用餐配送单位的食品配送要求是什么？

《餐饮操作规范》规定集体用餐配送单位的食品配送应当符合以下要求：

一是食品应使用密闭容器盛放。容器材料应符合食品安全国家标准或有关规定。二是集体用餐食品配送的容器不得直接放置于地面，容器上应标注食用时限和食用方法。三是从烧熟至食用的间隔时间（食用时限）应符合以下要求：①烧熟后2h，食品的中心温度保持在60℃以上（热藏）的，其食用时限为烧熟后4h；②烧熟后按照本规范高危易腐食品冷却要求，将食品的中心温度降至8℃并冷藏保存的，其食用时限为烧熟后24h。供餐前应按本规范要求对食品进行再加热。四是运输集体用餐的车辆应配备符合条件的冷藏或加热保温设备或装置，使运输过程中食品的中心温度保持在8℃以下或60℃以上。五是运输车辆应保持清洁，每次运输食品前应进行清洗消毒，在运输装卸过程中也应注意保持清洁，运输后进行清洗，防止食品在运输过程中受到污染。

139　餐饮外卖有哪些要求？

《食品安全法》第三十三条第一款第六项规定："食品生产经营应当符合食品安全标准，并符合下列要求：……（六）贮存、运输和装卸食品的容器、工具和设备应当安全、无害，保持清洁，防止食品污染，并符合保证食品安全所需的温度、湿度等特殊要求，不得将食品与有毒、有害物品一同贮存、运输。"

《餐饮操作规范》规定餐饮外卖应当符合以下要求：

一是送餐人员应保持个人卫生。外卖箱（包）应保持清洁，并定期消毒。二是使用符合食品安全规定的容器、包装材料盛放食品，避免食品受到污染。三是配送高危易腐食品应冷藏配送，并与热食类食品分开存放。四是从烧熟至食用的间隔时间（食用时限）应符合以下要求：烧熟后 2h，食品的中心温度保持在 60℃ 以上（热藏）的，其食用时限为烧熟后 4h。五是宜在食品盛放容器或者包装上，标注食品加工制作时间和食用时限，并提醒消费者收到后尽快食用。六是宜对食品盛放容器或者包装进行封签。

因此，为保证餐饮外卖食品的安全，贮存外卖食品的容器必须保持清洁，外卖食品不得与有毒、有害物品一同贮存、运输，防止食品污染，同时容器内温度、湿度还要能保证符合食品安全的需要。

140 哪些单位需要食品留样？

《餐饮操作规范》规定学校（含托幼机构）食堂、养老机构食堂、医疗机构食堂、中央厨房、集体用餐配送单位、建筑工地食堂（供餐人数超过 100 人）和餐饮服务提供者（集体聚餐人数超过 100 人或为重大活动供餐）需要食品留样。其他餐饮服务提供者可以根据供餐对象、供餐人数、食品品种、食品安全控制能力和有关规定，进行食品成品留样。

由此可知，并未要求所有的餐饮服务提供者都必须留样，按要求需要留样的单位有学校（含托幼机构）食堂、养老机构食堂、医疗机构食堂、中央厨房、集体用餐配送单位、供餐人数超过 100 人的建筑工地食堂、集体聚餐人数超过 100 人或为重大活动供餐的餐饮服务提供者。

141 食品留样留取哪些食品？

《餐饮操作规范》规定每餐次的食品成品都需要留样。因此，食品留样留取的食品为每餐次的食品成品。如馒头和草莓酱、牛奶（或豆奶）、煮荷包蛋、鸡蛋炒黄瓜、夏橙、荞麦大米饭、香菇菜心、糖醋带鱼、豆腐血旺丝瓜汤、绿豆粥、白菜猪肉包子、虾皮冬瓜等。

142 食品留样时间、样品数量有什么要求？

《餐饮操作规范》规定应将留样食品按照品种分别盛放于清洗消毒后的专用密闭容器内，在专用冷藏设备中冷藏存放 48h 以上。每个品种的留样量应能满足检验检测需要，且不少于 125g。

留样单位必须严格按照留样时间、样品数量留样，留样的目的是为了查清食品经营者发生食品安全事故的原因，还原事故真相，如果留样时间不够、留样量不足，则会导致检验机构查不清事故性质和原因，也会影响患者的病情治疗。

143　盛放留样食品的容器上应当怎么标注？

《餐饮操作规范》规定在盛放留样食品的容器上应标注留样食品名称、留样时间（月、日、时）或者标注与留样记录相对应的标识。

留样食品的容器上必须真实标清留样食品的名称、留样时间或者标注与留样记录相对应的标识，只有真实标清留样食品的有关信息，才能更好实施留样食品的管理，及时、准确查明事故性质和原因。因此，留样食品容器上必须如实标清留样食品名称、留样时间或者标注与留样记录相对应的标识。

144　食品留样应当怎么记录？

《餐饮操作规范》规定应由专人管理留样食品、记录留样情况，记录内容包括留样食品名称、留样时间（月、日、时）、留样人员等。

留样记录是监管部门及时、准确查清事故性质和原因，认定事故责任的有效措施之一，因此餐饮单位应当按照《餐饮操作规范》要求，认真做好留样记录，如实记录留样食品名称、留样时间、留样人员、保存条件等内容。食品留样记录示例见表9。

表 9　食品留样记录示例

序号	留样食品名称	留样时间（×月×日×时×分）	留样量/g	保存条件	留样保存至（×月×日×时×分）	订餐单位	送餐时间	留样人员

145　学校食堂未按规定留样，应当承担什么责任？

情景再现：2019 年 11 月 21 日 14 时，某食品安全监督管理部门依法检查某学校食堂（以下简称"当事人"），发现当事人留样柜内无任何留样食品。经查证，当事人共有从业人员 16 人，均已进行健康检查，取得健康证明，由当事人提供的菜谱以及调取内部监控查实当事人中午为学校师生提供的食品有米饭、馒头、土豆炖茄子、西红柿炒鸡蛋、油炸花生米等。

法律分析：《学校食品安全与营养健康管理规定》第四十条规定："中小学、幼儿园食堂应当对每餐次加工制作的每种食品成品进行留样，每个品种留样量应当满足检验需要，不得少于 125g，并记录留样食品名称、留样量、留样时间、留样人员等。留样食品应当由专柜冷藏保存 48h 以上。高等学校食堂加工制作的大型活动集体用餐，批量制售的热食、非即做即售的热食、冷食类食品、生食类食品、裱花蛋糕应当按照前款规定留样，其他加工食品根据相关规定留样。"《学校食品安全与营养健康管理规定》第五十六条规定："违反本规定第四十条，学校食堂（或者供餐单位）未按要求留样的，由县级以上人民政府食品安全监督管理部门责令改正，给予警告；拒不改正的，处 5000 元以上 3 万元以下罚款。"

由此可知，学校食堂未按规定留样的行为违反了《学校食品安全与营养健康管理规定》第四十条规定，符合《学校食品安全与营养健康管理规定》第五十六条的情形，应当依据《学校食品安全与营养健康管理规定》第五十六条规定责令当事人改正违法行为，给予警告处罚；拒不改正的，处 5000 元以上 3 万元以下罚款的行政处罚。

146 消毒餐（饮）具执行什么标准？

消毒餐（饮）具执行标准是 GB 14934—2016《食品安全国家标准消毒餐（饮）具》。GB 14934—2016《食品安全国家标准　消毒餐（饮）具》属于食品安全国家标准，标准主要规定了消毒餐（饮）具的卫生要求，适用于餐饮服务提供者、集体用餐配送单位、餐（饮）具集中消毒服务单位提供的消毒餐（饮）具，也适用于其他消毒食品容器和食品生产经营工具、设备。标准明确了洗消剂残留量的理化指标，如游离性余氯的指标应当小于等于 $0.03mg/100cm^2$；阴离子合成洗涤剂的指标为不得检出；微生物限量，如大肠菌群、沙门菌的限量均为不得检出。

147 如何清洗、消毒、保洁餐用具？

（1）清洗方法

① 采用手工方法清洗的，应按以下步骤进行：一是刮掉沾在餐用具表面上的大部分食物残渣、污垢；二是用含洗涤剂的溶液洗净餐用具表面；三是用清水冲去餐用具表面残留的洗涤剂。

② 洗碗机清洗餐用具的，按设备使用说明进行操作。

（2）消毒方法

① 物理消毒。物理消毒包括蒸汽、煮沸、红外线等热力消毒方法。一是采用蒸汽、煮沸消毒的，一般控制温度在 100℃，并保持 10min 以上；二是采用红外线消毒的，一般控制温度在 120℃ 以上，保持 10min 以上；三是采用洗碗机消毒的，

一般控制水温在 85℃，冲洗消毒 40s 以上，消毒温度、时间应确保消毒效果满足国家相关食品安全标准要求。

② 化学消毒。主要为使用各种含氯消毒剂消毒，在确保消毒效果的前提下，可以采用其他消毒剂和参数。

方法一，使用含氯消毒剂（不包括二氧化氯消毒剂）的消毒方法：

a. 严格按照含氯消毒剂产品说明书标明的要求配制消毒液，消毒液中的有效氯浓度应在 250mg/L（毫克/升）以上。

b. 将餐用具全部浸入配制好的消毒液中 5min 以上。

c. 化学消毒后的餐用具应用洁净水冲去表面残留的消毒剂。

方法二，使用二氧化氯消毒剂的消毒方法：

a. 严格按照产品说明书标明的要求配制消毒液，消毒液中的有效氯浓度宜在 100～150mg/L。

b. 将餐用具全部浸入配制好的消毒液中 10～20min。

c. 用洁净水冲去餐用具表面残留的消毒剂。

（3）保洁方法

① 消毒后的餐用具要自然沥干、烘干。不应使用抹布、餐巾擦干，避免再次受到污染。使用抹布擦干的，抹布应专用，并经清洗消毒后方可使用，防止餐用具受到污染。

② 消毒后的餐用具应及时放入专用密闭的餐用具保洁设施内。

148 餐（饮）具化学消毒常用消毒剂及使用注意事项有哪些?

（1）常用消毒剂

① 漂白粉。主要成分为次氯酸钠，此外还含有氢氧化钙、氧化钙、氯化钙等。配制水溶液时，应先加少量水，调成糊状，再边加水边搅拌成乳液，静置沉淀，取澄清液使用。漂白粉可用于环境、操作台、设备、餐（饮）具等的涂擦和浸泡消毒。

② 次氯酸钙（漂粉精）、二氯异氰尿酸钠（优氯净）、三氯异氰尿酸。使用时，应将其充分溶解在水中。普通片剂应碾碎后加入水中，充分搅拌溶解。泡腾片可直接加入水中溶解。使用范围同漂白粉。

③ 次氯酸钠。使用时，应将其在水中充分混匀。使用范围同漂白粉。

④ 二氧化氯。因配制的水溶液不稳定，应在使用前加入活化剂，且现配现用。使用范围同漂白粉。因氧化作用极强，使用时应避免其接触油脂，防止加速其氧化。

⑤ 乙醇。浓度为 75% 的乙醇可用于操作台、设备、工具、手部等涂擦消毒。

⑥ 乙醇类免洗速干手消毒剂。取适量的乙醇类速干手消毒剂于掌心，按照标准洗手方法，充分搓擦双手 20～30s。

（2）消毒液配制方法　以每片含有效氯 0.25g 的漂粉精片配制 1L 的有效氯浓度为 250mg/L 的消毒液为例。

① 在专用消毒容器中事先标好 1L 的刻度线。

② 在专用容器中加水至刻度线。

③ 将 1 片漂粉精片碾碎后加入水中。

④ 搅拌至漂粉精片充分溶解。

（3）化学消毒注意事项

① 使用的消毒剂在保质期限内，并按照规定的温度等条件贮存。

② 严格按照规定浓度进行配制。固体消毒剂应充分溶解使用。

③ 配制好的消毒液定时更换，一般每 4h 更换一次。

④ 使用时，定时测量消毒液中有效消毒成分的浓度。有效消毒成分浓度低于要求时，应立即更换消毒液或适量补加消毒剂。

⑤ 保证消毒时间，餐（饮）具和盛放直接入口食品的容器消毒时应完全浸没于消毒液中，保持 5min 以上，或者按消毒剂产品使用说明操作。

⑥ 餐（饮）具和盛放直接入口食品的容器在消毒前，应当清洗干净，避免油垢影响消毒效果。

⑦ 消毒后，以洁净水将餐（饮）具表面的消毒液冲洗干净，并沥干或烘干。

149　未洗净的餐（饮）具能否提供给顾客使用？

洁净的餐（饮）具是保证食品不受污染的前提。《食品安全法》第三十三条第一款第五项规定："食品生产经营应当符合食品安全标准，并符合下列要求：……（五）餐具、饮具和……，使用前应当洗净、……"《食品安全法》第五十六条第二款规定："餐饮服务提供者应当按照要求对餐具、饮具进行清洗……，不得使用未经清洗……的餐具、饮具；餐饮服务提供者委托清洗消毒餐具、饮具的，应当委托符合本法规定条件的餐具、饮具集中消毒服务单位。"

由此可知，未洗净的餐（饮）具提供给顾客使用属于违法行为，存在一定的食品安全隐患，是不能提供给顾客使用的。

150　未消毒的餐（饮）具能否提供给顾客使用？

餐（饮）具未经消毒或者消毒不彻底提供给顾客使用，致病菌可通过餐（饮）具污染到食品，引发不必要的食物中毒。《食品安全法》第三十三条第一款第五项规定："食品生产经营应当符合食品安全标准，并符合下列要求：……（五）餐具、饮具和……，使用前应当……、消毒。"《食品安全法》第五十六条第二款规定："餐饮服务提供者应当按照要求对餐具、饮具进行……消毒，不得使用未经……消毒的餐具、饮具；……"

因此，未消毒的餐（饮）具提供给顾客使用属于违法行为，是不能提供给顾客使用的。

151 餐（饮）具使用前未洗净消毒，应当承担什么法律责任？

情景再现：2018 年 5 月 15 日，某食品安全监督管理部门（以下简称"办案单位"）依法检查辖区内某餐饮单位（以下简称"当事人"）餐（饮）具清洗消毒情况，在保洁柜内发现少量餐具留有食物残渣、油渍等。经进一步询问、调取监控核实，保洁柜内共有餐（饮）具 100 套，其中 15 套餐（饮）具未洗净留有食物残渣，100 套餐（饮）具未进行消毒存放于保洁柜内，但未提供给顾客使用。

法律分析：《食品安全法》第三十三条第一款第五项规定："食品生产经营应当符合食品安全标准，并符合下列要求：……（五）餐具、饮具和盛放直接入口食品的容器，使用前应当洗净、消毒，炊具、用具用后应当洗净，保持清洁。"《食品安全法》第一百二十六条第一款第五项规定："违反本法规定，有下列情形之一的，由县级以上人民政府食品安全监督管理部门责令改正，给予警告；拒不改正的，处五千元以上五万元以下罚款；情节严重的，责令停产停业，直至吊销许可证：……（五）餐具、饮具和……，使用前未经洗净、消毒或者清洗消毒不合格，或者……"

因此，餐（饮）具使用前未洗净消毒的行为违反了《食品安全法》第三十三条第一款第五项规定，符合《食品安全法》第一百二十六条第一款第五项的情形，应当依据《食品安全法》第一百二十六条第一款第五项的规定责令当事人改正违法行为，给予警告处罚；拒不改正的，处五千元以上五万元以下罚款；情节严重的，责令停产停业，直至吊销许可证。

152 餐饮单位使用未洗净消毒的餐（饮）具，应当承担什么法律责任？

情景再现：2018 年 10 月 31 日，某食品安全监督管理部门（以下简称"办案单位"）依法对辖区内某餐饮单位（以下简称"当事人"）清洗消毒后的餐（饮）具进行监督抽样，经检验，样品餐（饮）具中大肠菌群项目不符合 GB 14934—2016《食品安全国家标准 消毒餐（饮）具》标准要求，检验结论为不合格。经核实，当事人使用了与抽检餐（饮）具同批次的部分餐（饮）具。当事人对检验结论无异议。

法律分析：检验报告结论是餐（饮）具中大肠菌群项目不符合 GB 14934—2016《食品安全国家标准 消毒餐（饮）具》标准要求，检验结论为不合格。《食品安全法》第五十六条第二款规定，餐饮服务提供者应当按照要求对餐具、饮具进行清洗消毒，不得使用未经清洗消毒的餐具、饮具。《餐饮操作规范》10.1.5 规定，消毒后的餐（饮）具、⋯⋯应符合 GB 14934—2016《食品安全国家标准　消毒餐（饮）具》的规定。所以《食品安全法》第五十六条第二款规定的"不得使用未经清洗消毒的餐具、饮具"指"不得使用清洗消毒不符合 GB 14934—2016《食品安全国家标准　消毒餐（饮）具》标准要求的餐（饮）具"。由检验报告及现场检查情况，判定当事人使用了不符合《食品安全国家标准　消毒餐（饮）具》GB 14934—2016 标准要求的餐（饮）具，因此当事人违反了《食品安全法》第五十六条第二款的规定。

《食品安全法》第一百二十五条第一款第四项规定："违反本法规定，有下列情形之一的，由县级以上人民政府食品安全监督管理部门没收违法所得和违法生产经营的食品、食品添加剂，并可以没收用于违法生产经营的工具、设备、原料等物品；违法生产经营的食品、食品添加剂货值金额不足一万元的，并处五千元以上五万元以下罚款；货值金额一万元以上的，并处货值金额五倍以上十倍以下罚款；情节严重的，责令停产停业，直至吊销许可证；⋯⋯（四）食品生产经营者采购或者使用不符合食品安全标准的⋯⋯、食品相关产品。"《食品安全法》第二条第一款第三项规定，用于食品的包装材料、容器、洗涤剂、消毒剂和用于食品生产经营的工具、设备（以下称食品相关产品），因此餐（饮）具属于食品相关产品。

由此可知，为顾客提供未洗净消毒的餐（饮）具的行为违反了《食品安全法》第五十六条第二款的规定，符合《食品安全法》第一百二十五条第一款第四项的情形，应当依据《食品安全法》第一百二十五条第一款第四项的规定给予处罚。

153 盛放直接入口食品的容器使用前未洗净消毒，应当承担什么法律责任？

《食品安全法》第三十三条第一款第五项规定："食品生产经营应当符合食品安全标准，并符合下列要求：⋯⋯（五）⋯⋯盛放直接入口食品的容器，使用前应当洗净、消毒，⋯⋯"《食品安全法》第一百二十六条第一款第五项规定："违反本法规定，有下列情形之一的，由县级以上人民政府食品安全监督管理部门责令改正，给予警告；拒不改正的，处五千元以上五万元以下罚款；情节严重的，责令停产停业，直至吊销许可证：⋯⋯（五）⋯⋯盛放直接入口食品的容器，使用前未经洗净、消毒或者清洗消毒不合格，⋯⋯"因此，盛放直接入口食品的容器使用前未洗净消毒的行为违反了《食品安全法》第三十三条第一款第五项规定，符合《食品安全法》第一百二十六条第一款第五项的情形，应当依据《食品安全法》第一百二十六条第一款第五项的规定责令其改正违法行为，给予警告处罚；拒不改正的，处五千元以上五万元以下罚款；情节严重的，责令停产停业，直至吊销许可证。

154 餐用具保洁有哪些要求？

《餐饮操作规范》规定餐用具保洁应当符合以下要求：

一是消毒后的餐（饮）具、盛放或接触直接入口食品的容器和工具，应定位存放在专用的密闭保洁设施内，保持清洁。二是保洁设施应正常运转，有明显的区分标识。三是定期清洁保洁设施，防止清洗消毒后的餐用具受到污染。

保持餐用具的清洁，是避免食品受到污染，保证食品安全的重要措施之一。因此，消毒后的餐用具必须按要求存放于专用的密闭保洁设施内，确保消毒后的餐用具符合食品安全标准。

155 法定要求食品生产经营者如何使用洗涤剂、消毒剂？

《食品安全法》第三十三条第一款第十项规定："使用的洗涤剂、消毒剂应当对人体安全、无害。"使用的洗涤剂、消毒剂，是指直接用于洗涤或者消毒食品、餐（饮）具以及直接接触食品的工具、设备或者食品包装材料和容器的物质。

使用的洗涤剂、消毒剂应当符合食品安全标准，达到安全、无害。洗涤剂的食品安全标准是 GB 14930.1—2015《食品安全国家标准 洗涤剂》。洗涤剂根据产品用途不同分为两类：一是 A 类产品，直接用于清洗食品的洗涤剂；二是 B 类产品，用于清洗餐（饮）具以及接触食品的工具、设备、容器和食品包装材料的洗涤剂。产品的最小销售包装上标有产品所属类别（A 类、B 类），如 A 类产品包装上标有"可直接接触食品"等。消毒剂的食品安全标准是 GB 14930.2—2012《消毒剂》。因此，食品生产经营者应当使用符合食品安全标准的洗涤剂、消毒剂，并按照产品标明的使用范围使用。

156 消费者因不符合食品安全标准的食品受到损害如何要求赔偿？

《食品安全法》第一百四十八条第一款规定，消费者因不符合食品安全标准的食品受到损害的，可以向经营者要求赔偿损失，也可以向生产者要求赔偿损失。接到消费者赔偿要求的生产经营者，应当实行首负责任制，先行赔付，不得推诿；属于生产者责任的，经营者赔偿后有权向生产者追偿；属于经营者责任的，生产者赔偿后有权向经营者追偿。

生产不符合食品安全标准的食品或者经营明知是不符合食品安全标准的食品，消费者除要求赔偿损失外，还可以向生产者或者经营者要求支付价款十倍或者损失三倍的赔偿金；增加赔偿的金额不足一千元的，为一千元。但是，食品的标签、说明书存在不影响食品安全且不会对消费者造成误导的瑕疵的除外。

由此可知，消费者因不符合食品安全标准的食品受到损害可以向食品生产经营者要求赔偿。怎么理解"因不符合食品安全标准的食品受到损害"？首先应清楚什么是食品安全标准?《食品安全法》第二十七条第一款规定:"食品安全国家标准由国务院卫生行政部门会同国务院食品安全监督管理部门制定、公布,国务院标准化行政部门提供国家标准编号。"如包装饮用水的食品安全标准是 GB 19298—2014《食品安全国家标准 包装饮用水》、食醋的食品安全标准是 GB 2719—2018《食品安全国家标准 食醋》、火锅底料的食品安全标准是 DBS51/001—2016《食品安全地方标准 火锅底料》。不符合食品安全标准就是有一项目不符合限量要求。其次是"受到损害",这里的损害既包括消费者有实际损害的情况,也包括消费者购买后尚未食用不符合食品安全标准食品的情况。消费者符合以上条件,都可以向食品生产经营者要求赔偿损失。

怎么理解"生产不符合食品安全标准的食品或者经营明知是不符合食品安全标准的食品"? 生产者用非食品原料生产食品或者用回收食品作为原料生产食品,或者经营者从非正规渠道采购的食品,明知供货者是无法确定资质的黑加工点,生产的食品是违法的,根本不符合食品安全标准的,却仍然采购进货,导致黑加工点生产的违法食品进入销售领域等。这些情况属于生产不符合食品安全标准的食品或者经营明知是不符合食品安全标准的食品。对于食品经营者在不知情的情况下,销售了不符合食品安全标准食品的行为,比如 2008 年发生的问题奶粉事件,大多数食品经营企业是在不知情的情况下,销售了含有三聚氰胺的奶粉,食品经营者本身没有过错,则不需要承担惩罚性赔偿责任。

怎么理解"消费者除要求赔偿损失外,还可以向生产者或者经营者要求支付价款十倍或者损失三倍的赔偿金;增加赔偿的金额不足一千元的,为一千元"? 生产者或者经营者应当先依据民法通则等法律的规定承担民事赔偿责任,包括赔偿消费者的医疗费、护理费、误工损失费、残疾者生活补助费等费用;造成死亡的,并应当支付丧葬费、死者生前抚养的人必要的生活费等费用。同时,消费者有权向生产者或者经营者要求支付惩罚性赔偿。消费者可以选择要求支付价款十倍或者损失三倍的赔偿金;增加赔偿的金额不足一千元的,最低赔偿金额为一千元。

怎么理解"食品的标签、说明书存在不影响食品安全且不会对消费者造成误导的瑕疵的除外"? 实践中食品的标签、说明书中存在一些瑕疵,例如"营养成分"被标注为"营养成份";预包装食品标签上标注"生产日期见产品包装底部",但实际标注在产品包装顶部;"1kg(千克)"不规范标注为"1000g"等。以上食品标签标示虽然不符合有关食品安全标准但是并不影响食品安全,也不会对消费者造成误导,此类情况下食品生产经营者,不应承担惩罚性赔偿责任。

157 消费者因网购食品其合法权益受到损害如何要求赔偿?

《食品安全法》第一百三十一条第二款规定:"消费者通过网络食品交易第三方平台购买食品,其合法权益受到损害的,可以向入网食品经营者或者食品生产者要求赔偿。网络食品交易第三方平台提供者不能提供入网食品经营者的真实名称、地址和有效联系方式的，由网络食品交易第三方平台提供者赔偿。网络食品交易第三方平台提供者赔偿后，有权向入网食品经营者或者食品生产者追偿。网络食品交易第三方平台提供者作出更有利于消费者承诺的，应当履行其承诺。"

消费者通过网络食品交易第三方平台购买食品，其合法权益受到损害的，可以向入网食品经营者或者食品生产者要求赔偿。依照《食品安全法》第一百四十八条规定，接到消费者赔偿要求的入网食品经营者或者食品生产者，应当实行首负责任制，先行赔付，不得推诿。如果网络食品交易第三方平台提供者不能提供入网食品经营者的真实名称、地址和有效联系方式的，消费者可要求网络食品交易第三方平台提供者赔偿。

158 餐饮单位废弃物存放容器与设施的管理要求是什么？

《食品安全法》第三十三条第一款第二项规定，食品生产经营应当具有与生产经营的食品品种、数量相适应的生产经营设备或者设施，有相应的……、存放垃圾和废弃物的设备或者设施。

《餐饮操作规范》规定废弃物存放容器与设施管理应当符合以下要求：一是食品处理区内可能产生废弃物的区域，应设置废弃物存放容器。废弃物存放容器与食品加工制作容器应有明显的区分标识。二是废弃物存放容器应配有盖子，防止有害生物侵入、不良气味或污水溢出，防止污染食品、水源、地面、食品接触面（包括接触食品的工作台面、工具、容器、包装材料等）。废弃物存放容器的内壁应光滑，易于清洁。三是在餐饮服务场所外适宜地点，宜设置结构密闭的废弃物临时集中存放设施。

关于废弃物的管理、存放，法律、规范中都有明确的规定，因此餐饮单位应当严格按照法律、规范的规定做好废弃物容器与设施的维护、管理，确保食品安全，不受污染。

159 餐饮单位废弃物处置有哪些要求？

《餐饮操作规范》规定废弃物处置应当符合以下要求：一是餐厨废弃物应分类放置、及时清理，不得溢出存放容器。餐厨废弃物的存放容器应及时清洁，必要时进行消毒。二是应索取并留存餐厨废弃物收运者的资质证明复印件（需加盖收运者公章或由收运者签字），并与其签订收运合同，明确各自的食品安全责任和义务。三是应建立餐厨废弃物处置台账，详细记录餐厨废弃物的处置时间、种类、数量、收运者等信息。

餐饮单位应当建立好餐厨废弃物处置管理制度，将餐厨废弃物分类放置，做到日产日清，保持经营场所清洁，避免食品受到污染。

160 法定要求食品生产经营者符合什么条件需要食品召回?

《食品安全法》第六十三条规定，国家建立食品召回制度。食品生产者发现其生产的食品不符合食品安全标准或者有证据证明可能危害人体健康的，应当立即停止生产，召回已经上市销售的食品，通知相关生产经营者和消费者，并记录召回和通知情况。

食品经营者发现其经营的食品有前款规定情形的，应当立即停止经营，通知相关生产经营者和消费者，并记录停止经营和通知情况。食品生产者认为应当召回的，应当立即召回。由于食品经营者的原因造成其经营的食品有前款规定情形的，食品经营者应当召回。

《食品安全法实施条例》第七条规定，食品安全风险监测结果表明存在食品安全隐患，食品安全监督管理等部门经进一步调查确认有必要通知相关食品生产经营者的，应当及时通知。

接到通知的食品生产经营者应当立即进行自查，发现食品不符合食品安全标准或者有证据证明可能危害人体健康的，应当依照《食品安全法》第六十三条的规定停止生产、经营，实施食品召回，并报告相关情况。

法定要求食品生产经营者发现其生产经营的食品不符合食品安全标准或者有证据证明可能危害人体健康的，应当立即停止生产，召回已经上市销售的食品。如食品抽样检验报告证明食品生产经营者生产经营的食品不符合食品安全标准，此时食品生产经营者应当立即召回经检验不符合食品安全标准的同批次食品。有些没有食品安全标准或者食品虽然满足了现有的食品安全标准，但仍可能存在危害人体健康的危险。对此类食品，只要有证据证明可能危害人体健康的，都应当予以召回。由于食品经营者的原因，如贮存不当，造成其经营的食品存在不符合食品安全标准或者有证据证明可能危害人体健康的，此时应当由食品经营者而非生产者进行召回。

161 食品召回后如何处理?

《食品安全法》第六十三条规定，食品生产经营者应当对召回的食品采取无害化处理、销毁等措施，防止其再次流入市场。但是，对因标签、标志或者说明书不符合食品安全标准而被召回的食品，食品生产者在采取补救措施且能保证食品安全的情况下可以继续销售；销售时应当向消费者明示补救措施。

食品生产经营者应当将食品召回和处理情况向所在地县级人民政府食品安全监督管理部门报告；需要对召回的食品进行无害化处理、销毁的，应当提前报告时间、地点。食品安全监督管理部门认为必要的，可以实施现场监督。

一般情况下，召回的食品不符合食品安全标准或者可能存在食品安全隐患，食品生产经营者应当对召回的食品采取无害化处理、销毁等措施，防止其再次流入市场。对违法添加非食用物质、腐败变质、病死畜禽等严重危害人体健康和生命安全的不安全食品，食品生产经营者应当立即就地销毁。不具备就地销毁条件的，可由不安全食品生产经营者集中销毁处理。食品生产经营者在集中销毁处理前，应当向县级以上地方食品安全监督管理部门报告。食品安全监督管理部门认为必要的，可以实施现场监督。

但是，对因标签、标志或者说明书不符合食品安全标准而被召回的食品，食品生产者在采取补救措施且能保证食品安全的情况下可以继续销售；销售时应当向消费者明示补救措施。如食品标签"蛋白质"被标注为"蛋白顺"，标签文字使用繁体字，但该繁体字不产生错误理解。《食品安全国家标准 预包装食品标签通则》"GB 7718—2011"被标注为"GB7718/2011"，国家标准代号标示不规范，但该不规范标准代号不产生错误理解。国产食品的标签上外文翻译不准确，但该不准确翻译不产生错误理解等。

162 食品生产经营者未按规定要求召回，应当承担什么法律责任？

情景再现：2020 年 4 月 16 日，某食品生产企业（以下简称"当事人"）生产的草莓罐头（名称：草莓罐头；净含量：425g；产品标准代号：GB 7098—2015；其他标签事项视为合格）经依法抽检，诱惑红项目不符合《食品添加剂使用标准》要求，标准指标为不得使用，实测值为 0.0715g/kg，检验结论为不合格。经查证，不合格的同批次草莓罐头共 100 箱 600 瓶，售出 30 箱 180 瓶。2020 年 5 月 15 日，某食品安全监管部门将不合格检验报告送达当事人，并责令其召回不合格食品，当事人拒绝召回，并未采取任何召回措施。

法律分析：《食品安全法》第六十三条第五款规定："食品生产经营者未依照本条规定召回或者停止经营的，县级以上人民政府食品安全监督管理部门可以责令其召回或者停止经营。"《食品安全法》第一百二十四条第一款第九项规定："违反本法规定，有下列情形之一，尚不构成犯罪的，由县级以上人民政府食品安全监督管理部门没收违法所得和违法生产经营的食品、食品添加剂，并可以没收用于违法生产经营的工具、设备、原料等物品；违法生产经营的食品、食品添加剂货值金额不足一万元的，并处五万元以上十万元以下罚款；货值金额一万元以上的，并处货值金额十倍以上二十倍以下罚款；情节严重的，吊销许可证；……（九）食品生产经营者在食品安全监督管理部门责令其召回或者停止经营后，仍拒不召回或者停止经营……"

由此可知，当事人未按规定要求召回食品的行为违反了《食品安全法》第六十三条第五款的规定，符合《食品安全法》第一百二十四条第一款第九项的情形，应当依据《食品安全法》第一百二十四条第一款第九项的规定给予当事人没收违法所得和违法生产经营的食品，并可以没收用于违法生产经营的工具、设备、原料等物品；并处罚款的行政处罚。

163 免予处罚是怎么规定的？

《食品安全法》第一百三十六条规定："食品经营者履行了本法规定的进货查验等义务，有充分证据证明其不知道所采购的食品不符合食品安全标准，并能如实说明其进货来源的，可以免予处罚，但应当依法没收其不符合食品安全标准的食品；造成人身、财产或者其他损害的，依法承担赔偿责任。"

怎么理解"食品经营者履行了本法规定的进货查验等义务"？这里的进货查验义务指《食品安全法》第五十三条规定的进货查验义务，《食品安全法》第五十三条规定，食品经营者采购食品，应当查验供货者的许可证和食品出厂检验合格证或者其他合格证明（以下称合格证明文件）。食品经营企业应当建立食品进货查验记录制度，如实记录食品的名称、规格、数量、生产日期或者生产批号、保质期、进货日期以及供货者名称、地址、联系方式等内容，并保存相关凭证。记录和凭证保存期限不得少于产品保质期满后六个月；没有明确保质期的，保存期限不得少于二年。食品经营者查验供货者的许可证和食品出厂检验合格证，建立的进货查验记录等只要符合《食品安全法》第五十三条规定，就能证明食品经营者履行了本法规定的进货查验等义务。

怎么理解"有充分证据证明其不知道所采购的食品不符合食品安全标准"？食品是否符合食品安全标准，必须经检验机构依法按食品安全标准检验后才能知道。因此，食品经营者查验、索取、留存的合法检验报告就能证明其不知道所采购的食品不符合食品安全标准。

怎么理解"能如实说明其进货来源"？《食品安全法》第五十三条第二款规定，食品经营企业应当建立食品进货查验记录制度，如实记录食品的名称、规格、数量、生产日期或者生产批号、保质期、进货日期以及供货者名称、地址、联系方式等内容，并保存相关凭证。记录和凭证保存期限不得少于产品保质期满后六个月；没有明确保质期的，保存期限不得少于二年。

食品经营企业建立的进货查验记录中最后三项内容，供货者名称、地址、联系方式以及查验后留存的采购发票或者采购收据就能证明食品经营企业能如实说明其进货来源。

同时符合以上三个条件，食品安全监管部门可以对食品经营者免予处罚，但应当依法没收其不符合食品安全标准的食品，并依法处理。同时造成人身、财产或者其他损害的，还要依法承担赔偿责任。

164 餐饮单位使用不符合标准要求的煎炸过程用油，应当承担什么法律责任？

情景再现：2019 年 6 月 19 日，某食品安全监管部门（以下简称"办案单位"）接到群众举报称，某餐饮单位（以下简称"当事人"）反复使用煎炸过程用油，存在安全隐患。办案单位对当事人进行了依法查处，并依法抽检当事人使用的煎炸过程用油。经检验，极性组分项目不符合 GB 2716—2018《食品安全国家标准 植物油》标准要求，极性组分实测值为 37%，标准限量为 27%，检验结论为不合格。当事人对检验结论无异议。经查，当事人将抽样后煎炸用油及食品存放于厨柜内未售出。

法律分析：当事人使用的煎炸过程用油经依法抽检，极性组分项目不符合《食品安全国家标准 植物油》GB 2716—2018 标准要求，GB 2716—2018 属于食品安全标准，是强制执行的标准。由此判定当事人使用了不符合食品安全标准的食品原料。当事人将抽样后煎炸用油及食品存放于厨柜内未售出，证明当事人未构成经营行为。《食品安全法》第一百二十五条第一款第四项规定："违反本法规定，有下列情形之一的，由县级以上人民政府食品安全监督管理部门没收违法所得和违法生产经营的食品、食品添加剂，并可以没收用于违法生产经营的工具、设备、原料等物品；违法生产经营的食品、食品添加剂货值金额不足一万元的，并处五千元以上五万元以下罚款；货值金额一万元以上的，并处货值金额五倍以上十倍以下罚款；情节严重的，责令停产停业，直至吊销许可证。……（四）食品生产经营者使用不符合食品安全标准的食品原料。……"因此，当事人使用不符合食品安全标准的食品原料的行为符合《食品安全法》第一百二十五条第一款第四项的情形，应当依据《食品安全法》第一百二十五条第一款第四项的规定给予处罚。

165 因食品安全犯罪被判处有期徒刑以上刑罚的食品生产经营者及其法定代表人、直接负责的主管人员和其他直接责任人员，有哪些法定要求？

《食品安全法》第一百三十五条规定："……因食品安全犯罪被判处有期徒刑以上刑罚的，终身不得从事食品生产经营管理工作，也不得担任食品生产经营企业食品安全管理人员。食品生产经营者聘用人员违反前两款规定的，由县级以上人民政府食品安全监督管理部门吊销许可证。"

食品安全犯罪是指生产、销售伪劣产品罪，生产、销售不符合安全标准的食品罪，生产、销售有毒、有害食品罪等与食品安全有关的食品安全犯罪。根据《刑法》的规定，刑罚分为主刑和附加刑，主刑包括管制、拘役、有期徒刑、无期徒刑、死刑。有期徒刑以上刑罚指有期徒刑、无期徒刑和死刑。因食品安全犯罪被判处有期徒刑以上刑罚的，说明违法犯罪的情节恶劣，性质严重，已不适合再从事食品生产经营管理工作或者担任食品生产经营企业食品安全管理人员。因此，法律规定此类人员终身不得从事食品生产经营管理工作，也不得担任食品生产经营企业食品安全管理人员。

166 食品安全信息公布是怎么规定的？

《食品安全法》第一百一十八条规定，国家建立统一的食品安全信息平台，实行食品安全信息统一公布制度。国家食品安全总体情况、食品安全风险警示信息、重大食品安全事故及其调查处理信息和国务院确定需要统一公布的其他信息由国务院食品安全监督管理部门统一公布。食品安全风险警示信息和重大食品安全事故及其调查处理信息的影响限于特定区域的，也可以由有关省、自治区、直辖市人民政府食品安全监督管理部门公布。未经授权不得发布上述信息。

县级以上人民政府食品安全监督管理、农业行政部门依据各自职责公布食品安全日常监督管理信息。

公布食品安全信息，应当做到准确、及时，并进行必要的解释说明，避免误导消费者和社会舆论。

《政府信息公开条例》第十九条规定："对涉及公众利益调整、需要公众广泛知晓或者需要公众参与决策的政府信息，行政机关应当主动公开。"《政府信息公开条例》第二十条规定："行政机关应当依照本条例第十九条的规定，主动公开本行政机关的下列政府信息：……（六）实施行政处罚、行政强制的依据、条件、程序以及本行政机关认为具有一定社会影响的行政处罚决定；……（十五）法律、法规、规章和国家有关规定规定应当主动公开的其他政府信息。"

食品安全信息的公布主体和主要内容：一是国家食品安全总体情况、食品安全风险警示信息、重大食品安全事故及其调查处理信息和国务院确定需要统一公布的其他信息由国务院食品安全监督管理部门统一公布。①国家食品安全总体情况。国家食品安全总体情况是指国家食品安全的各项指标符合国家法律的总体情况。②食品安全风险警示信息。按照规定，国家对食源性疾病、食品污染以及食品中的有害因素进行检测，并对食品、食品添加剂中生物性、化学性和物理性危害因素进行风险评估。国家将根据检测和评估结果，对外发布食品安全风险警示信息。③重大食品安全事故及其调查处理信息。按照规定，重大食品安全事故包括对公众健康造成或者可能造成严重损害和涉及人数较多的群体性食物中毒或者出现死亡病例的重大食品安全事故。④其他重要的食品安全信息和国务院确定需要统一公布的信息。这项信息需要具体的实施性规定给予落实。

二是食品安全风险警示信息和重大食品安全事故及其调查处理信息的影响限于特定区域的，也可以由有关省、自治区、直辖市人民政府食品安全监督管理部门公布。省、自治区、直辖市人民政府食品安全监督管理部门公布这一信息的前提条件是"影响限于特定区域"。这里所指的特定区域应当是行政管辖区域，即影响未超出某一行政区域的范围。

三是县级以上人民政府食品安全监督管理、农业行政部门依据各自职责公布食品安全日常监督管理信息。

四是公布食品安全信息，应当准确、及时，并进行必要的解释说明。①要求"准确、及时"，公布单位必须在第一时间对外公布信息，又要对公布的信息承担责任，不能够随意公布。②维护消费者的合法权益。③防止给社会造成不必要的恐慌，需要对食品安全信息给予解释的，要向社会解释清楚、说明原因。

167 当事人不服处罚决定时，可以采取哪些措施？

当事人受到食品安全监管部门的处罚决定后，应当遵照执行。但是，如果当事人认为该处罚决定与事实不符或者适用法律、法规不当，发生行政争议时怎么处理呢？

《行政处罚法》第六条规定："公民、法人或者其他组织……；对行政处罚不服的，有权依法申请行政复议或者提起行政诉讼。"上述法律规定为解决此类争议提供了两种方式，一是行政复议，二是行政诉讼。行政复议和行政诉讼是法律规定的对具体行政行为的相对人的救济途径。食品安全监管部门的处罚决定属于具体行政行为，依法属于行政复议和行政诉讼的受案范围。

行政复议是指受到行政处罚的当事人因不服行政机关的处罚决定，认为行政机关和行政机关工作人员的具体行政行为侵犯了其合法权益，在一定期限内，依法向行政复议机关提出对原处罚决定进行审查并重新处理的申请，接受申请的行政复议机关根据当事人提出的申请，按照法律、法规规定的程序对原具体行政行为的合法性和适当性进行复查，在规定的时限内重新做出维持、变更或者撤销原处罚决定的一种具体行政行为。行政诉讼是指具体行政行为的相对人认为具体行政行为侵犯了其合法权益，在一定期限内依法向人民法院提起诉讼，由人民法院对具体行政行为是否合法进行审查并做出裁判的行为。

168　法定要求符合哪些情形应当依法从轻或者减轻行政处罚？

《行政处罚法》第二十七条规定："当事人有下列情形之一的，应当依法从轻或者减轻行政处罚：（一）主动消除或者减轻违法行为危害后果的；（二）受他人胁迫有违法行为的；（三）配合行政机关查处违法行为有立功表现的；（四）其他依法从轻或者减轻行政处罚的。……"《行政处罚法》第二十五条规定："……；已满十四周岁不满十八周岁的人有违法行为的，从轻或者减轻行政处罚。"

上述情形中，"主动消除或者减轻违法行为危害后果的"，这里的关键是"主动"，是违法当事人对实施违法行为的补救，是从主观积极的角度来消除或者减轻违法行为的危害后果。"受他人胁迫有违法行为的"，是指在实际工作中，有些人实施违法行为是由于某种原因而受到一定程度的威胁或者强制。这些人从主观上看是不完全愿意实施违法行为的，从客观上看在违法过程中所起的作用也较小。"配合行政机关查处违法行为有立功表现的"，这种情况是当事人以实际行动对违法行为予以补救的最积极体现。配合行政机关查处违法行为，包括揭发检举违法行为，向行政机关主动提供材料和案件线索，积极做有关当事人的工作，使行政机关的查处工作进展顺利、效果明显。

可见，符合依法从轻或者减轻行政处罚的情形有五种：一是主动消除或者减轻违法行为危害后果的；二是受他人胁迫有违法行为的；三是配合行政机关查处违法行为有立功表现的；四是已满十四周岁不满十八周岁的人有违法行为的；五是其他依法从轻或者减轻行政处罚的。只要符合以上五种情形，则应当依法给予当事人从轻或者减轻行政处罚。

169 不予处罚有哪些情形？

《行政处罚法》第二十五条规定："不满十四周岁的人有违法行为的，不予行政处罚，责令监护人加以管教；……"《行政处罚法》第二十六条规定："精神病人在不能辨认或者不能控制自己行为时有违法行为的，不予行政处罚，但应当责令其监护人严加看管和治疗。……"《行政处罚法》第二十七条第二款规定："违法行为轻微并及时纠正，没有造成危害后果的，不予行政处罚。"《行政处罚法》第二十九条规定："违法行为在二年内未被发现的，不再给予行政处罚。法律另有规定的除外。"

由此可知，依法不予处罚的情形有五种：一是不满十四周岁的人有违法行为的，不予行政处罚；二是精神病人在不能辨认或者不能控制自己行为时有违法行为的，不予行政处罚；三是违法行为轻微并及时纠正，没有造成危害后果的，不予行政处罚；四是违法行为在二年内未被发现的，不再给予行政处罚；五是其他依法不予处罚的情形。只要符合以上五种情形，则应当依法不予处罚。

170 同一个违法行为能否给予两次以上罚款的处罚？

《行政处罚法》第二十四条规定，对当事人的同一个违法行为，不得给予两次以上罚款的行政处罚。

由此可知，对违法当事人的同一个违法行为，不得以同一事实和同一理由给予两次以上罚款的行政处罚。同一事实是指同一个违法行为，即从其构成要件上，只符合一个违法行为的特征。同一理由是指同一法律依据。一事不再罚原则，有两个要点：一是同一违法行为已经受到行政处罚，不应根据同一法律依据再受处罚；二是不同的行政机关不得以同一事实和同一理由，再给予同一违法行为行政处罚。因此，对当事人的同一个违法行为，不得给予两次以上罚款的行政处罚。

171 逾期不履行行政处罚决定，行政机关会采取哪些措施？

《行政处罚法》第五十一条规定："当事人逾期不履行行政处罚决定的，做出行政处罚决定的行政机关可以采取下列措施：（一）到期不缴纳罚款的，每日按罚款数额的百分之三加处罚款；（二）根据法律规定，将查封、扣押的财物拍卖或者将冻结的存款划拨抵缴罚款；（三）申请人民法院强制执行。"

可见，当事人逾期不履行行政处罚决定，行政机关依法可以采取的执行措施有以下三种：一是当事人逾期不缴纳罚款，又未提出延期或分期缴纳的申请，或者虽然提出了申请但未获批准的，行政机关可以对当事人每日加处原罚款数额百分之三的罚款；二是当事人逾期不履行罚款决定，而又无任何正当理由的，行政机关可以依法将查封、扣押的财物拍卖，将拍卖款抵缴罚款，或者依法将冻结的存款划拨抵缴罚款；三是行政机关可以申请人民法院依法强制执行。

第二节　标签、说明书

172　法定要求预包装食品的标签如何标示？

《食品安全法》第六十七条规定："预包装食品的包装上应当有标签。标签应当标明下列事项：（一）名称、规格、净含量、生产日期；（二）成分或者配料表；（三）生产者的名称、地址、联系方式；（四）保质期；（五）产品标准代号；（六）贮存条件；（七）所使用的食品添加剂在国家标准中的通用名称；（八）生产许可证编号；（九）法律、法规或者食品安全标准规定应当标明的其他事项。专供婴幼儿和其他特定人群的主辅食品，其标签还应当标明主要营养成分及其含量。食品安全国家标准对标签标注事项另有规定的，从其规定。"

《食品安全法》第七十一条规定："食品和食品添加剂的标签、说明书，不得含有虚假内容，不得涉及疾病预防、治疗功能。生产经营者对其提供的标签、说明书的内容负责。食品和食品添加剂的标签、说明书应当清楚、明显，生产日期、保质期等事项应当显著标注，容易辨识。食品和食品添加剂与其标签、说明书的内容不符的，不得上市销售。"

预包装食品标签，指食品包装上的文字、图形、符号及一切说明物。①法定要求标示的名称，必须是食品真实属性的专用名称，标示在食品标签的醒目位置。规格是指同一预包装内含有多件预包装食品时，对净含量和内件数关系的表述。单件预包装食品的规格即指净含量。同一预包装内含有多个单件预包装食品时，还应当标示单件预包装食品净含量和件数。净含量的标示应由净含量、数字和法定计量单位组成，净含量应与食品名称在包装物或容器的同一展示版面标示。生产日期是指食品成为最终产品的日期，也包括包装或灌装日期。标签上应清晰标示预包装食品的生产日期。②标示的成分或者配料表。各种配料应按制造或加工食品时加入量的递减顺序一一排列，加入量不超过 2％的配料可以不按递减顺序排列。如果某种配料是由两种或两种以上的其他配料构成的复合配料（不包括复合食品添加剂），应在配料表中标示复合配料的名称，随后将复合配料的原始配料在括号内按加入量的递减顺序标示。当某种复合配料已有国家标准、行业标准或地方标准，且其加入量小于食品总量的 25％时，不需要标示复合配料的原始配料。③标示的生产者名称和地址应当是依法登记注册、能够承担产品安全质量责任的生产者名称、地址。受委托加工的，应当标示委托单位和受委托单位的名称和地址；或仅标示委托单位的名称、地址及产地。联系方式至少标示一项电话、传真或者网络联系方式。④标示的保质期内，产品完全适于销售，并保持标签中不必说明或已经说明的特有品质。⑤产品标准代号。国内生产并在国内销售的预包装食品，不包括进口预包装食品，应当标示产品所执行的标准代号和顺序号。⑥贮存条件可以标示"贮存条件""贮藏条件""贮藏方法"等标题；或不标示标题，直接标示为"常温（或冷冻，或冷藏，或避光，或阴凉干燥处）保存""请置于阴凉干燥处"等。⑦食品添加剂应当标示其在《食品添加剂使用标准》中的通用名称。⑧法律、法规或者食品安全标准规定的其他要求。

173 无标签的预包装食品能否销售？

法律、《预包装食品标签通则》对预包装食品的标签做出了具体规定。《食品安全法》第六十七条规定："预包装食品的包装上应当有标签。……"《食品安全法》第一百二十五条第一款第二项规定："违反本法规定，有下列情形之一的，由县级以上人民政府食品安全监督管理部门没收违法所得和违法生产经营的食品、食品添加剂，并可以没收用于违法生产经营的工具、设备、原料等物品；违法生产经营的食品、食品添加剂货值金额不足一万元的，并处五千元以上五万元以下罚款；货值金额一万元以上的，并处货值金额五倍以上十倍以下罚款；情节严重的，责令停产停业，直至吊销许可证；……（二）生产经营无标签的预包装食品、食品添加剂；……"

由此可知，无标签的预包装食品违反了《食品安全法》第六十七条的规定。销售无标签预包装食品的行为符合《食品安全法》第一百二十五条第一款第二项的情形，应当依据《食品安全法》第一百二十五条第一款第二项的规定给予当事人没收违法所得和违法生产经营的食品，并处罚款的行政处罚。

因此，销售无标签的预包装食品属于违法行为，是不能销售的。

174 什么是食品生产日期？日期标示形式有几种？

GB 7718—2011《食品安全国家标准 预包装食品标签通则》定义生产日期，指食品成为最终产品的日期，也包括包装或灌装日期，即将食品装入（灌入）包装物或容器中，形成最终销售单元的日期。

日期标示：日期中年、月、日可用空格、斜线、连字符、句点等符号分隔，或不用分隔符。年代号一般应标示 4 位数字，小包装食品也可以标示 2 位数字；月、日应标示 2 位数字。日期标示形式如 2020 年 3 月 20 日；2020 03 20；2020/03/20；20200320；20 日 3 月 2020 年；3 月 20 日 2020 年；03 20 2020；03/20/2020；03202020。

175 什么是食品保质期？保质期计算起点从哪一天起算？

《食品安全法》定义食品保质期，指食品在标明的贮存条件下保持品质的期限。GB 7718—2011《食品安全国家标准 预包装食品标签通则》定义食品保质期，指预包装食品在标签指明的贮存条件下，保持品质的期限。在此期限内，产品完全适于销售，并保持标签中不必说明或已经说明的特有品质。

国家卫生计生委食品司关于预包装食品保质期标示有关问题的复函（国卫食品

标便函〔2015〕58 号）中明确，"以固定时间段形式标示保质期的，可选择以生产日期或生产日期第二天为保质期计算起点"。

176　食品标签最大表面面积大于 10cm² 但小于等于 35cm² 时的标示要求是什么？

食品标签最大表面面积大于 10cm² 但小于等于 35cm² 时，食品标签应当按照《预包装食品标签通则》要求标示所有强制性内容。根据标签面积具体情况，标签内容中的文字、符号、数字的高度可以小于 1.8mm（毫米），且应当清晰、易于辨认。

177　添加两种或两种以上同一功能食品添加剂，能否一并标示？

食品中添加了两种或两种以上同一功能的食品添加剂，可选择分别标示各自的具体名称；或者选择先标示功能类别名称，再在其后加括号标示各自的具体名称或国际编码（INS 号）。如可以标示为"卡拉胶，瓜尔胶""增稠剂（卡拉胶，瓜尔胶）"或"增稠剂（407，412）"。如果某一种食品添加剂没有 INS 号，可同时标示其具体名称。如"增稠剂（卡拉胶，聚丙烯酸钠）"或"增稠剂（407，聚丙烯酸钠）"。

178　既是食品添加剂或食品营养强化剂又可以作为其他配料使用的配料如何标示？

既是食品添加剂或食品营养强化剂又可以作为其他配料使用的配料，应按其在终产品中发挥的作用规范标示。当作为食品添加剂使用时，应标示其在《食品添加剂使用标准》中规定的名称；当作为食品营养强化剂使用时，应标示其在《食品营养强化剂使用标准》中规定的名称；当作为其他配料发挥作用时，应标示其相应具体名称。如味精（谷氨酸钠）既可作为调味品又可作为食品添加剂，当作为食品添加剂使用时，应标示为谷氨酸钠；当作为调味品使用时，应标示为味精。如核黄素、维生素 E、聚葡萄糖等既可作为食品添加剂又可作为食品营养强化剂，当作为食品添加剂使用时，应标示其在《食品添加剂使用标准》中规定的名称；当作为食品营养强化剂使用时，应标示其在《食品营养强化剂使用标准》中规定的名称。

179　预包装食品标签净含量字符高度有哪些要求？

《预包装食品标签通则》4.1.5.4 规定净含量字符的最小高度应符合下列规定（见表 10）。

表 10　净含量字符的最小高度

净含量（Q）的范围	字符的最小高度/mm
Q≤50mL；Q≤50g	2
50mL＜Q≤200mL；50g＜Q≤200g	3
200mL＜Q≤1L；200g＜Q≤1kg	4
Q＞1L；Q＞1kg	6

180　预包装食品标签净含量标示有哪些要求？

净含量标示由净含量、数字和法定计量单位组成。标示位置应与食品名称在包装物或容器的同一展示版面。所有字符高度（以 L、kg 等计）应符合 GB 7718—2011《食品安全国家标准 预包装食品标签通则》4.1.5.4 的要求。"净含量"与其后的数字之间可以用空格或冒号等形式区隔。"法定计量单位"分为体积单位和质量单位。固态食品只能标示质量单位，液态、半固态、黏性食品可以选择标示体积单位或质量单位。

181　可食用包装物的含义及标示要求？

可食用包装物是指由食品制成的，既可以食用又承担一定包装功能的物质。这些包装物容易和被包装的食品一起被食用，因此应在食品配料表中标示其原始配料。对于已有相应的国家标准和行业标准的可食用包装物，当加入量小于预包装食品总量的 25％时，可免于标示该可食用包装物的原始配料。

182　葡萄酒中二氧化硫如何标示？

根据 GB 7718—2011《食品安全国家标准 预包装食品标签通则》和 GB 2758—2012《食品安全国家标准 发酵酒及其配制酒》及其实施时间的规定，允许使用了食品添加剂二氧化硫的葡萄酒在 2013 年 8 月 1 日前在标签中标示为二氧化硫或微量二氧化硫；2013 年 8 月 1 日以后生产、进口的使用了食品添加剂二氧化硫的葡萄酒，应当标示为二氧化硫，或标示为微量二氧化硫及含量。

183　赠送装或促销装预包装食品净含量的标示有什么要求？

赠送装或促销装预包装食品的净含量应按照 GB 7718—2011《食品安全国家标准 预包装食品标签通则》的规定进行标示，可以分别标示销售部分的净含量和赠送部分的净含量，也可以标示销售部分和赠送部分的总净含量并同时用适当的方式标示赠送部分的净含量。如"净含量 500g、赠送 50g""净含量 500＋50g""净含量 550g（含赠送 50g）"等。

184　绿色食品标签的标示有哪些要求？

根据 GB 7718—2011《食品安全国家标准 预包装食品标签通则》4.1.10 规定，预包装食品（不包括进口预包装食品）应标示产品所执行的标准代号。标准代号是指预包装食品产品所执行的涉及产品质量、规格等内容的标准，可以是食品安全国家标准、食品安全地方标准、食品安全企业标准或其他相关国家标准、行业标准、地方标准。按照《绿色食品标志管理办法》（农业部令 2012 年第 6 号）规定，企业在产品包装上使用绿色食品标志，即表明企业承诺该产品符合绿色食品标准。企业可以在包装上标示产品执行的绿色食品标准，也可以标示其生产中执行的其他标准。

185　饮用天然矿泉水的定义及分类？

GB 8537—2018《食品安全国家标准 饮用天然矿泉水》定义饮用天然矿泉水，指从地下深处自然涌出的或经钻井采集的，含有一定量的矿物质、微量元素或其他成分，在一定区域未受污染并采取预防措施避免污染的水；在通常情况下，其化学成分、流量、水温等动态指标在天然周期波动范围内相对稳定。

饮用天然矿泉水分为含气天然矿泉水、充气天然矿泉水、无气天然矿泉水、脱气天然矿泉水。

186　饮用天然矿泉水的标签有哪些规定？

GB 8537—2018《食品安全国家标准 饮用天然矿泉水》4.2 规定，饮用天然矿泉水预包装食品标签除应符合 GB 7718—2011 的规定外，还应符合下列要求：①标示天然矿泉水水源点；②标示产品达标的界限指标、溶解性总固体以及主要阳离子（K^+、Na^+、Ca^{2+}、Mg^{2+}）的含量范围；③当氟含量大于 1.0mg/L 时，应标注"含氟"字样。

187　食品标签上未标注生产日期、保质期能否销售？

（1）预包装食品标签上未标注生产日期、保质期 《食品安全法》第六十七条第一款第一项、第四项规定："预包装食品的包装上应当有标签。标签应当标明下列事项：（一）名称、规格、净含量、生产日期；……（四）保质期；……"《食品安全法》第一百二十五条第一款第二项规定："违反本法规定，有下列情形之一的，由县级以上人民政府食品安全监督管理部门没收违法所得和违法生产经营的食品、食品添加剂，并可以没收用于违法生产经营的工具、设备、原料等物品；违法生产经营的食品、食品添加剂货值金额不足一万元的，并处五千元以上五万元以下罚款；货值金额一万元以上的，并处货值金额五倍以上十倍以下罚款；情节严重的，责令停产停业，直至吊销许可证：……（二）生产经营……或者标签、说明书不符合本法规定的食品、食品添加剂；……"

由此可知，食品标签上未标注生产日期、保质期的行为违反了《食品安全法》第六十七条第一款第一项、第四项的规定。销售标签不符合《食品安全法》规定的食品符合《食品安全法》第一百二十五条第一款第二项的情形，应当依据《食品安全法》第一百二十五条第一款第二项的规定给予当事人没收违法所得和违法生产经营的食品，并处罚款的行政处罚。

（2）散装食品外包装或者容器上未标注生产日期、保质期 《食品安全法》第六十八条规定："食品经营者销售散装食品，应当在散装食品的容器、外包装上标明食品的名称、生产日期或者生产批号、保质期以及……等内容。"《食品安全法》第一百二十六条第一款第七项规定："违反本法规定，有下列情形之一的，由县级以上人民政府食品安全监督管理部门责令改正，给予警告；拒不改正的，处五千元以上五万元以下罚款；情节严重的，责令停产停业，直至吊销许可证：……（七）食品经营者未按规定要求销售食品；……"

可见，销售未标注生产日期、保质期散装食品的行为违反了《食品安全法》第六十八条的规定，符合《食品安全法》第一百二十六条第一款第七项的情形，应当依据《食品安全法》第一百二十六条第一款第七项的规定给予处罚。

因此，无论是预包装食品，还是散装食品，外包装或者容器上未标注生产日期、保质期进行销售都属于违法行为，都应当依法受到处罚，是不能销售的。

188 食品标签上未标注生产者名称、地址、联系方式能否销售？

《食品安全法》第六十七条第一款第三项规定："预包装食品的包装上应当有标签。标签应当标明下列事项：……（三）生产者的名称、地址、联系方式；……"《食品安全法》第一百二十五条第一款第二项规定："违反本法规定，有下列情形之一的，由县级以上人民政府食品安全监督管理部门没收违法所得和违法生产经营的食品、食品添加剂，并可以没收用于违法生产经营的工具、设备、原料等物品；违法生产经营的食品、食品添加剂货值金额不足一万元的，并处五千元以上五万元以下罚款；货值金额一万元以上的，并处货值金额五倍以上十倍以下罚款；情节严重的，责令停产停业，直至吊销许可证：……（二）生产经营……或者标签、说明书不符合本法规定的食品、食品添加剂；……"

由此可知，食品标签上未标注生产者名称、地址、联系方式的行为违反了《食品安全法》第六十七条第一款第三项的规定。销售食品标签上未标注生产者名称、地址、联系方式的食品符合《食品安全法》第一百二十五条第一款第二项的情形，应当依据《食品安全法》第一百二十五条第一款第二项的规定给予当事人没收违法所得和违法生产经营的食品，并处罚款的行政处罚。

因此，食品标签上未标注生产者名称、地址、联系方式的预包装食品是不能销售的。

189 食品标签上未标注产品标准代号能否销售？

《食品安全法》第六十七条第一款第五项规定："预包装食品的包装上应当有标签。标签应当标明下列事项：……（五）产品标准代号；……"《食品安全法》第一百二十五条第一款第二项规定："违反本法规定，有下列情形之一的，由县级以上人民政府食品安全监督管理部门没收违法所得和违法生产经营的食品、食品添加剂，并可以没收用于违法生产经营的工具、设备、原料等物品；违法生产经营的食品、食品添加剂货值金额不足一万元的，并处五千元以上五万元以下罚款；货值金额一万元以上的，并处货值金额五倍以上十倍以下罚款；情节严重的，责令停产停业，直至吊销许可证：……（二）生产经营……或者标签、说明书不符合本法规定的食品、食品添加剂；……"

由此可知，食品标签上未标注产品标准代号的行为违反了《食品安全法》第六十七条第一款第五项的规定。销售食品标签上未标注产品标准代号的食品符合《食品安全法》第一百二十五条第一款第二项的情形，应当依据《食品安全法》第一百二十五条第一款第二项的规定给予当事人没收违法所得和违法生产经营的食品，并处罚款的行政处罚。

GB 7718—2011《食品安全国家标准 预包装食品标签通则》4.1.10 规定在国内生产并在国内销售的预包装食品（不包括进口预包装食品）应标示产品所执行的标准代号和顺序号。可见，进口预包装食品可以不标注产品标准代号。

因此，标签上未标注产品标准代号的预包装食品（进口预包装食品除外）是不能销售的。

190 食品标签上未标注生产许可证编号能否销售？

《食品安全法》第六十七条第一款第八项规定："预包装食品的包装上应当有标签。标签应当标明下列事项：……（八）生产许可证编号；……"《食品安全法》第一百二十五条第一款第二项规定："违反本法规定，有下列情形之一的，由县级以上人民政府食品安全监督管理部门没收违法所得和违法生产经营的食品、食品添加剂，并可以没收用于违法生产经营的工具、设备、原料等物品；违法生产经营的食品、食品添加剂货值金额不足一万元的，并处五千元以上五万元以下罚款；货值金额一万元以上的，并处货值金额五倍以上十倍以下罚款；情节严重的，责令停产停业，直至吊销许可证：……（二）生产经营……或者标签、说明书不符合本法规定的食品、食品添加剂；……"

由此可知，食品标签上未标注生产许可证编号的行为违反了《食品安全法》第六十七条第一款第八项的规定。销售食品标签上未标注生产许可证编号的食品符合《食品安全法》第一百二十五条第一款第二项的情形，应当依据《食品安全法》第一百二十五条第一款第二项的规定给予当事人没收违法所得和违法生产经营的食品，并处罚款的行政处罚。

因此，标签上未标注生产许可证编号的预包装食品是违法的，是不能销售的。

191 食品标签上标注的内容与实际不符能否销售？

《食品安全法》第七十一条规定："食品和食品添加剂的标签、说明书，不得含有虚假内容，……食品和食品添加剂与其标签、说明书的内容不符的，不得上市销售。"《食品安全法》第一百二十五条第一款第二项规定："违反本法规定，有下列情形之一的，由县级以上人民政府食品安全监督管理部门没收违法所得和违法生产经营的食品、食品添加剂，并可以没收用于违法生产经营的工具、设备、原料等物品；违法生产经营的食品、食品添加剂货值金额不足一万元的，并处五千元以上五万元以下罚款；货值金额一万元以上的，并处货值金额五倍以上十倍以下罚款；情节严重的，责令停产停业，直至吊销许可证；……（二）生产经营……或者标签、……不符合本法规定的食品、……"

由此可知，食品标签上标注的内容与实际不符属于食品标签含有虚假内容，违反了《食品安全法》第七十一条的规定。销售食品标签含有虚假内容的食品符合《食品安全法》第一百二十五条第一款第二项的情形，应当依据《食品安全法》第一百二十五条第一款第二项的规定给予当事人没收违法所得和违法生产经营的食品，并处罚款的行政处罚。

因此，食品标签上标注的内容与实际不符属于违法行为，不能销售。

192 食品标签标注"降血压"能否销售？

《食品安全法》第七十一条规定："食品和食品添加剂的标签、……不得涉及疾病预防、治疗功能。生产经营者对其提供的标签、说明书的内容负责。……"《食品安全法》第一百二十五条第一款第二项规定："违反本法规定，有下列情形之一的，由县级以上人民政府食品安全监督管理部门没收违法所得和违法生产经营的食品、食品添加剂，并可以没收用于违法生产经营的工具、设备、原料等物品；违法生产经营的食品、食品添加剂货值金额不足一万元的，并处五千元以上五万元以下罚款；货值金额一万元以上的，并处货值金额五倍以上十倍以下罚款；情节严重的，责令停产停业，直至吊销许可证；……（二）生产经营……或者标签、……不符合本法规定的食品、……"

由此可知，食品标签标注"降血压"属于食品标签涉及疾病预防、治疗功能，违反了《食品安全法》第七十一条的规定。销售食品标签标注"降血压"的食品符合《食品安全法》第一百二十五条第一款第二项的情形，应当依据《食品安全法》第一百二十五条第一款第二项的规定给予当事人没收违法所得和违法生产经营的食品，并处罚款的行政处罚。

因此，食品标签上标注"降血压"属于违法行为，不能销售。

193 食品名称为红糖（赤砂糖），配料为赤砂糖，能否销售？

GB 13104—2014《食品安全国家标准 食糖》规定，赤砂糖是以甘蔗为原料，经提取糖汁、清净处理等工艺加工制成的带蜜的棕红色或黄褐色砂糖。红糖是经提取糖汁、清净处理后，直接煮制不经分蜜的棕红色或黄褐色的糖。由此判定，红糖、赤砂糖是两种不同的食糖。

食品的配料是赤砂糖，食品的名称应当也是赤砂糖，食品名称与配料不符，属于食品标签含有虚假内容，《食品安全法》第七十一条第一款规定食品的标签不得含有虚假内容，第三款规定食品与其标签内容不符的，不得上市销售。《食品安全法》第一百二十五条第一款第二项规定："违反本法规定，有下列情形之一的，由县级以上人民政府食品安全监督管理部门没收违法所得和违法生产经营的食品、食品添加剂，并可以没收用于违法生产经营的工具、设备、原料等物品；违法生产经营的食品、食品添加剂货值金额不足一万元的，并处五千元以上五万元以下罚款；货值金额一万元以上的，并处货值金额五倍以上十倍以下罚款；情节严重的，责令停产停业，直至吊销许可证；……（二）生产经营无标签的预包装食品、食品添加剂或者标签、说明书不符合本法规定的食品、食品添加剂；……"

可见，食品名称为红糖（赤砂糖），配料为赤砂糖，此预包装食品属于食品标签含有虚假内容。当事人生产经营标签不符合《食品安全法》规定的"红糖"的行为符合《食品安全法》第一百二十五条第一款第二项的情形，应当依据《食品安全法》第一百二十五条第一款第二项的规定对其给予没收违法所得和违法生产经营的食品，并处罚款的行政处罚。

因此，食品名称为红糖（赤砂糖），配料为赤砂糖的食品是不能销售的。

194 标签上的强制性国家标准与推荐性国家标准的代号是怎么规定的？

《国家标准管理办法》（1990 年 8 月 24 日国家技术监督局令第 10 号发布）第四条规定，国家标准的代号由大写汉语拼音字母构成。强制性国家标准的代号为"GB"，推荐性国家标准的代号为"GB/T"。

国家标准的编号由国家标准的代号、国家标准发布的顺序号和国家标准发布的年号（即发布年份的后两位数字）构成。

示例：

GB ××××—××
GB/T ××××—××

195 散装食品有无标签？

散装食品没有法定的标签。《食品安全法》只是规定食品经营者销售散装食品，应当在散装食品的容器、外包装上标明食品的名称、生产日期或者生产批号、保质期以及生产经营者名称、地址、联系方式等内容。上述散装食品的容器、外包装上标明的内容不是出于"可追溯"的目的，而是为实现消费者"知情权"的目的而设定。《食品安全法》只规定了预包装食品、食品添加剂必须有标签，并未规定散装食品的标签。

196 销售的散装食品的外包装或者容器上必须标注生产日期、保质期吗？

《食品安全法》第六十八条规定："食品经营者销售散装食品，应当在散装食品的容器、外包装上标明食品的名称、生产日期或者生产批号、保质期以及生产经营者名称、地址、联系方式等内容。"

由此可知，食品经营者销售散装食品时，必须在散装食品的容器、外包装上标明食品的生产日期、保质期，除此之外，还应标明食品的名称以及生产经营者名称、地址、联系方式等内容。

197 转基因食品未标注"转基因"字样能否销售？

《食品安全法》第六十九条规定："生产经营转基因食品应当按照规定显著标示。"

法律规定生产经营转基因食品应当按照规定显著标示，"规定"是怎么规定的？《转基因条例》第二十七条规定："在中华人民共和国境内销售列入农业转基因生物目录的农业转基因生物，应当有明显的标识。列入农业转基因生物目录的农业转基因生物，由生产、分装单位和个人负责标识；未标识的，不得销售。经营单位和个人在进货时，应当对货物和标识进行核对。经营单位和个人拆开原包装进行销售的，应当重新标识。"第二十八条规定："农业转基因生物标识应当载明产品中含有转基因成分的主要原料名称；……"《转基因条例》规定销售列入农业转基因生物目录的农业转基因生物，应当有明显的标识；未标识的，不得销售；经营单位和个人拆开原包装进行销售的，应当重新标识。《转基因条例》属于法规，法规进一步规定了转基因食品的标示范围和方法，但未规定怎么标示。

《转基因标识管理办法》第六条规定："标识的标注方法：（一）转基因动植物

（含种子、种畜禽、水产苗种）和微生物，转基因动植物、微生物产品，含有转基因动植物、微生物或者其产品成分的种子、种畜禽、水产苗种、农药、兽药、肥料和添加剂等产品，直接标注'转基因××'。（二）转基因农产品的直接加工品，标注为'转基因××加工品（制成品）'或者'加工原料为转基因××'。（三）用农业转基因生物或用含有农业转基因生物成分的产品加工制成的产品，但最终销售产品中已不再含有或检测不出转基因成分的产品，标注为'本产品为转基因××加工制成，但本产品中已不再含有转基因成分'或者标注为'本产品加工原料中有转基因××，但本产品中已不再含有转基因成分'。"第七条规定："农业转基因生物标识应当醒目，并和产品的包装、标签同时设计和印制。难以在原有包装、标签上标注农业转基因生物标识的，可采用在原有包装、标签的基础上附加转基因生物标识的办法进行标注，但附加标识应当牢固、持久。"第八条规定："难以用包装物或标签对农业转基因生物进行标识时，可采用下列方式标注：（一）难以在每个销售产品上标识的快餐业和零售业中的农业转基因生物，可以在产品展销（示）柜（台）上进行标识，也可以在价签上进行标识或者设立标识板（牌）进行标识。（二）销售无包装和标签的农业转基因生物时，可以采取设立标识板（牌）的方式进行标识。（三）装在运输容器内的农业转基因生物不经包装直接销售时，销售现场可以在容器上进行标识，也可以设立标识板（牌）进行标识。（四）销售无包装和标签的农业转基因生物，难以用标识板（牌）进行标注时，销售者应当以适当的方式声明。（五）进口无包装和标签的农业转基因生物，难以用标识板（牌）进行标注时，应当在报检（关）单上注明。"第九条规定："有特殊销售范围要求的农业转基因生物，还应当明确标注销售的范围，可标注为'仅限于××销售（生产、加工、使用）'。"第十条规定："农业转基因生物标识应当使用规范的中文汉字进行标注。"

《转基因标识管理办法》属于规章，规章详细规定了转基因食品有五种标示方法："转基因××""本产品加工原料中有转基因××，但本产品中已不再含有转基因成分""转基因××加工品（制成品）""加工原料为转基因××""本产品为转基因××加工制成，但本产品中已不再含有转基因成分"。可见，转基因食品五种标示方法中均有"转基因"字样。

因此，转基因食品未标注"转基因"字样属于违法行为，违反了《食品安全法》第六十九条规定。《食品安全法》第一百二十五条第一款第三项规定："违反本法规定，有下列情形之一的，由县级以上人民政府食品安全监督管理部门没收违法所得和违法生产经营的食品、食品添加剂，并可以没收用于违法生产经营的工具、设备、原料等物品；违法生产经营的食品、食品添加剂货值金额不足一万元的，并处五千元以上五万元以下罚款；货值金额一万元以上的，并处货值金额五倍以上十倍以下罚款；情节严重的，责令停产停业，直至吊销许可证；……（三）生产经营转基因食品未按规定进行标示；……"由此可知，生产经营转基因食品未按规定进行标示的行为符合《食品安全法》第一百二十五条第一款第三项的情形，应当依据《食品安全法》第一百二十五条第一款第三项的规定给予处罚。

因此，生产经营转基因食品未标注"转基因"字样属于违法行为，应当依法给予行政处罚，是不能销售的。

198 法定要求食品添加剂的标签如何标示？

《食品安全法》第七十条规定，食品添加剂应当有标签……。标签、说明书应当载明名称、规格、净含量、生产日期；成分或者配料表；生产者的名称、地址、联系方式；保质期；产品标准代号；贮存条件；生产许可证编号；法律、法规或者食品安全标准规定应当标明的其他事项。以及食品添加剂的使用范围、用量、使用方法，并在标签上载明"食品添加剂"字样。第七十一条规定，……食品添加剂的标签……，不得含有虚假内容，不得涉及疾病预防、治疗功能。标签应当清楚、明显，生产日期、保质期等事项应当显著标注，容易辨识。……食品添加剂与其标签、说明书的内容不符的，不得上市销售。

可见，食品添加剂的标签上应当依法标明：①名称、规格、净含量、生产日期。②成分或者配料表。③生产者的名称、地址、联系方式。④保质期。⑤产品标准代号。⑥贮存条件。⑦生产许可证编号。⑧食品添加剂的使用范围、用量、使用方法。⑨在标签上载明"食品添加剂"字样。⑩法律、法规或者食品安全标准规定应当标明的其他事项。委托加工的食品添加剂，还应标明受委托生产者的名称、地址和联系方式等内容。同时标示的内容应做到：①不得含有虚假内容。②不得涉及疾病预防、治疗功能。③标签应当清楚、明显，生产日期、保质期等事项应当显著标注，容易辨识。

199 食品标签食品添加剂的标示要求及标示方式？

标示要求：应标示其在《食品添加剂使用标准》中的通用名称。在同一预包装食品的标签上，所使用的食品添加剂可以选择以下三种形式标示：一是全部标示食品添加剂的具体名称；二是全部标示食品添加剂的功能类别名称以及国际编码（INS 号），如果某种食品添加剂尚不存在相应的国际编码，或因致敏物质标示需要，可以标示其具体名称；三是全部标示食品添加剂的功能类别名称，同时标示具体名称。

标示方式：食品添加剂"丙二醇"可以标示为①丙二醇；②增稠剂（1520）；③增稠剂（丙二醇）。

200 食品添加剂标签上未标注"食品添加剂"字样能否销售？

《食品安全法》第七十条规定："食品添加剂应当有标签……，并在标签上载明'食品添加剂'字样。"《食品安全法》第一百二十五条第一款第二项规定："违反本法规定，有下列情形之一的，由县级以上人民政府食品安全监督管理部门没收违法所得和违法生产经营的食品、食品添加剂，并可以没收用于违法生产经营的工具、设备、原料等物品；违法生产经营的食品、食品添加剂货值金额不足一万元的，并处五千元以上五万元以下罚款；货值金额一万元以上的，并处货值金额五倍以上十倍以下罚款；情节严重的，责令停产停业，直至吊销许可证；……（二）生产经营……或者标签、……不符合本法规定的……食品添加剂。"

由此可知，食品添加剂标签上未标注"食品添加剂"字样属于食品添加剂的标签不符合《食品安全法》的规定，违反了《食品安全法》第七十条的规定。销售标签上未标注"食品添加剂"字样的食品添加剂符合《食品安全法》第一百二十五条第一款第二项的情形，应当依据《食品安全法》第一百二十五条第一款第二项的规定给予当事人没收违法所得和违法生产经营的食品添加剂，并处罚款的行政处罚。

因此，食品添加剂标签上未标注"食品添加剂"字样不能销售。

201 进口预包装食品标签应如何标示？

进口预包装食品标签标示应当符合以下要求：

① 进口预包装食品的食品标签可以同时使用中文和外文，也可以同时使用繁体字。GB 7718—2011《食品安全国家标准 预包装食品标签通则》中强制要求标示的内容应全部标示，推荐要求标示的内容可以选择标示。进口预包装食品同时使用中文与外文时，其外文应与中文强制标示内容和选择标示的内容有对应关系，即中文与外文含义应基本一致，外文字号不得大于相应中文汉字字号。对于特殊包装形状的进口食品，在同一展示面上，中文字体高度不得小于外文对应内容的字体高度。

② 对于采用在原进口预包装食品包装外加贴中文标签方式进行标示的情况，加贴中文标签应按照 GB 7718—2011《食品安全国家标准 预包装食品标签通则》的方式标示；原外文标签的图形和符号不应有违反 GB 7718—2011《食品安全国家标准 预包装食品标签通则》及相关法律、法规要求的内容。

③ 进口预包装食品外文配料表的内容均须在中文配料表中有对应内容，原产品外文配料表中没有标注，但根据我国的法律、法规和标准应当标注的内容，也应标注在中文配料表中（包括食品生产加工过程中加入的水和单一原料等）。进口预包装食品应标示原产国或原产地区的名称，以及在中国依法登记注册的代理商、进口商或经销者的名称、地址和联系方式；可不标示生产者的名称、地址和联系方式。原有外文的生产者的名称、地址等不需要翻译成中文。进口预包装食品的原产国国名或地区区名，是指食品成为最终产品的国家或地区名称，包括包装（或灌装）国家或地区名称。进口预包装食品中文标签应当如实准确标示原产国国名或地区区名。进口预包装食品可免于标示相关产品标准代号和质量（品质）等级。如果标示了产品标准代号和质量（品质）等级，应确保真实、准确。

202 无中文标签的进口食品能否销售？如销售应当承担什么法律责任？

《食品安全法》第九十七条规定："进口的预包装食品、食品添加剂应当有中文标签；依法应当有说明书的，还应当有中文说明书。标签、说明书应当符合本法以及我国其他有关法律、行政法规的规定和食品安全国家标准的要求，并载明食品的原产地以及境内代理商的名称、地址、联系方式。预包装食品没有中文标签、中文说明书或者标签、说明书不符合本条规定的，不得进口。"《食品安全法》第一百二十五条第一款第二项规定："违反本法规定，有下列情形之一的，由县级以上人民政府食品安全监督管理部门没收违法所得和违法生产经营的食品、食品添加剂，并可以没收用于违法生产经营的工具、设备、原料等物品；违法生产经营的食品、食品添加剂货值金额不足一万元的，并处五千元以上五万元以下罚款；货值金额一万元以上的，并处货值金额五倍以上十倍以下罚款；情节严重的，责令停产停业，直至吊销许可证：……（二）生产经营无标签的预包装食品、……标签、……不符合本法规定的食品、……"

由此可知，销售无中文标签的进口食品的行为违反了《食品安全法》第九十七条规定，符合《食品安全法》第一百二十五条第一款第二项的情形，应当依据《食品安全法》第一百二十五条第一款第二项的规定给予当事人没收违法所得和违法生产经营的食品，并处罚款的行政处罚。

因此，无中文标签的进口食品不能销售。

203 标签上未载明食品原产地的进口食品能否销售？

《食品安全法》第九十七条规定："……标签、说明书应当符合本法以及我国其他有关法律、行政法规的规定和食品安全国家标准的要求，并载明食品的原产地以及……"《食品安全法》第一百二十五条第一款第二项规定："违反本法规定，有下列情形之一的，由县级以上人民政府食品安全监督管理部门没收违法所得和违法生产经营的食品、食品添加剂，并可以没收用于违法生产经营的工具、设备、原料等物品；违法生产经营的食品、食品添加剂货值金额不足一万元的，并处五千元以上五万元以下罚款；货值金额一万元以上的，并处货值金额五倍以上十倍以下罚款；情节严重的，责令停产停业，直至吊销许可证：……（二）生产经营……或者标签、……不符合本法规定的食品、……"

由此可知，进口食品标签上未载明食品原产地的行为违反了《食品安全法》第九十七条规定。销售标签上未载明食品原产地的进口食品符合《食品安全法》第一百二十五条第一款第二项的情形，应当依据《食品安全法》第一百二十五条第一款第二项的规定给予当事人没收违法所得和违法生产经营的食品，并处罚款的行政处罚。

因此，标签上未载明食品原产地的进口食品不能销售。

204 进口预包装食品的中文标签上未标注境内代理商信息而标注经销商信息是否合法？

不合法。

《食品安全法》第九十七条规定，进口的预包装食品应当载明食品境内代理商的名称、地址、联系方式。依据《民法通则》第六十三条规定，只有境内代理商才能以被代理人的名义实施民事法律行为。由此可知，进口预包装食品的中文标签上应当依法标注境内代理商信息。如不标注，则属于违法。

GB 7718—2011《食品安全国家标准 预包装食品标签通则》规定进口预包装食品应标示代理商、进口商或经销商的名称、地址和联系方式。GB 7718—2011《食品安全国家标准 预包装食品标签通则》属于食品安全国家标准，是国家强制执行的标准。因此，进口预包装食品的中文标签既要标注境内代理商信息，还要标注进口商或经销商的名称、地址和联系方式。

可见，进口预包装食品的中文标签上未标注境内代理商信息而标注经销商信息是违法的。

205　哪些预包装食品可以不标示保质期？

《预包装食品标签通则》4.3.1 规定下列预包装食品可以免除标示保质期：酒精度大于等于10％的饮料酒；食醋；食用盐；固态食糖类；味精。"固态食糖"为白砂糖、绵白糖、红糖和冰糖等，不包括糖果。

第三节　特殊食品

206　法定要求哪些保健食品需要注册？

《食品安全法》第七十六条第一款规定："使用保健食品原料目录以外原料的保健食品和首次进口的保健食品应当经国务院食品安全监督管理部门注册。……"

国家对以传统中草药和其他生物活性成分为原料的产品，特别是复方产品，相关质量标准、量效关系和检验方法等存在差异，难以形成统一标准，不能通过通用技术要求对成品及其原料的安全性和保健功能进行评价，对相关原料未列入保健食品原料目录的，以及首次进口的不属于补充维生素、矿物质等营养物质的产品实行注册管理。

207　保健食品原料目录有多少种原料？分别是什么？

关于发布《保健食品原料目录（一）》和《允许保健食品声称的保健功能目录（一）》的公告（2016 年第 205 号）明确现已发布的保健食品原料目录中共有 69 种原料。

保健食品原料详见保健食品原料目录（一）见表11。

表 11 保健食品原料目录（一）
营养素补充剂原料目录

营养素	化合物名称	标准依据	适用范围	功效成分	适宜人群	最低值	最高值	功效
钙	碳酸钙	GB 1886.214《碳酸钙（包括轻质和重质碳酸钙）》	所有人群	Ca（以Ca计，mg）	1～3	120	500	补充钙
	醋酸钙	GB 15572《乙酸钙》	4 岁以上人群		4～6	150	700	
	氯化钙	GB 1886.45《氯化钙》	所有人群		7～10	200	800	
	柠檬酸钙	GB 17203《柠檬酸钙》	所有人群		11～13	250	1000	
	葡萄糖酸钙	GB 15571《葡萄糖酸钙》	所有人群					
	乳酸钙	GB 1886.21《乳酸钙》	4 岁以上人群		14～17	200	800	
	磷酸氢钙	GB 1886.3《磷酸氢钙》	所有人群		成人	200	1000	
	磷酸二氢钙	GB 25559《磷酸二氢钙》	4 岁以上人群		孕妇	200	800	
	磷酸三钙（磷酸钙）	GB 25558《磷酸三钙》	所有人群					
	硫酸钙	GB 1886.6《硫酸钙》	所有人群		乳母	200	1000	
	L-乳酸钙	GB 25555《L-乳酸钙》	所有人群					
	甘油磷酸钙	中国药典《甘油磷酸钙》	4 岁以上人群					
镁	碳酸镁	GB 25587《碳酸镁》	所有人群	Mg（以Mg计，mg）	4～6	30	200	补充镁
	硫酸镁	GB 29207《硫酸镁》	所有人群		7～10	45	250	
					11～13	60	300	
	氧化镁	GB 1886.216《氧化镁（包括重质和轻质）》	所有人群		14～17	65	300	
					成人	65	350	
	氯化镁	GB 25584《氯化镁》	所有人群		孕妇	70	350	
					乳母	70	400	
	L-苏糖酸镁	卫生计生委公告 2016 年第 8 号	所有人群					
钾	磷酸氢二钾	GB 25561《磷酸氢二钾》	所有人群	K（以K计，mg）	4～6	250	1200	补充钾
	磷酸二氢钾	GB 25560《磷酸二氢钾》	所有人群		7～10	300	1500	
					11～13	400	2000	
	氯化钾	GB 25585《氯化钾》	所有人群		14～17	400	2200	
	柠檬酸钾	GB 1886.74《柠檬酸钾》	所有人群		成人	400	2000	
					孕妇	400	2000	
	碳酸钾	GB 25588《碳酸钾》	4 岁以上人群		乳母	500	2400	
锰	硫酸锰	GB 29208《硫酸锰》	所有人群	Mn（以Mn计，mg）	4～6	0.3	1.5	补充锰
					7～10	0.5	2.5	
					11～13	0.6	3.5	
					14～17	0.8	3.8	
	葡萄糖酸锰	GB 1903.7《葡萄糖酸锰》	所有人群		成人	1.0	4.0	
					孕妇	1.0	4.0	
					乳母	1.0	4.0	

续表

营养素	化合物名称	标准依据	适用范围	功效成分	适宜人群	最低值	最高值	功效
		原料名称			每日用量			
铁	葡萄糖酸亚铁	GB 1903.10《葡萄糖酸亚铁》	所有人群	Fe（以Fe计，mg）	1～3	1.5	7.0	补充铁
	富马酸亚铁	中国药典《富马酸亚铁》	所有人群		4～6	2.0	8.0	
	硫酸亚铁	GB 29211《硫酸亚铁》	所有人群		7～10	2.5	10.0	
	乳酸亚铁	GB 6781《乳酸亚铁》	4岁以上人群		11～13	3.5	15.0	
					14～17	3.5	15.0	
	琥珀酸亚铁	国家药品标准 WS1-（X-005）-2001Z《琥珀酸亚铁》	4岁以上人群		成人	5.0	20.0	
					孕妇	5.0	20.0	
					乳母	5.5	20.0	
锌	硫酸锌	GB 25579 硫酸锌	所有人群	Zn（以Zn计，mg）	1～3	0.8	3.0	补充锌
	柠檬酸锌	中国药典《枸橼酸锌》	所有人群		4～6	1.0	5.0	
	柠檬酸锌（三水）	卫生计生委公告2013年第9号	所有人群		7～10	1.5	6.0	
	葡萄糖酸锌	GB 8820《葡萄糖酸锌》	所有人群		11～13	1.5	8.0	
					14～17	2.0	10.0	
	氧化锌	GB 1903.4《氧化锌》	所有人群		成人	3.0	15.0	
					孕妇	2.0	10.0	
	乳酸锌	GB 1903.11《乳酸锌》	所有人群		乳母	2.0	10.0	
硒	亚硒酸钠	GB 1903.9《亚硒酸钠》	所有人群	Se[以Se计，μg（微克）]	4～6	5	30	补充硒
	富硒酵母	国家药品标准 WS1-（x-005）-99Z《硒酵母》	4岁以上人群		7～10	8	40	
					11～13	10	50	
					14～17	10	60	
	L-硒-甲基硒代半胱氨酸	GB 1903.12《L-硒-甲基硒代半胱氨酸》	4岁以上人群		成人	10	100	
					孕妇	10	60	
					乳母	15	80	
铜	硫酸铜	GB 29210《硫酸铜》	所有人群	Cu（以Cu计，mg）	4～6	0.1	0.3	补充铜
					7～10	0.1	0.4	
					11～13	0.1	0.5	
					14～17	0.2	0.6	
	葡萄糖酸铜	GB 1903.8《葡萄糖酸铜》	所有人群		成人	0.2	1.5	
					孕妇	0.2	0.7	
					乳母	0.3	1.0	

续表

原料名称				每日用量				功效
营养素	化合物名称	标准依据	适用范围	功效成分	适宜人群	最低值	最高值	
维生素 A	醋酸视黄酯	GB 14750《维生素 A》	所有人群	维生素 A（以视黄醇计，μg）	1～3	50	300	补充维生素 A
					4～6	60	400	
	棕榈酸视黄酯	GB 29943《棕榈酸视黄酯（棕榈酸维生素 A）》	所有人群		7～10	80	500	
					11～13	100	700	
	β-胡萝卜素	GB 8821《β-胡萝卜素》	所有人群		14～17	130	800	
		GB 28310《β-胡萝卜素》（发酵法）			成人	160	800	
		卫生计生委 2012 年第 6 号公告			孕妇	120	800	
					乳母	200	1200	
维生素 D	维生素 D₂	GB 14755《维生素 D₂（麦角钙化醇）》	所有人群	维生素 D₂（以麦角钙化醇计，μg）；维生素 D₃（以胆钙化醇计，μg）	1～3	2.0	10.0	补充维生素 D
					4～6	2.0	15.0	
					7～10	2.0	15.0	
					11～13	2.0	15.0	
	维生素 D₃	中国药典《维生素 D₃》	所有人群		14～17	2.0	15.0	
					成人	2.0	15.0	
					孕妇	2.0	15.0	
					乳母	2.0	15.0	
维生素 B₁	盐酸硫胺素	GB 14751《维生素 B₁（盐酸硫胺素）》	所有人群	维生素 B₁（以硫胺素计，mg）	1～3	0.1	0.6	补充维生素 B₁
					4～6	0.2	1.5	
					7～10	0.2	1.5	
					11～13	0.3	2.0	
					14～17	0.3	2.0	
	硝酸硫胺素	中国药典《硝酸硫胺》	所有人群		成人	0.5	20.0	
					孕妇	0.3	2.5	
					乳母	0.3	2.5	
维生素 B₂	核黄素	GB 14752《维生素 B₂（核黄素）》	所有人群	维生素 B₂（以核黄素计，mg）	1～3	0.1	0.6	补充维生素 B₂
					4～6	0.2	1.5	
					7～10	0.2	1.5	
					11～13	0.3	2.0	
					14～17	0.3	2.0	
	核黄素 5′-磷酸钠	GB 28301《核黄素 5′-磷酸钠》	所有人群		成人	0.5	20.0	
					孕妇	0.3	2.5	
					乳母	0.3	2.5	

续表

原料名称				每日用量				功效
营养素	化合物名称	标准依据	适用范围	功效成分	适宜人群	最低值	最高值	
维生素 B$_6$	盐酸吡哆醇	GB 14753《维生素 B$_6$（盐酸吡哆醇）》	所有人群	维生素 B$_6$（以吡哆醇计，mg）	1～3	0.1	0.6	补充维生素 B$_6$
					4～6	0.2	1.5	
					7～10	0.2	1.5	
					11～13	0.3	2.0	
					14～17	0.3	2.0	
					成人	0.5	10.0	
					孕妇	0.3	2.5	
					乳母	0.3	2.5	
维生素 B$_{12}$	氰钴胺	中国药典《维生素 B$_{12}$》	所有人群	维生素 B$_{12}$（以钴胺素计，μg）	1～3	0.2	1.0	补充维生素 B$_{12}$
					4～6	0.2	1.5	
					7～10	0.3	2.0	
					11～13	0.4	2.5	
					14～17	0.5	3.0	
					成人	0.5	10.0	
					孕妇	0.6	5.0	
					乳母	0.6	5.0	
烟酸（尼克酸）	烟酸	GB 14757《烟酸》	所有人群	烟酸（以烟酸计，mg）	1～3	1.0	5.0	补充烟酸
					4～6	1.5	7.5	
					7～10	2.0	10.0	
					11～13	2.5	12.0	
					14～17	3.0	15.0	
					成人	3.0	15.0	
					孕妇	2.5	15.0	
					乳母	3.0	15.0	
	烟酰胺	中国药典《烟酰胺》	所有人群	烟酰胺（以烟酰胺计，mg）	1～3	1.0	7.0	
					4～6	1.5	9.0	
					7～10	2.0	13.0	
					11～13	2.5	15.0	
					14～17	3.0	18.0	
					成人	3.0	50.0	
					孕妇	2.5	15.0	
					乳母	3.0	18.0	

续表

营养素	化合物名称	标准依据	适用范围	功效成分	适宜人群	最低值	最高值	功效
		原料名称			每日用量			
叶酸	叶酸	GB 15570《叶酸》	所有人群	叶酸（以叶酸计，μg）	1～3	30	150	补充叶酸
					4～6	40	200	
					7～10	50	250	
					11～13	70	350	
					14～17	80	400	
					成人	80	500	
					孕妇	110	500	
					乳母	110	500	
生物素	D-生物素	国家药品标准 WS-10001-(HD-1052)-2002《D-生物素》	所有人群	生物素（以生物素计，μg）	1～3	3	15	补充生物素
					4～6	4	25	
					7～10	5	30	
					11～13	7	45	
					14～17	8	50	
					成人	10	100	
					孕妇	8	50	
					乳母	10	60	
胆碱	酒石酸胆碱	国家药品标准 WS-10001-(HD-1250)-2002《重酒石酸胆碱》	所有人群	胆碱（以胆碱计，mg）	1～3	40	240	补充胆碱
					4～6	50	300	
					7～10	60	400	
					11～13	80	500	
					14～17	90	600	
					成人	100	1000	
					孕妇	80	500	
					乳母	100	700	
维生素C	L-抗坏血酸	GB 14754《维生素 C（抗坏血酸）》	所有人群	维生素C（以L-抗坏血酸计，mg）	1～3	6	60	补充维生素C
					4～6	10	100	
	L-抗坏血酸钠	GB 1886.44《抗坏血酸钠》	所有人群		7～10	10	100	
					11～13	15	150	
	L-抗坏血酸钙	GB 1886.43《抗坏血酸钙》	所有人群		14～17	20	200	
					成人	30	500	
	抗坏血酸棕榈酸酯	GB 1886.230《抗坏血酸棕榈酸酯》	4 岁以上人群		孕妇	25	250	
					乳母	30	300	

续表

原料名称				功效成分	每日用量			功效
营养素	化合物名称	标准依据	适用范围		适宜人群	最低值	最高值	
维生素K	维生素 K₁	中国药典《维生素 K₁》	所有人群	维生素 K（以植物甲萘醌计，μg）	4～6	10	60	补充维生素 K
					7～10	10	70	
					11～13	15	90	
					14～17	15	100	
					成人	15	100	
					孕妇	15	100	
	维生素 K₂（发酵法）	卫生计生委公告 2016 年第 8 号	所有人群		乳母	15	100	
泛酸	D-泛酸钙	中国药典《泛酸钙》	所有人群	泛酸（以泛酸计，mg）	1～3	0.4	2.0	补充泛酸
					4～6	0.5	5.0	
					7～10	0.7	7.0	
					11～13	0.9	9.0	
					14～17	1.0	10.0	
					成人	1.0	20.0	
					孕妇	1.0	10.0	
					乳母	1.0	10.0	
维生素 E	D-α-生育酚	GB 1886.233《维生素 E》	所有人群	维生素 E（以 d-α-生育酚计，mg）	4～6	1.5	9.0	补充维生素 E
	D-α-醋酸生育酚		所有人群		7～10	2.0	14.0	
	D-α-琥珀酸生育酚		所有人群		11～13	3.0	25.0	
	dl-α-醋酸生育酚	GB 14756《维生素 E（dl-α-醋酸生育酚）》	所有人群		14～17	3.0	25.0	
			所有人群		成人	5.0	150	
	dl-α-生育酚	GB 29942《维生素 E（dl-α-生育酚）》	4 岁以上人群		孕妇	3.0	25.0	
	维生素 E 琥珀酸钙	GB 1903.6《维生素 E 琥珀酸钙》			乳母	4.0	30.0	

208　依法应当注册的保健食品，注册时应当提交哪些材料？

　　《食品安全法》第七十七条第一款规定："依法应当注册的保健食品，注册时应当提交保健食品的研发报告、产品配方、生产工艺、安全性和保健功能评价、标签、说明书等材料及样品，并提供相关证明文件。……"《保健食品注册与备案管理办法》第十二条规定："申请保健食品注册应当提交下列材料：（一）保健食品注册申请表，以及申请人对申请材料真实性负责的法律责任承诺书；（二）注册申请人主体登记证明文件复印件；（三）产品研发报告，包括研发人、研发时间、研制过程、中试规模以上的验证数据，目录外原料及产品安全性、保健功能、质量可控性的论证报告和相关科学依据，以及根据研发结果综合确定的产品技术要求等；（四）产品配方材料，包括原料和辅料的名称及用量、生产工艺、质量标准，必要时还应当按照规定提供原料使用依据、使用部位的说明、检验合格证明、品种鉴定报告等；（五）产品生产工艺材料，包括生产工艺流程简图及说明，关键工艺控制点及说明；（六）安全性和保健功能评价材料，包括目录外原料及产品的安全性、保健功能试验评价材料，人群食用评价材料；功效成分或者标志性成分、卫生学、稳定性、菌种鉴定、菌种毒力等试验报告，以及涉及兴奋剂、违禁药物成分等检测报告；（七）直接接触保健食品的包装材料种类、名称、相关标准等；（八）产品标签、说明书样稿；产品名称中的通用名与注册的药品名称不重名的检索材料；（九）3 个最小销售包装样品；（十）其他与产品注册审评相关的材料。"

保健食品注册是从申请人申请开始的，申请人提出相关申请时需要提交申请材料和相关证明材料。具体来说注册时需要提交：研发报告、产品配方、生产工艺、安全性和保健功能评价、标签、说明书等材料及样品，并提供相关证明文件。研发报告是指反映整个研发过程和思路的研究综述。配方是指在产品生产时使用，并存在于最终产品中的原料、辅料的品种及用量。生产工艺应提供生产工艺简图及其详细说明和相关的研究资料。生产工艺简图包括所有的生产工艺路线、环节和主要的技术参数，并标明生产各工序的卫生洁净级别。安全性和保健功能评价材料指检验机构出具的安全性毒理学试验报告；功能学试验报告；兴奋剂、违禁药物成分等检测报告；功效成分或标志性成分试验报告；稳定性试验报告；卫生学试验报告；其他检验报告。保健食品标签、说明书样稿的内容应当规范、详细、完整，并能准确反映产品信息，正确指导消费者合理使用，并应当按照国家发布的相关规定适时进行调整。样品是指申请人根据申请材料组织试制的产品。

209 法定要求哪些保健食品需要备案？

《食品安全法》第七十六条第一款规定："……，首次进口的保健食品中属于补充维生素、矿物质等营养物质的，应当报国务院食品安全监督管理部门备案。其他保健食品应当报省、自治区、直辖市人民政府食品安全监督管理部门备案。"《保健食品注册与备案管理办法》第四十五条规定："生产和进口下列保健食品应当依法备案：（一）使用的原料已经列入保健食品原料目录的保健食品；（二）首次进口的属于补充维生素、矿物质等营养物质的保健食品。首次进口的属于补充维生素、矿物质等营养物质的保健食品，其营养物质应当是列入保健食品原料目录的物质。"

可见，对补充维生素、矿物质等营养物质的保健食品，单一配方、产品安全性和保健功能能够量化评价，相关原料已列入保健食品原料目录的产品，国家实行备案管理。

210 依法应当备案的保健食品，备案时应当提交哪些材料？

《食品安全法》第七十七条第二款规定："依法应当备案的保健食品，备案时应当提交产品配方、生产工艺、标签、说明书以及表明产品安全性和保健功能的材料。"

《保健食品注册与备案管理办法》第四十八条规定："申请保健食品备案，应当提交下列材料：（一）保健食品备案登记表，以及备案人对提交材料真实性负责的法律责任承诺书。（二）备案人主体登记证明文件复印件。（三）产品技术要求材料。（四）具有合法资质的检验机构出具的符合产品技术要求全项目检验报告。（五）其他表明产品安全性和保健功能的材料。（六）产品配方材料，包括原料和辅料的名称及用量、生产工艺、质量标准，必要时还应当按照规定提供原料使用依据、使用部位的说明、检验合格证明、品种鉴定报告等。（七）产品生产工艺材料，包括生产工艺流程简图及说明，关键工艺控制点及说明。（八）安全性和保健功能评价材料，包括目录外原料及产品的安全性、保健功能试验评价材料，人群食用评价材料；功效成分或者标志性成分、卫生学、稳定性、菌种鉴定、菌种毒力等试验报告，以及涉及兴奋剂、违禁药物成分等检测报告。（九）直接接触保健食品的包装材料种类、名称、相关标准等。（十）产品标签、说明书样稿；产品名称中的通用名与注册的药品名称不重名的检索材料。"

《保健食品注册与备案管理办法》第四十九条规定，申请进口保健食品备案的，除提交本办法第四十八条规定的材料外，还应当提交本办法第十三条第一款（一）、（二）、（三）、（四）项和第二款规定的相关材料。

因此，依法应当备案的保健食品，备案时应当按照《保健食品注册与备案管理办法》的规定提交相关材料。

211 法定要求保健食品的标签怎么标示？

《食品安全法》第七十八条规定："保健食品的标签、说明书不得涉及疾病预防、治疗功能，内容应当真实，与注册或者备案的内容相一致，载明适宜人群、不适宜人群、功效成分或者标志性成分及其含量等，并声明'本品不能代替药物'。保健食品的功能和成分应当与标签、说明书相一致。"

保健食品的保健功能不同于药品的治疗和预防功能，是在正常合理饮食的基础上，对人体健康有辅助的、有益的作用。为避免消费者将保健食品与药品混淆，以及防止保健食品在生产经营过程中的误导宣传，在保健食品标签、说明书中要求不得涉及疾病预防、治疗功能，并声明"本品不能代替药物"。

212 保健食品的"标志"——小蓝帽是怎么规定的？

《保健食品管理办法》（1996 年 6 月 1 日起实施）第二十一条第六项规定，保健食品标签和说明书必须符合国家有关标准和要求，并标明保健食品标志。保健食品标志指小蓝帽。国家卫生计生委公告（2016 年第 1 号），在现行有效部门规章目录中已经没有《保健食品管理办法》，说明该办法现无法定效力。

213 销售标签涉及疾病预防、治疗功能的保健食品，应当承担什么法律责任？

情景再现：2019 年 3 月 20 日，某食品安全监管部门依法检查某大型商场、超市（以下简称"当事人"），发现其保健食品销售区货架上摆放了 10 盒某胶囊（保健食品批准文号：国食健字 G2014××××；生产者名称：某生物科技有限公司；其他事项视为合格），保健食品外包装标签上标示有"降糖专用"字样。经查证，违法经营的标有"降糖专用"字样的保健食品某胶囊货值金额二万元，违法所得一万元。

法律分析：《食品安全法》第七十八条规定："保健食品的标签、说明书不得涉及疾病预防、治疗功能，内容应当真实，……"批准文号为国食健字 G2014×××
×的某胶囊属于保健食品，其标签上标有"降糖专用"字样，"降糖专用"已涉及疾病治疗。因此，保健食品某胶囊标签上标示有"降糖专用"字样的行为违反了《食品安全法》第七十八条的规定。

《食品安全法》第一百二十五条第一款第二项规定："违反本法规定，有下列情形之一的，由县级以上人民政府食品安全监督管理部门没收违法所得和违法生产经营的食品、食品添加剂，并可以没收用于违法生产经营的工具、设备、原料等物品；违法生产经营的食品、食品添加剂货值金额不足一万元的，并处五千元以上五万元以下罚款；货值金额一万元以上的，并处货值金额五倍以上十倍以下罚款；情节严重的，责令停产停业，直至吊销许可证；……（二）生产经营……或者标签、……不符合本法规定的食品、……"销售标签上标有"降糖专用"字样的某胶囊已构成了经营标签不符合《食品安全法》第七十八条规定的食品的违法行为，符合《食品安全法》第一百二十五条第一款第二项的情形，应当依据《食品安全法》第一百二十五条第一款第二项的规定给予当事人没收违法所得和违法经营的食品，并处罚款的行政处罚；情节严重的，责令停产停业，直至吊销许可证。

因此，销售标签涉及疾病预防、治疗功能的保健食品应当依据《食品安全法》

第一百二十五条第一款第二项的规定给予当事人没收违法所得和违法经营的食品，并处罚款的行政处罚；情节严重的，责令停产停业，直至吊销许可证。

214 保健食品的名称是怎么规定的？

为保证保健食品命名科学、规范，维护消费者合法权益，《保健食品注册与备案管理办法》第五十六条规定，保健食品的名称由商标名、通用名和属性名组成。商标名，是指保健食品使用依法注册的商标名称或者符合《商标法》规定的未注册的商标名称，用以表明其产品是独有的、区别于其他同类产品。通用名，是指表明产品主要原料等特性的名称。属性名，是指表明产品剂型或者食品分类属性等的名称。

保健食品名称不得含有下列内容：①虚假、夸大或者绝对化的词语。②明示或者暗示预防、治疗功能的词语。③庸俗或者带有封建迷信色彩的词语。④人体组织器官等词语。⑤除"®"之外的符号。⑥其他误导消费者的词语。保健食品名称不得含有人名、地名、汉语拼音、字母及数字等，但注册商标作为商标名、通用名中含有符合国家规定的含字母及数字的原料名除外。

为指导保健食品命名，2012 年原国家食品药品监督管理总局发布了《保健食品命名规定和命名指南》（国食药监保化〔2012〕78 号）。《保健食品命名指南》明确了在保健食品名称中禁止表达的词意或使用的词语：一是虚假性词意。如产品中使用化学合成的原料或只使用部分天然产物成分的，表述为"天然"等字样，或名称中含有祖传、御制、秘制、宫廷、精制等溢美之词的。二是夸大性词意。如宝、灵、精、强力、特效、全效、强效、奇效、高效、速效、神效等不切实际的用语。三是绝对化词意。如最、第一、全面、全方位、特级、顶级、冠级、极致、超凡等。四是明示或暗示治疗作用的词语，如处方、复方、药、医、治疗、消炎、抗炎、活血、祛瘀、止咳、解毒、各种疾病名称等。五是人名，包括医学名人，如华佗、扁鹊、张仲景、李时珍等。六是地名，包括中华、中国、华夏等。七是与产品特性没有关联，消费者不易理解的词语，如纳米、基因、太空等。八是庸俗或带有封建迷信色彩的词语，如性、神、仙、神丹等。九是人体组织、器官、细胞等词语，如脑、眼、心等。十是超范围声称产品功能，如补铁类营养素补充剂不能命名为补血或改善营养性贫血。十一是其他误导消费者的词语，如使用谐音字或形似字足以造成消费者误解的。

215 保健食品注册号、备案号是怎么规定的？

《保健食品注册与备案管理办法》第四十三条规定："国产保健食品注册号格式为：国食健注 G＋4 位年代号＋4 位顺序号；进口保健食品注册号格式为：国食健注 J＋4 位年代号＋4 位顺序号。"第五十一条规定："……国产保健食品备案号格式为：食健备 G＋4 位年代号＋2 位省级行政区域代码＋6 位顺序编号；进口保健食品备案号格式为：食健备 J＋4 位年代号＋00＋6 位顺序编号。"

由于《保健食品注册与备案管理办法》是 2016 年 7 月 1 日起施行的。因此，2016 年 7 月 1 日以后注册或备案的保健食品，国产保健食品注册号格式为：国食健注 G＋4 位年代号＋4 位顺序号；国产保健食品备案号格式为：食健备 G＋4 位年代号＋2 位省级行政区域代码＋6 位顺序编号；进口保健食品注册号格式为：国食健注 J＋4 位年代号＋4 位顺序号；进口保健食品备案号格式为：食健备 J＋4 位年代号＋00＋6 位顺序编号。如某国产保健食品维 C 咀嚼片的备案号为食健备 G201841××××××，某进口保健食品维生素 E 软胶囊的备案号为食健备 J201900××××××。

216 保健食品中可能非法添加的物质名单（第一批）中有哪些物质？

关于发布保健食品中可能非法添加的物质名单（第一批）的通知（食药监办保化〔2012〕33 号）明确保健食品中可能非法添加的物质（第一批）如下（见表12）：

表 12 保健食品中可能非法添加的物质

序号	保健功能	可能非法添加物质名称
1	声称减肥功能产品	西布曲明、麻黄碱、芬氟拉明
2	声称辅助降血糖（调节血糖）功能产品	甲苯磺丁脲、格列苯脲、格列齐特、格列吡嗪、格列喹酮、格列美脲、马来酸罗格列酮、瑞格列奈、盐酸吡格列酮、盐酸二甲双胍、盐酸苯乙双胍
3	声称缓解体力疲劳（抗疲劳）功能产品	那红地那非、红地那非、伐地那非、羟基豪莫西地那非、西地那非、豪莫西地那非、氨基他打拉非、他达拉非、硫代艾地那非、伪伐地那非和那莫西地那非等 PDE 5 型（磷酸二酯酶 5 型）抑制剂
4	声称增强免疫力（调节免疫）功能产品	那红地那非、红地那非、伐地那非、羟基豪莫西地那非、西地那非、豪莫西地那非、氨基他打拉非、他达拉非、硫代艾地那非、伪伐地那非和那莫西地那非等 PDE 5 型（磷酸二酯酶 5 型）抑制剂
5	声称改善睡眠功能产品	地西泮、硝西泮、氯硝西泮、氯氮䓬、奥沙西泮、马来酸咪哒唑仑、劳拉西泮、艾司唑仑、阿普唑仑、三唑仑、巴比妥、苯巴比妥、异戊巴比妥、司可巴比妥、氯美扎酮
6	声称辅助降血压（调节血脂）功能产品	阿替洛尔、盐酸可乐定、氢氯噻嗪、卡托普利、哌唑嗪、利血平、硝苯地平

217 法定要求特殊医学用途配方食品如何注册？

《食品安全法》第八十条第一款规定："特殊医学用途配方食品应当经国务院食品安全监督管理部门注册。注册时，应当提交产品配方、生产工艺、标签、说明书以及表明产品安全性、营养充足性和特殊医学用途临床效果的材料。"

特殊医学用途配方食品具有目标人群特殊、配方以医学和营养学的研究结果为依据并且其安全性、营养充足性以及临床效果需经科学证实等特点、要求，其产品配方、生产过程、生产条件和标签标识应当严格审批。因此，《食品安全法》规定，特殊医学用途配方食品应当经国务院食品安全监督管理部门注册。注册时，企业应当提交产品配方、生产工艺、标签、说明书以及表明产品安全性、营养充足性和特殊医学用途临床效果的材料。

为规范特殊医学用途配方食品注册行为，加强注册管理，保证特殊医学用途配方食品质量安全，《特殊医学用途配方食品注册管理办法》详细规定了特殊医学用途配方食品注册申请人应当具备的条件，注册时应提交的材料，对符合规定条件做出准予注册决定的，颁发、送达特殊医学用途配方食品注册证书。特殊医学用途配方食品注册号的格式为：国食注字 TY＋4 位年代号＋4 位顺序号，其中 TY 代表特殊医学用途配方食品。

218 常见特定全营养配方食品有哪些？

《特殊医学用途配方食品通则》规定常见特定全营养配方食品包括：一是糖尿病全营养配方食品；二是呼吸系统疾病全营养配方食品；三是肾病全营养配方食品；四是肿瘤全营养配方食品；五是肝病全营养配方食品；六是肌肉衰减综合征全营养配方食品；七是创伤、感染、手术及其他应激状态全营养配方食品；八是炎性肠病全营养配方食品；九是食物蛋白过敏全营养配方食品；十是难治性癫痫全营养配方食品；十一是胃肠道吸收障碍、胰腺炎全营养配方食品；十二是脂肪酸代谢异常全营养配方食品；十三是肥胖、减脂手术全营养配方食品。

219 特殊医学用途配方食品标签应符合哪些要求？

特殊医学用途配方食品是为了满足进食受限、消化吸收障碍、代谢紊乱或特定疾病状态人群对营养素或膳食的特殊需要，专门加工配制而成的配方食品。其标签标示不同于普通预包装食品的标签标示。《特殊医学用途配方食品通则》规定特殊医学用途配方食品标签应符合以下要求：一是产品标签应符合 GB 13432 的规定。营养素和可选择成分含量标识应增加"每 100 千焦（/100kJ）"含量的标示。二是标签中应对产品的配方特点或营养学特征进行描述，并应标示产品的类别和适用人群，同时还应标示"不适用于非目标人群使用"。三是标签中应在醒目位置标示"请在医生或临床营养师指导下使用"。四是标签中应标示"本品禁止用于肠外营养支持和静脉注射"。

GB 13432 指 GB 13432—2013《食品安全国家标准 预包装特殊膳食用食品标签》，此标准属于食品安全国家标准，标准中规定了预包装特殊膳食用食品标签的基本要求，强制标示内容，能量和营养成分的标示等内容，适用于所有预包装特殊膳食用食品的标签（含营养标签）。特殊医学用途配方食品必须在医生或临床营养师指导下，单独食用或与其他食品配合食用。

220 特殊膳食用食品能量和营养成分的标示要求？

能量和营养成分的含量是特殊膳食用食品与普通食品区别的主要特征，其含量标示是特殊膳食用食品标签上最重要的部分之一。特殊膳食用食品的能量和营养成分含量应符合相应产品标准的要求，并应在标签上如实标示。

以婴儿配方食品为例，产品标签中除应标示能量、蛋白质、脂肪、糖类和钠的含量外，还应标示《食品安全国家标准婴儿配方食品》（GB 10765—2010）中规定的必需成分的含量。如婴儿配方产品依据 GB 10765—2010 或《食品营养强化剂使用标准》以及卫生计生委和/或原卫生部有关公告，添加了可选择性成分或强化了某些物质，则还应标示这些成分及其含量。

GB 10765—2010 中脚注部分及营养素比值（如亚油酸与 α-亚麻酸比值、钙磷比值、乳基婴儿配方食品中乳清蛋白含量的比例、脂肪中月桂酸和肉豆蔻酸总量占总脂肪酸的比例、乳糖占糖类总量的比例等）不要求强制标示，企业可以自愿选择是否标示。GB 13432—2013 对能量和营养成分标示的名称、顺序、单位、修约间隔等不做强制要求，企业应在参考相关标准的基础上真实、客观标示。

221 销售的特殊食品的标签与注册的标签不一致，应当承担什么法律责任？

《食品安全法实施条例》第三十九条第一款规定："特殊食品的标签内容应当与注册的标签一致。销售特殊食品，应当核对食品标签内容是否与注册的标签一致，不一致的不得销售。"《食品安全法实施条例》第六十八条第四项规定："有下列情形之一的，依照《食品安全法》第一百二十五条第一款、本条例第七十五条的规定给予处罚：……（四）生产经营的特殊食品的标签、说明书内容与注册或者备案的标签、说明书不一致。"

因此，销售的特殊食品的标签与注册的标签不一致的行为违反了《食品安全法实施条例》第三十九条第一款的规定，符合《食品安全法实施条例》第六十八条第四项的情形，应当依据《食品安全法实施条例》第六十八条第四项的规定给予当事人处罚。

222 销售的某婴儿配方食品被包装材料污染，应当承担什么法律责任？

情景再现：2019 年 6 月 20 日，某食品安全监管部门（以下简称"办案单位"）依法抽检某孕婴用品店（以下简称"当事人"）销售的某特殊医学用途婴儿配方食品（规格型号：400g/罐；生产日期：2019 年 4 月 19 日）。经检验，三聚氰胺项目不符合《卫生部、工业和信息化部、农业部、工商总局、质检总局公告》

（2011 年第 10 号）要求，实测值为 1.5mg/kg，标准限量值为 1mg/kg。经查证，不合格原因为被包装材料污染。经某食品检验机构依法复检，复检结论与初检结论相同。

　　法律分析：《卫生部、工业和信息化部、农业部、工商总局、质检总局公告》（2011 年第 10 号）明确，三聚氰胺不是食品原料，也不是食品添加剂，禁止人为添加到食品中。对在食品中人为添加三聚氰胺的，依法追究法律责任。三聚氰胺作为化工原料，可用于塑料、涂料、黏合剂、食品包装材料的生产。资料表明，三聚氰胺可能从环境、食品包装材料等途径进入食品中，但其含量很低。为确保人体健康和食品安全，根据《食品安全法》及其实施条例规定，在《总结乳与乳制品中三聚氰胺临时管理限量值公告》（2008 年第 25 号公告）实施情况基础上，考虑到国际食品法典委员会已提出食品中三聚氰胺限量标准，特制定我国三聚氰胺在食品中的限量值。婴儿配方食品中三聚氰胺的限量值为 1mg/kg，其他食品中三聚氰胺的限量值为 2.5mg/kg，高于上述限量值的食品一律不得销售。

　　《食品安全法》第三十四条第九项规定："禁止生产经营下列食品、食品添加剂、食品相关产品：……（九）被包装材料、容器、运输工具等污染的食品、食品添加剂；……"《食品安全法》第一百二十五条第一款第一项规定："违反本法规定，有下列情形之一的，由县级以上人民政府食品安全监督管理部门没收违法所得和违法生产经营的食品、食品添加剂，并可以没收用于违法生产经营的工具、设备、原料等物品；违法生产经营的食品、食品添加剂货值金额不足一万元的，并处五千元以上五万元以下罚款；货值金额一万元以上的，并处货值金额五倍以上十倍以下罚款；情节严重的，责令停产停业，直至吊销许可证：（一）生产经营被包装材料、容器、运输工具等污染的食品、食品添加剂；……"

　　因此，销售被包装材料污染的某婴儿配方食品的行为违反了《食品安全法》第三十四条第九项的规定，符合《食品安全法》第一百二十五条第一款第一项的情形，应当依据《食品安全法》第一百二十五条第一款第一项的规定没收违法所得和违法生产经营的食品，并处罚款的行政处罚。

223　特殊食品与普通食品能否混放销售？

　　《食品安全法实施条例》第三十九条第二款规定："特殊食品不得与普通食品混放销售。"《食品安全法实施条例》第六十九条第五项规定："有下列情形之一的，依照《食品安全法》第一百二十六条第一款、本条例第七十五条的规定给予处罚：……（五）将特殊食品与普通食品混放销售。"

　　可见，特殊食品与普通食品混放销售的行为违反了《食品安全法实施条例》第三十九条第二款的规定，符合《食品安全法实施条例》第六十九条第五项的情形，应当依据《食品安全法实施条例》第六十九条第五项的规定给予处罚。因此，特殊食品不得与普通食品混放销售。

224 能否以分装方式生产婴幼儿配方乳粉？同一企业能否用同一配方生产不同品牌的婴幼儿配方乳粉？

《食品安全法》第八十一条第五款规定："不得以分装方式生产婴幼儿配方乳粉，同一企业不得用同一配方生产不同品牌的婴幼儿配方乳粉。"

婴幼儿配方乳粉生产企业仅有包装场地、工序、设备，不具备完整的生产工艺条件的，属于分装行为，不得生产婴幼儿配方食品。同时，生产企业不得对已经符合 GB 10765—2010《食品安全国家标准 婴儿配方食品》、GB 10767—2010《食品安全国家标准 较大婴儿和幼儿配方食品》和 GB 25596—2010《特殊医学用途婴儿配方食品通则》规定的婴幼儿配方食品成品直接进行包装，或者改变包装、标签生产婴幼儿配方食品。

《食品安全法》第八十一条第四款规定了婴幼儿配方乳粉产品配方的注册制度。规定申请注册时，应当提交配方研发报告以及其他表明配方科学性、安全性的材料，国家总局负责组织产品配方注册工作，向社会依法公布注册情况，保障婴幼儿配方乳粉科学、安全，避免同一企业用同一配方生产不同品牌的婴幼儿配方乳粉。根据婴幼儿配方乳粉原辅料的复杂精细性和食用人群的特殊性，为规范婴幼儿配方乳粉生产经营行为，提升企业自主研发和质量安全保障能力，切实保障婴幼儿身体健康和生命安全，因此法定要求不能以分装方式生产婴幼儿配方乳粉，同一企业不能用同一配方生产不同品牌的婴幼儿配方乳粉。

第六章

》》 食品检验

225 法定要求哪些食品需要检验？

《食品安全法》第一百一十条第二项规定："县级以上人民政府食品安全监督管理部门履行食品安全监督管理职责，有权采取下列措施，对生产经营者遵守本法的情况进行监督检查：……（二）对生产经营的食品、食品添加剂、食品相关产品进行抽样检验；……"《食品安全法》第八十七条规定："县级以上人民政府食品安全监督管理部门应当对食品进行定期或者不定期的抽样检验，并依据有关规定公布检验结果，不得免检。进行抽样检验，应当购买抽取的样品，委托符合本法规定的食品检验机构进行检验，并支付相关费用；不得向食品生产经营者收取检验费和其他费用。"

由此可知，凡是食品生产经营者生产经营的食品，食品安全监管部门都可以依法对其进行抽样检验，如食品生产者生产经营的小麦粉、各种食用植物油、酱油、食醋等；超市、商场经营的乳粉、罐头、饼干等；学校食堂、饭店加工制作的馒头、花卷、酱卤肉制品等。同时法律规定任何单位不得免检。

226 食品生产企业不建立食品出厂检验记录，应当承担什么法律责任？

《食品安全法》第五十一条规定："食品生产企业应当建立食品出厂检验记录制度，查验出厂食品的检验合格证和安全状况，如实记录食品的名称、规格、数量、生产日期或者生产批号、保质期、检验合格证号、销售日期以及购货者名称、地址、联系方式等内容，并保存相关凭证。记录和凭证保存期限不得少于产品保质期满后六个月；没有明确保质期的，保存期限不得少于二年。"《食品安全法》第一百二十六条第一款第三项规定："违反本法规定，有下列情形之一的，由县级以上人民政府食品安全监督管理部门责令改正，给予警告；拒不改正的，处五千元以上五万元以下罚款；情节严重的，责令停产停业，直至吊销许可证；……（三）食品、食品添加剂生产经营者进货时未查验许可证和相关证明文件，或者未按规定建立并遵守进货查验记录、出厂检验记录和销售记录制度；……"

由此可知，食品生产企业不建立食品出厂检验记录的行为违反了《食品安全法》第五十一条的规定，符合《食品安全法》第一百二十六条第一款第三项的情形，应当依据《食品安全法》第一百二十六条第一款第三项的规定责令其改正违法行为，给予警告处罚；拒不改正的，处五千元以上五万元以下罚款；情节严重的，责令停产停业，直至吊销许可证。

227 对无法提供合格证明的食品原料，食品生产者需要检验吗？如不检验应当承担什么法律责任？

《食品安全法》第五十条规定："……；对无法提供合格证明的食品原料，应当按照食品安全标准进行检验；……"《食品安全法》第一百二十六条第一款第一项规定："违反本法规定，有下列情形之一的，由县级以上人民政府食品安全监督管理部门责令改正，给予警告；拒不改正的，处五千元以上五万元以下罚款；情节严重的，责令停产停业，直至吊销许可证：（一）食品、……生产者未按规定对采购的食品原料……进行检验；……"

由此可知，食品生产者采购食品原料，对无法提供合格证明的食品原料，应当按照食品安全标准进行检验。如不检验则违反了《食品安全法》第五十条的规定，符合《食品安全法》第一百二十六条第一款第一项的情形，应当依据《食品安全法》第一百二十六条第一款第一项的规定责令当事人改正违法行为，给予警告处罚；拒不改正的，处五千元以上五万元以下罚款；情节严重的，责令停产停业，直至吊销许可证。

228 食品生产企业能否自行对所生产的食品进行检验？

《食品安全法》第八十九条第一款规定："食品生产企业可以自行对所生产的食品进行检验，也可以委托符合本法规定的食品检验机构进行检验。"由此可知，食品生产企业可以自行对所生产的食品进行检验。但自行检验需要食品生产者具备相应的检验能力，并满足以下要求：一是有独立行使食品检验并具有质量否决权的内部检验机构。二是检验机构有健全的产品质量管理制度，包括岗位质量规范、质量责任以及相应的考核办法。三是检验机构具有相关产品技术标准要求的检验仪器和设备，能满足规定的精度、检测范围要求，且经过计量检定合格并在有效期内。四是检验机构有满足检验工作需要的员工数量，检验人员熟悉标准，经培训考核合格。五是能科学、公正、准确、及时提供检验报告，出具产品质量检验合格证明。符合以上要求并可以完成全部出厂检验项目的企业，可以确定为该企业具有检验能力。

229　学校、托幼机构等集中用餐单位食堂从供餐单位订餐需要查验吗?

《食品安全法》第五十七条第一款规定:"学校、托幼机构、……等集中用餐单位的食堂应当严格遵守法律、法规和食品安全标准;从供餐单位订餐的,应当从取得食品生产经营许可的企业订购,并按照要求对订购的食品进行查验。"

所谓食堂是指设于机关、学校、托幼机构、养老机构、建筑工地等地点,供应内部职工、学生等就餐的餐饮服务提供者。由于学校、托幼机构、养老机构、建筑工地等集中用餐单位就餐人数多、社会影响大、食品安全风险突出,提供用餐服务的食堂应当对从外订餐食品依法按要求进行查验。

230　什么是监督抽检?什么是风险监测?

《食品安全抽样检验管理办法》第五十二条规定,监督抽检是指市场监督管理部门按照法定程序和食品安全标准等规定,以排查风险为目的,对食品组织的抽样、检验、复检、处理等活动。

风险监测是指市场监督管理部门对没有食品安全标准的风险因素,开展监测、分析、处理的活动。

231　监督抽检的样品需要采取哪些措施?

《食品安全抽样检验管理办法》第十七条规定:"食品安全监督抽检中的样品分为检验样品和复检备份样品。现场抽样的,抽样人员应当采取有效的防拆封措施,对检验样品和复检备份样品分别封样,并由抽样人员和被抽样食品生产经营者签字或者盖章确认……"

因此,监督抽检的样品需要采取有效的防拆封措施,在现场分别封存检验样品和复检备份样品,并由抽样人员和被抽样食品生产经营者签字或者盖章确认。

232　法定要求"样品费"由谁支付?复检费用由谁支付?

《食品安全法》第八十七条规定:"县级以上人民政府食品安全监督管理部门应当对食品进行定期或者不定期的抽样检验……。进行抽样检验,应当购买抽取的样品……;不得向食品生产经营者收取检验费和其他费用。"

由此可知,抽样的"样品费"由监管部门负责支付。对食品实施抽样检验,是食品安全监管部门代表国家对食品安全进行监督检查的执法行为,其执法过程所需要的有关费用是由国家财政拨付的。

《食品安全抽样检验管理办法》第三十六条规定:"复检申请人应当向复检机构先行支付复检费用。复检结论与初检结论一致的,复检费用由复检申请人承担。复检结论与初检结论不一致的，复检费用由实施监督抽检的市场监督管理部门承担。复检费用包括检验费用和样品递送产生的相关费用。"

由此可知，监督抽检的复检费用由复检申请人先行支付。复检结论与初检结论一致的，复检费用由复检申请人承担；复检结论与初检结论不一致的，复检费用由实施监督抽检的市场监督管理部门承担。

233 监督抽检的样品由谁负责检验？

《食品安全法》第八十五条规定："食品检验由食品检验机构指定的检验人独立进行。检验人应当依照有关法律、法规的规定，并按照食品安全标准和检验规范对食品进行检验，尊重科学，恪守职业道德，保证出具的检验数据和结论客观、公正，不得出具虚假检验报告。"

因此，监督抽检的样品由食品检验机构指定的检验人负责检验。食品检验是保证食品安全的关键环节，同时也是食品安全监管的重要技术支撑。食品检验人是食品检验的直接执行者，检验人能否严格依法履行职责，对于检验结果的客观公正至关重要。所以，法定要求检验人必须依法、依规，按食品安全标准对食品进行检验，恪守职业道德，不得出具虚假检验报告。

234 不签字的抽样文书有法定效力吗？

《食品安全抽样检验管理办法》第十七条规定："……抽样人员应当保存购物票据，并对抽样场所、贮存环境、样品信息等通过拍照或者录像等方式留存证据。"第十九条规定："抽样人员应当使用规范的抽样文书，详细记录抽样信息。记录保存期限不得少于 2 年。现场抽样时，抽样人员应当书面告知被抽样食品生产经营者依法享有的权利和应当承担的义务。被抽样食品生产经营者应当在食品安全抽样文书上签字或者盖章，不得拒绝或者阻挠食品安全抽样工作。"

被抽样人应当按要求在抽样文书上签字，但是被抽样人不在抽样文书上签字，只要是监管部门依法抽取的样品，通过抽样人员对抽样场所、贮存环境、样品信息等拍照或者录像留存的证据，也能证明抽样过程、抽样样品的真实性、合法性。另外，被抽样人不在抽样文书上签字，监管部门还可以邀请见证人到场，由见证人签字。因此，不签字的抽样文书也具有法定效力。

235 无正当理由拒绝抽样应当承担什么法律责任？

《食品安全抽样检验管理办法》第四十七条规定："食品生产经营者违反本办法的规定，无正当理由拒绝、阻挠或者干涉食品安全抽样检验、风险监测和调查处理的，由县级以上人民政府市场监督管理部门依照《食品安全法》第一百三十三条第一款的规定处罚；违反《治安管理处罚法》有关规定的，由市场监督管理部门依法移交公安机关处理。……"《食品安全法》第一百三十三条规定："违反本法规定，拒绝、阻挠、干涉有关部门、机构及其工作人员依法开展食品安全监督检查、事故调查处理、风险监测和风险评估的，由有关主管部门按照各自职责分工责令停产停业，并处二千元以上五万元以下罚款；情节严重的，吊销许可证；构成违反治安管理行为的，由公安机关依法给予治安管理处罚。……"

因此，无正当理由拒绝抽样属于违法行为，符合《食品安全抽样检验管理办法》第四十七条的情形，应当按照《食品安全抽样检验管理办法》第四十七条的规定，依据《食品安全法》第一百三十三条的规定责令其停产停业，并处二千元以上五万元以下罚款；情节严重的，吊销许可证；构成违反治安管理行为的，由公安机关依法给予治安管理处罚。

236 法定要求多长时间出具检验报告？

《食品安全抽样检验管理办法》第二十条规定："现场抽样时，样品、抽样文书以及相关资料应当由抽样人员于 5 个工作日内携带或者寄送至承检机构，不得由被抽样食品生产经营者自行送样和寄送文书。……"第二十四条规定："……承检机构应当自收到样品之日起 20 个工作日内出具检验报告。市场监督管理部门与承检机构另有约定的，从其约定。"

因此，监督抽检的样品自抽样完成后，一般 25 个工作日内即可出具检验报告。

237 法定要求收到不合格检验结论后，应当采取哪些措施控制食品安全风险？

《食品安全抽样检验管理办法》第四十条规定："食品生产经营者收到监督抽检不合格检验结论后，应当立即采取封存不合格食品，暂停生产、经营不合格食品，通知相关生产经营者和消费者，召回已上市销售的不合格食品等风险控制措施，排查不合格原因并进行整改，及时向住所地市场监督管理部门报告处理情况，积极配合市场监督管理部门的调查处理，不得拒绝、逃避。……"

因此，收到监督抽检不合格检验结论后，应当立即采取封存不合格食品，暂停生产、经营不合格食品，通知相关生产经营者和消费者，召回已上市销售的不合格食品等风险控制措施，排查不合格原因并进行整改，及时向监管部门报告。

238 对抽样产品真实性有异议应当怎么处理？

《食品安全抽样检验管理办法》第三十七条第三款规定："对样品真实性、检验方法、标准适用等事项有异议的，申请人应当自收到不合格结论通知之日起 7 个工作日内，向组织实施监督抽检的市场监督管理部门提出书面申请，并提交相关证明材料。"

由此可知，对样品真实性等事项有异议的，申请人应当自收到不合格结论通知之日起 7 个工作日内，向抽样市场监管部门提出书面申请，并提交相关证明材料。

239 法定要求对检验结论有异议应当怎么处理？

《食品安全法》第八十八条第一款规定："对依照本法规定实施的检验结论有异议的，食品生产经营者可以自收到检验结论之日起七个工作日内向实施抽样检验的食品安全监督管理部门或者其上一级食品安全监督管理部门提出复检申请，由受理复检申请的食品安全监督管理部门在公布的复检机构名录中随机确定复检机构进行复检。复检机构出具的复检结论为最终检验结论。复检机构与初检机构不得为同一机构。复检机构名录由国务院认证认可监督管理、食品安全监督管理、卫生行政、农业行政等部门共同公布。"

因此，食品生产经营者对检验结论有异议的，可以自收到检验结论之日起七个工作日内向实施抽样检验的食品安全监督管理部门或者其上一级食品安全监督管理部门提出复检申请，然后由受理复检申请的监管部门在公布的复检机构名录中随机确定复检机构进行复检。为保证复检的公正性，法律规定复检机构名录由国务院认证认可监督管理、食品安全监督管理、卫生行政、农业行政等部门共同公布。这意味着并不是任何一家有资质的食品检验机构都可以成为复检机构。

240 复检备份样品由谁负责保存？保存期限有哪些规定？

《食品安全抽样检验管理办法》第二十五条规定："食品安全监督抽检的检验结论合格的，承检机构应当自检验结论作出之日起 3 个月内妥善保存复检备份样品。复检备份样品剩余保质期不足 3 个月的，应当保存至保质期结束。检验结论不合格的，承检机构应当自检验结论作出之日起 6 个月内妥善保存复检备份样品。复检备份样品剩余保质期不足 6 个月的，应当保存至保质期结束。"

因此，复检备份样品由承检机构负责保存，检验结论合格的，自合格之日起保存 3 个月；检验结论不合格的，自不合格之日起保存 6 个月，剩余保质期不足的，保存至保质期结束。

241 不予复检的情形有哪些？

《食品安全抽样检验管理办法》第三十一条规定："有下列情形之一的，不予复检：（一）检验结论为微生物指标不合格的；（二）复检备份样品超过保质期的；（三）逾期提出复检申请的；（四）其他原因导致备份样品无法实现复检目的的；（五）法律、法规、规章以及食品安全标准规定的不予复检的其他情形。"

对依照《食品安全法》规定实施的检验结论有异议的，食品生产经营者都可以按规定提出复检申请。由于抽取的食品类别不同、每一品种检验的项目也不同，有的需要检验重金属，有的需要检验微生物，有的需要检验食品添加剂等。在实际检验过程中总有一些特殊情况出现，如有的食品保质期短，需要复检时已超过保质期，这种情况下就不适合再复检；有些备份样品因为其他原因可能无法实现复检目的，这种情况也不适合再复检等。因此，不予复检的情形有：①检验结论为微生物指标不合格的；②复检备份样品超过保质期的；③逾期提出复检申请；④其他原因导致备份样品无法实现复检目的的；⑤法律、法规、规章以及食品安全标准规定的不予复检的其他情形。

242　公布监督抽检结果和不合格食品核查处置信息有什么规定？

《食品安全抽样检验管理办法》第四十六条规定，市场监督管理部门应当通过政府网站等媒体及时向社会公布监督抽检结果和不合格食品核查处置的相关信息，并按照要求将相关信息记入食品生产经营者信用档案。市场监督管理部门公布食品安全监督抽检不合格信息，包括被抽检食品名称、规格、商标、生产日期或者批号、不合格项目，标称的生产者名称、地址，以及被抽样单位名称、地址等。

243　什么是不安全食品？

不安全食品是指食品安全法律、法规规定禁止生产经营的食品以及其他有证据证明可能危害人体健康的食品。如添加药品的食品；用回收食品作为原料生产的食品；农药残留、兽药残留、重金属等含量超过食品安全标准限量的食品；超范围、超限量使用食品添加剂的食品；腐败变质、油脂酸败或者感官性状异常的食品；病死、毒死或者死因不明的禽、畜、兽、水产动物肉类及其制品；未按规定进行检疫或者检疫不合格的肉类，或者未经检验或者检验不合格的肉类制品；被包装材料等污染的食品；超过保质期的食品；国家为防病等特殊需要明令禁止生产经营的食品等。以上这些食品都属于不安全食品。

244　停止生产经营的情形有几种？分别是什么？

《食品召回管理办法》规定食品生产经营者停止生产经营的情形有以下五种，分别是：

一是食品生产经营者发现其生产经营的食品属于不安全食品的，应当立即停止生产经营，采取通知或者公告的方式告知相关食品生产经营者停止生产经营、消费者停止食用，并采取必要的措施防控食品安全风险。

二是食品生产经营者未依法停止生产经营不安全食品的，县级以上食品药品监督管理部门可以责令其停止生产经营不安全食品。

三是食品集中交易市场的开办者、食品经营柜台的出租者、食品展销会的举办者发现食品经营者经营的食品属于不安全食品的，应当及时采取有效措施，确保相关经营者停止经营不安全食品。

四是网络食品交易第三方平台提供者发现网络食品经营者经营的食品属于不安全食品的，应当依法采取停止网络交易平台服务等措施，确保网络食品经营者停止经营不安全食品。

五是食品生产经营者生产经营的不安全食品未销售给消费者，尚处于其他生产经营者控制中的，食品生产经营者应当立即追回不安全食品，并采取必要的措施消除风险。

245 食品生产者在什么情况下需要主动召回食品？

主动召回是食品生产者为减少和避免不安全食品的危害，保障公众身体健康和生命安全所采取的措施。《食品召回管理办法》第十二条规定，食品生产者通过自检自查、公众投诉举报、经营者和监督管理部门告知等方式知悉其生产经营的食品属于不安全食品的，应当主动召回。食品生产者应当主动召回不安全食品而没有主动召回的，县级以上食品药品监督管理部门可以责令其召回。

需要主动召回的食品，都属于法律、法规规定禁止生产经营的食品或者是有证据证明可能危害人体健康的食品。如某食品生产企业生产经营的罐头，经依法抽检铅项目不符合 GB 2762—2017《食品安全国家标准　食品中污染物限量》要求；某酒厂生产经营的白酒，经依法抽检甜蜜素（以环己基氨基磺酸计）项目不符合《食品添加剂使用标准》要求。以上经抽检不符合食品安全标准的罐头、白酒则需要食品生产者主动召回。

246 食品召回分几级？每级召回是怎么规定的？

《食品召回管理办法》第十三条规定，根据食品安全风险的严重和紧急程度，食品召回分为三级：

（一）一级召回：食用后已经或者可能导致严重健康损害甚至死亡的，食品生产者应当在知悉食品安全风险后 24h 内启动召回，并向县级以上地方食品药品监督管理部门报告召回计划。

（二）二级召回：食用后已经或者可能导致一般健康损害，食品生产者应当在知悉食品安全风险后 48h 内启动召回，并向县级以上地方食品药品监督管理部门报告召回计划。

（三）三级召回：标签、标识存在虚假标注的食品，食品生产者应当在知悉食品安全风险后 72h 内启动召回，并向县级以上地方食品药品监督管理部门报告召回计划。标签、标识存在瑕疵，食用后不会造成健康损害的食品，食品生产者应当改正，可以自愿召回。

247 食品召回时限有什么规定？

食品召回是有时间限制的，《食品召回管理办法》第十八条规定，实施一级召回的，食品生产者应当自公告发布之日起 10 个工作日内完成召回工作。实施二级召回的，食品生产者应当自公告发布之日起 20 个工作日内完成召回工作。实施三级召回的，食品生产者应当自公告发布之日起 30 个工作日内完成召回工作。情况复杂的，经县级以上地方食品药品监督管理部门同意，食品生产者可以适当延长召回时间并公布。

248　食品召回公告包括哪些内容？

《食品召回管理办法》第十六条规定，食品召回公告应当包括下列内容：

（一）食品生产者的名称、住所、法定代表人、具体负责人、联系电话、电子邮箱等。

（二）食品名称、商标、规格、生产日期、批次等。

（三）召回原因、等级、起止日期、区域范围。

（四）相关食品生产经营者的义务和消费者退货及赔偿的流程。

第七章

》 食品安全事故

249 什么是食品安全事故？

《食品安全法》定义食品安全事故，指食源性疾病、食品污染等源于食品，对人体健康有危害或者可能有危害的事故。食品安全是保障公众身体健康和生命安全的重要课题。随着在乳制品中出现三聚氰胺、餐桌上的地沟油、肉制品中的瘦肉精等造成社会关注的食品安全事故以来，加强对食品安全的监控已成为政府和社会关注的重大问题。

为有效预防、积极应对食品安全事故，高效组织应急处置工作，最大限度地减少食品安全事故的危害，保障公众身体健康与生命安全，维护正常的社会经济秩序。国务院组织制定了《国家食品安全事故应急预案》，县级以上地方人民政府制定了本级的《食品安全事故应急预案》，食品生产经营企业制定了本企业的《食品安全事故处置方案》。

250 什么是食源性疾病？

《食品安全法》定义食源性疾病，指食品中致病因素进入人体引起的感染性、中毒性等疾病，包括食物中毒。食源性疾病是指通过摄食而进入人体的有毒有害物质（包括生物性病原体）等致病因子所造成的疾病。一般可分为感染性和中毒性，包括常见的食物中毒、肠道传染病、人畜共患传染病、寄生虫病以及化学性有毒有害物质所引起的疾病。食源性疾病的发病率居各类疾病总发病率的前列，是当前世界上最突出的卫生问题。

疾病分 4 类：一是食物中毒，指食用了被有毒有害物质污染或含有有毒有害物质的食品后出现的急性、亚急性疾病；二是与食物有关的变态反应性疾病；三是经食品感染的肠道传染病（如痢疾）、人畜共患病（如口蹄疫）、寄生虫病（如旋毛虫病）等；四是因大量或长期少量摄入某些有毒有害物质而引起的以慢性毒害为主要特征的疾病。

　　疾病特征：一是暴发性。一起食源性疾病暴发少则几人，多则成百上千人。在发病形式上，微生物性食物中毒多为集体暴发，潜伏期较长（6～39h）；非微生物性食物中毒为散发或暴发，潜伏期较短（数分钟至数小时）。二是散发性。化学性食物中毒和某些有毒动植物食物中毒多以散发病例出现，各病例间在发病时间和地点上无明显联系，如河豚鱼中毒、有机磷中毒等。三是地区性。指某些食源性疾病常发生于某一地区或某一人群。例如，肉毒杆菌中毒在中国以新疆地区多见；副溶血性弧菌食物中毒主要发生在沿海地区；霉变甘蔗中毒多发生在北方地区；牛带绦虫病主要发生于有生食或半生食牛肉习俗的地区。四是季节性。某些疾病在一定季节内发病率升高。例如，细菌性食物中毒一年四季均可发生，但以夏秋季发病率最高；有毒蘑菇、鲜黄花菜中毒易发生在春夏生长季节；霉变甘蔗中毒主要发生在2～5月份。

251　什么是食物中毒？

　　《食品安全法》（2009 年版）定义食物中毒，指食用了被有毒有害物质污染的食品或者食用了含有毒有害物质的食品后出现的急性、亚急性疾病。

　　虽然食物中毒的原因不同，症状各异，但一般都具有如下流行病学和临床特征：一是潜伏期短，一般几分钟到几小时，食入"有毒食物"后于短时间内几乎同时出现一批患者，来势凶猛，很快形成高峰，呈暴发流行；二是患者临床表现相似，且多以急性胃肠道症状为主；三是发病与食入某种食物有关，患者在近期同一段时间内都食用过同一种"有毒食物"，发病范围与食物分布呈一致性，不食者不发病，停止食用该种食物后很快不再有新病例；四是一般人与人之间不传染，发病曲线呈骤升骤降的趋势，没有传染病流行时发病曲线的余波；五是有明显的季节性，夏秋季多发生细菌性和有毒动植物食物中毒，冬春季多发生肉毒杆菌和亚硝酸盐中毒等。

252　食品安全事故分几级？是怎么划分的？

　　《国家食品安全事故应急预案》规定，食品安全事故共分四级，即特别重大食品安全事故、重大食品安全事故、较大食品安全事故和一般食品安全事故。事故等级的评估核定，由卫生行政部门会同有关部门依照有关规定进行。

253　食品安全事故处置原则有哪些？

　　《食品安全法》第一百零七条第一款规定，调查食品安全事故，应当坚持实事求是、尊重科学的原则，及时、准确查清事故性质和原因，认定事故责任，提出整改措施。

食品安全事故处置应当遵守以下原则：一是以人为本，减少危害。把保障公众健康和生命安全作为应急处置的首要任务，最大限度减少食品安全事故造成的人员伤亡和健康损害。二是统一领导，分级负责。按照"统一领导、综合协调、分类管理、分级负责、属地管理为主"的应急管理体制，建立快速反应、协同应对的食品安全事故应急机制。三是科学评估，依法处置。有效使用食品安全风险监测、评估和预警等科学手段；充分发挥专业队伍的作用，提高应对食品安全事故的水平和能力。四是居安思危，预防为主。坚持预防与应急相结合，常态与非常态相结合，做好应急准备，落实各项防范措施，防患于未然。建立健全日常管理制度，加强食品安全风险监测、评估和预警；加强宣教培训，提高公众自我防范和应对食品安全事故的意识和能力。

254 食品生产经营企业未制定食品安全事故处置方案，应当承担什么法律责任？

情景再现：2019 年 9 月 9 日，某食品安全监管部门依法检查某食品经营企业（以下简称"当事人"）遵守《食品安全法》的情况，当事人未能提供出食品安全事故处置方案。经核实，当事人从未安排任何人制定食品安全事故处置方案。企业主要负责人对有关食品安全事故分级、事故处置组织指挥体系与职责、处置程序等内容一概不知，与食品安全事故有关的食品安全知识不了解、不掌握，也未曾组织学习。

法律分析：《食品安全法》第一百零二条第四款规定："食品生产经营企业应当制定食品安全事故处置方案，定期检查本企业各项食品安全防范措施的落实情况，及时消除事故隐患。"《食品安全法》第一百二十六条第一款第四项规定："违反本法规定，有下列情形之一的，由县级以上人民政府食品安全监督管理部门责令改正，给予警告；拒不改正的，处五千元以上五万元以下罚款；情节严重的，责令停产停业，直至吊销许可证：……（四）食品生产经营企业未制定食品安全事故处置方案；……"

可见，当事人未制定食品安全事故处置方案的行为违反了《食品安全法》第一百零二条第四款的规定，符合《食品安全法》第一百二十六条第一款第四项的情形，应当依据《食品安全法》第一百二十六条第一款第四项的规定责令其改正违法行为，给予警告处罚；拒不改正的，处五千元以上五万元以下罚款；情节严重的，责令停产停业，直至吊销许可证。

255 食物中毒常见原因有哪些？

食物中毒通常包括细菌性食物中毒、化学性食物中毒、真菌性食物中毒、动物性食物中毒、植物性食物中毒等。

细菌性食物中毒常见原因：①贮存食品不当。如在 8～60℃ 条件下存放熟制的高危易腐食品 2h 以上，或在不适当温度下长时间贮存高危易腐的原料或半成品。②未烧熟煮透食品。因烹饪前未彻底解冻食品、熟制时食品的体积较大或熟制时间不足等，导致加工制作时食品的中心温度未达到 70℃ 以上。③未充分再加热食品。经长时间贮存的食品，在食用前未充分再加热至食品的中心温度达到 70℃ 以上。④生熟交叉污染。如熟制后的食品被生的食品原料污染，或被接触过生的食品原料的表面（如操作台、容器、手等）污染；接触熟制后食品的操作台、容器、手等被生的食品原料污染。⑤进食未彻底清洗、消毒的生食品。⑥从业人员污染食品。从业人员患有消化道传染病或是消化道传染病的带菌者，或手部有化脓性或渗出性伤口，加工制作时由于手部接触等原因污染食品。

化学性食物中毒常见原因：①在种植或养殖过程中，食用农产品受到化学性物质污染，或在食用前，食用农产品中的农药或兽药残留剂量较多。②在运输、贮存、加工制作过程中，食品受到化学性物质污染。如使用盛放过有机磷农药的容器盛放食品，导致食品受到有机磷农药污染。③误将化学性物质作为食品、食品添加剂食用、饮用或使用。如误将甲醇燃料作为白酒饮用，误将亚硝酸盐作为食盐使用。④食品中的营养素发生化学变化，产生有毒有害物质。如食用油脂酸败后，产生酸、醛、酮类及各种氧化物等。⑤在食品中添加非食用物质，或超剂量使用食品添加剂。

真菌性食物中毒常见原因：食品贮存不当，受到真菌污染，在适宜的条件下污染的真菌生长繁殖、产生毒素。如霉变的谷物、甘蔗等含有大量真菌毒素。

动物性食物中毒常见原因：①食用天然含有有毒成分的动物或动物组织。如食用野生河豚鱼、未经农产品加工企业加工的河豚鱼、织纹螺、鱼胆、动物甲状腺。②在一定条件下，可食的动物性食品产生了大量有毒成分。如组氨酸含量较高的鲐鱼等鱼类在不新鲜或发生腐败时，会产生大量组胺。

植物性食物中毒常见原因：①食用天然含有有毒成分的植物或其制品。如食用有毒菌、鲜白果、曼陀罗果实或种子及其制品等。②在一定条件下，可食的植物性食品产生了大量有毒成分，加工制作时未能彻底去除或破坏有毒成分。如马铃薯发芽后，幼芽及芽眼部分产生大量龙葵素，加工制作不当未能彻底去除龙葵素。③植物中天然含有有毒成分，加工制作时未能彻底去除或破坏有毒成分。如烹饪四季豆的时间不足，未能完全破坏四季豆中的皂苷；煮制豆浆的时间不足，未能彻底去除豆浆中的胰蛋白酶抑制剂等。

256　预防食物中毒的措施有哪些？

预防细菌性食物中毒，应按照防止食品受到病原菌污染、控制病原菌繁殖和杀灭病原菌三项基本原则，主要采取下列措施：

① 避免污染。主要指避免熟制后的食品受到病原菌污染。如避免熟制后的食品与生的食品原料接触；从业人员经常性清洗手部，接触直接入口食品的从业人员还应在清洗手部后进行手部消毒；保持餐饮服务场所、设施、设备、加工制作台面、容器、工具等清洁；消灭鼠类、虫害等有害生物，避免其接触食品。

② 控制温度。采取适当的温度控制措施，杀灭食品中的病原菌或控制病原菌生长繁殖。如熟制食品时，使食品的中心温度达到 70℃以上；贮存熟制食品时，将食品的中心温度保持在 60℃以上热藏或在 8℃以下冷藏（或冷冻）。

③ 控制时间。尽量缩短食品的存放时间。如当餐加工制作食品后当餐食用完；尽快使用完食品原料、半成品。

④ 清洗和消毒。如清洗所有接触食品的物品；清洗消毒接触直接入口食品的工具、容器等物品；清洗消毒生吃的蔬菜、水果。

⑤ 控制加工制作量。食品加工制作量应与加工制作条件相吻合。食品加工制作量超过加工制作场所、设施、设备和从业人员的承受能力时，加工制作行为较难符合食品安全要求，易使食品受到污染，引起食物中毒。

预防常见化学性食物中毒的措施：

① 农药引起的食物中毒。使用流水反复涮洗蔬菜（油菜等叶菜类蔬菜应掰开后逐片涮洗），次数不少于 3 次，且先洗后切。接触农药的容器、工具等做到物品专用，有醒目的区分标识，避免与接触食品的容器、工具等混用。

② 亚硝酸盐引起的食物中毒。禁止采购、贮存、使用亚硝酸盐（包括亚硝酸钠、亚硝酸钾），避免误作食盐使用。

预防常见真菌性食物中毒的措施：

严把采购关，防止霉变食品入库；控制存放库房的温度、湿度，尽量缩短贮存时间，定期通风，防止食品在贮存过程中霉变；定期检查食品，及时清除霉变食品；加工制作前，认真检查食品的感官性状，不得加工制作霉变食品。

预防常见动物性食物中毒的措施：

① 河豚鱼引起的食物中毒。禁止采购、加工制作所有品种的野生河豚鱼和未经农产品加工企业加工的河豚鱼。

② 鲐鱼引起的食物中毒。采购新鲜的鲐鱼；在冷冻（藏）条件下贮存鲐鱼，并缩短贮存时间；加工制作前，检查鲐鱼的感官性状，不得加工制作腐败变质的鲐鱼。

预防常见植物性食物中毒的措施：

① 有毒菌引起的食物中毒。禁止采摘、购买、加工制作不明品种的野生菌。

② 四季豆引起的食物中毒。烹饪时先将四季豆放入开水中烫煮 10min 以上再炒，每次烹饪量不得过大，烹饪时使四季豆均匀受热。

③ 豆浆引起的食物中毒。将生豆浆加热至 80℃时，会有许多泡沫上涌，出现"假沸"现象。应将上涌泡沫除净，煮沸后再以文火维持煮沸 5min 以上，可彻底破坏豆浆中的胰蛋白酶抑制剂。

④ 发芽马铃薯引起的食物中毒。将马铃薯贮存在低温、无阳光直射的地方，避免马铃薯发芽。

257　生物毒素有哪些种类？如何降低食品生物毒素的危害？

生物毒素种类及成分：食品中的生物毒素种类很多，依据来源可以分为动物毒素、植物毒素和微生物毒素。动物毒素以贝类毒素和河豚鱼毒素最为多见，贝类所含毒素主要为神经毒素；食品中常见的植物毒素主要有生氰糖苷、外源凝集素、生物碱、蓖麻毒素；食品中微生物毒素主要是细菌毒素和真菌毒素，真菌毒素主要是霉菌毒素。其中，动物毒素的主要成分是多聚肽、酶和生物胺等。植物毒素的致毒成分有酚类化合物、生物碱以及酶、多肽和蛋白质等。微生物毒素是微生物在生长繁殖过程中产生的一种次级代谢产物，主要包括脂多糖内毒素及霉菌毒素等。

降低食品生物毒素危害的措施：①注意生活饮食习惯。对于发芽或变绿的马铃薯，建议不要食用，虽然可以将发芽和绿色的部分去除，但可能会因去除不完全而导致龙葵素残留，危害健康。②对食品进行适当处理。生氰糖苷具有较好的水溶性，用水浸泡后可去除产氰食物的大部分毒性。类似杏仁的核仁类食品在食用前需要经过较长时间的浸泡和晾晒。③控制食品的贮存条件。水产品被嗜温肠杆菌等细菌污染后易产生生物胺，在原料运输、卸载和加工过程中要保持良好的卫生条件以避免细菌直接污染或二次污染。

258　事故单位发生食品安全事故后向谁报告？什么时间报告？

《食品安全法》第一百零三条第一款规定："发生食品安全事故的单位应当立即采取措施，防止事故扩大。事故单位和接收病人进行治疗的单位应当及时向事故发生地县级人民政府食品安全监督管理、卫生行政部门报告。"法律规定事故单位应当及时向事故发生地县级人民政府食品安全监督管理等部门报告，及时指多长时间？《国家食品安全事故应急预案》规定食品安全事故报告主体和时限：一是食品生产经营者发现其生产经营的食品造成或者可能造成公众健康损害的情况和信息，应当在 2h 内向所在地县级卫生行政部门和负责本单位食品安全监管工作的有关部门报告。二是发生可能与食品有关的急性、群体性健康损害的单位，应当在 2h 内向所在地县级卫生行政部门和有关监管部门报告。

因此，事故单位发生食品安全事故后，应当在 2h 内向事故发生地县级人民政府食品安全监督管理部门报告。

259　食品安全事故报告是怎么规定的？

食品安全事故报告分为事故单位向食品安全监管部门、卫生行政部门报告以及食品安全监管部门向本级人民政府和上级主管部门报告。

《国家食品安全事故应急预案》规定，食品生产经营者、医疗、技术机构和社会团体、个人向卫生行政部门和有关监管部门报告疑似食品安全事故信息时，应当包括事故发生时间、地点和人数等基本情况。有关监管部门报告食品安全事故信息时，应当包括事故发生单位、时间、地点、危害程度、伤亡人数、事故报告单位信息（含报告时间、报告单位联系人员及联系方式）、已采取措施、事故简要经过等内容；并随时通报或者补报工作进展。

260 食品安全事故应急处置措施有哪些？

食品安全事故涉及公众身体健康和生命安全，法律等对食品安全事故处置工作都作出了明确的规定。《食品安全法》第一百零五条规定，县级以上人民政府食品安全监督管理部门接到食品安全事故的报告后，应当立即会同同级卫生行政、农业行政等部门进行调查处理，并采取下列措施，防止或者减轻社会危害：（一）开展应急救援工作，组织救治因食品安全事故导致人身伤害的人员；（二）封存可能导致食品安全事故的食品及其原料，并立即进行检验；对确认属于被污染的食品及其原料，责令食品生产经营者依照本法第六十三条的规定召回或者停止经营；（三）封存被污染的食品相关产品，并责令进行清洗消毒；（四）做好信息发布工作，依法对食品安全事故及其处理情况进行发布，并对可能产生的危害加以解释、说明。

发生食品安全事故需要启动应急预案的，县级以上人民政府应当立即成立事故处置指挥机构，启动应急预案，依照前款和应急预案的规定进行处置。发生食品安全事故，县级以上疾病预防控制机构应当对事故现场进行卫生处理，并对与事故有关的因素开展流行病学调查，有关部门应当予以协助。县级以上疾病预防控制机构应当向同级食品安全监督管理、卫生行政部门提交流行病学调查报告。

《国家食品安全事故应急预案》规定，事故发生后，根据事故性质、特点和危害程度，立即组织有关部门，依照有关规定采取下列应急处置措施，以最大限度减轻事故危害：

一是卫生行政部门有效利用医疗资源，组织指导医疗机构开展食品安全事故患者的救治。二是卫生行政部门及时组织疾病预防控制机构开展流行病学调查与检测，相关部门及时组织检验机构开展抽样检验，尽快查找食品安全事故发生的原因。对涉嫌犯罪的，公安机关及时介入，开展相关违法犯罪行为侦破工作。三是农业行政、检验检疫、食品安全监管等有关部门应当依法强制就地或异地封存事故相关食品及原料和被污染的食品用工具及用具，待卫生行政部门查明导致食品安全事故的原因后，责令食品生产经营者彻底清洗消毒被污染的食品用工具及用具，消除污染。四是对确认受到有毒有害物质污染的相关食品及原料，农业行政、质量监督、工商行政管理、食品药品监管等有关部门应当依法责令生产经营者召回、停止经营及进出口并销毁。检验后确认未被污染的应当予以解封。五是及时组织研判事故发展态势，并向事故可能蔓延到的地方人民政府通报信息，提醒做好应对准备。事故可能影响到国（境）外时，及时协调有关涉外部门做好相关通报工作。

由此可知，第一项食品安全事故处置措施是开展应急救援工作。生命至上，健康无价，在处理食品安全事故中必须把救治放在首位，尽量减少人员伤亡。第二项措施是封存可能导致食品安全事故的食品及其原料，并立即进行检验；对确认属于被污染的食品及其原料，责令食品生产经营者依法召回或者停止经营。通过检验，找到食品安全事故的真正原因。召回、处理存在的不安全食品，消除安全隐患。第三项措施是封存被污染的食品相关产品，并责令进行清洗消毒。封存是一项较为严厉的行政强制措施，应当严格依法实施。第四项措施是做好信息发布工作，主要是避免引起社会恐慌，消除公众的不安。根据《国家食品安全事故应急预案》规定，需要启动应急预案的食品安全事故，事故发生地相应级别的人民政府应当立即成立事故处置指挥机构，依法按要求进行处置。疾病预防控制机构的主要工作是开展流行病学调查，对人群中疾病或者健康状况的分布及其决定因素进行调查研究，提出疾病预防控制措施及保健对策。即通过查明传染源、传播途径、易感者三个环节，采取相应的预防控制措施。

261 事故单位在发生食品安全事故后未处置报告，应当承担什么法律责任？

《食品安全法》第一百零三条第一款规定："发生食品安全事故的单位应当立即采取措施，防止事故扩大。事故单位和接收病人进行治疗的单位应当及时向事故发生地县级人民政府食品安全监督管理、卫生行政部门报告。"《食品安全法》第一百二十八条规定："违反本法规定，事故单位在发生食品安全事故后未进行处置、报告的，由有关主管部门按照各自职责分工责令改正，给予警告……；造成严重后果的，吊销许可证。"

因此，事故单位在发生食品安全事故后未进行处置报告的行为违反了《食品安全法》第一百零三条第一款的规定，符合《食品安全法》第一百二十八条的情形，应当依据《食品安全法》第一百二十八条的规定责令事故单位改正违法行为，给予警告处罚；造成严重后果的，吊销许可证。

262 事故单位在发生食品安全事故后隐匿、伪造、毁灭有关证据，应当承担什么法律责任？

《食品安全法》第一百零三条第四款规定："任何单位和个人……，不得隐匿、伪造、毁灭有关证据。"《食品安全法》第一百二十八条规定："违反本法规定，事故单位在发生食品安全事故后……；隐匿、伪造、毁灭有关证据的，责令停产停业，没收违法所得，并处十万元以上五十万元以下罚款；造成严重后果的，吊销许可证。"

因此，事故单位在发生食品安全事故后隐匿、伪造、毁灭有关证据的行为违反了《食品安全法》第一百零三条第四款的规定，符合《食品安全法》第一百二十八条的情形，应当依据《食品安全法》第一百二十八条的规定责令当事人停产停业，没收违法所得，并处十万元以上五十万元以下罚款；造成严重后果的，吊销许可证。

263 食品安全事故责任追究是怎么规定的？

《食品安全法》第一百零七条第二款规定："调查食品安全事故，除了查明事故单位的责任，还应当查明有关监督管理部门、食品检验机构、认证机构及其工作人员的责任。"

食品安全事故的发生，原因是复杂、多样的，可能是因为食品生产经营企业铤而走险、违法生产经营；也可能是因为制度不完善、执法不到位。因此，调查食品安全事故，除了查明事故单位的责任，还需要查明有关监督管理部门、食品检验机构、认证机构及其工作人员的责任。

第八章

》》食用农产品

264 什么是食用农产品?

《食品安全法》第二条第二款规定,供食用的源于农业的初级产品称食用农产品。《食用农产品管理办法》第五十七条定义食用农产品,指在农业活动中获得的供人食用的植物、动物、微生物及其产品。农业活动,指传统的种植、养殖、采摘、捕捞等农业活动,以及设施农业、生物工程等现代农业活动。植物、动物、微生物及其产品,指在农业活动中直接获得的,以及经过分拣、去皮、剥壳、干燥、粉碎、清洗、切割、冷冻、打蜡、分级、包装等加工,但未改变其基本自然性状和化学性质的产品。如生鲜猪肉、牛肉、羊肉;各种新鲜蔬菜、水果;鲜鸡蛋、鲜鸭蛋等。

265 食用农产品包括哪些种类?

食用农产品种类分为:

(1)畜禽肉及副产品

畜肉主要包括猪肉、牛肉、羊肉及兔肉、驴肉、马肉等其他畜肉。

禽肉主要包括鸡肉、鸭肉及鹅肉、鸽肉等其他禽肉。

畜副产品主要包括猪、牛、羊及其他畜类的肝、肾以及头、颈、肠、肚、蹄、耳等其他畜副产品。

禽副产品主要包括鸡、鸭及其他禽类的肝、心以及头、颈、爪、翅等其他禽副产品。

(2)蔬菜

蔬菜包括鲜食用菌、鳞茎类蔬菜、芸薹属类蔬菜、叶菜类蔬菜、茄果类蔬菜、瓜类蔬菜、豆类蔬菜、茎类蔬菜、根茎类和薯芋类蔬菜、水生类蔬菜、芽菜类蔬菜和其他类蔬菜。

鲜食用菌包括蘑菇类和木耳类等。

（3）水产品

水产品分为淡水鱼、淡水虾、淡水蟹、海水鱼、海水虾、海水蟹、贝类和其他水产品。

淡水鱼类包括青鱼、草鱼、鲢鱼、鳙鱼、鲫鱼、鲤鱼、鲮鱼、鲑（大马哈鱼）、鳜鱼、团头鲂、长春鳊、鲂（三角鳊）、银鱼、乌鳢（黑鱼）、泥鳅、鲶鱼、鲥鱼、鲈鱼、黄鳝、罗非鱼、虹鳟、鳗鲡、鲟鱼、鳇鱼和其他淡水鱼类。

淡水虾类包括青虾、河虾、草虾、白虾、小龙虾和其他淡水虾类。

淡水蟹类包括螃蟹、毛蟹（大闸蟹）等。

海水鱼类包括大黄鱼、小黄鱼、黄姑鱼、白姑鱼、带鱼、鲳鱼、鲅鱼（马鲛鱼）、鲐鱼、鲚鱼、鲈鱼、鲱鱼、蓝圆鲹、马面鲀、石斑鱼、鲆鱼、蝶鱼、沙丁鱼、鲲鱼、鳕鱼、海鳗、鳐鱼、鲨鱼、鲷鱼、金线鱼和其他海水鱼类。

海水虾类包括东方对虾、日本对虾、长毛对虾、斑节对虾、墨吉对虾、宽沟对虾、鹰爪虾、白虾、毛虾、龙虾和其他海水虾类。

海水蟹类包括梭子蟹、青蟹、蟳（海蟹）等。

贝类包括贻贝、蛤、蛏、三角帆蚌、褶纹冠蚌、背角无齿蚌、河蚬、铜锈环棱螺、大瓶螺等。

其他水产品包括甲鱼、牛蛙、鱿鱼、章鱼、墨鱼、海参、海肠等。

（4）水果类

水果类包括柑橘类水果、仁果类水果、核果类水果、浆果和其他小型水果、热带和亚热带水果、瓜果类水果等。

（5）鲜蛋

鲜蛋包括鲜鸡蛋、鲜鸭蛋、其他鲜蛋类等。

其他鲜蛋类包括鹌鹑蛋、鹅蛋等。

（6）豆类

豆类主要包括黄豆、豌豆、蚕豆、绿豆、红豆（赤豆）、小扁豆等不同种类的食用豆类。

（7）生干坚果与籽类食品

生干坚果与籽类食品是指经过清洗、筛选、去壳或干燥等处理，未经熟制工艺加工的坚果与籽类食品。籽仁（含果仁）是指坚果、籽类去除外壳后的部分。

坚果是指具有坚硬外壳的木本类植物的籽粒，包括开心果、杏仁、松仁、核桃、板栗、扁桃核、香榧、夏威夷果等。

籽类是指瓜、果、蔬菜、油料等植物的籽粒，包括葵花籽、西瓜籽、南瓜籽、花生仁等。

266 什么是有机产品？什么是有机食品？

GB/T 19630—2019《有机产品　生产、加工、标识与管理体系要求》定义有机产品，指有机生产（指遵照特定的生产原则，在生产中不采用基因工程获得的生物及其产物，不使用化学合成的农药、化肥、生长调节剂、饲料添加剂等物质，遵循自然规律和生态学原理，协调种植业和养殖业的平衡，保持生产体系持续稳定的一种农业生产方式）、有机加工（主要使用有机配料，在加工过程中不采用基因工程获得的生物及其产物，尽可能减少使用化学合成的添加剂、加工助剂、染料等投入品，最大限度地保持产品的营养成分和/或原有属性的一种加工方式）的供人类消费、动物食用的产品。

有机食品（organic food）也叫生态或生物食品等。有机食品是国际上对无污染天然食品比较统一的提法。有机食品通常来自于有机农业生产体系，根据国际有机农业生产要求和相应的标准生产加工的。除有机食品外，国际上还把一些派生的产品如有机化妆品、纺织品、林产品或有机食品生产而提供的生产资料，包括生物农药、有机肥料等，经认证后统称为有机产品。

267 有机食品主要包括哪些产品？有机食品标志是什么？

有机食品主要包括：一般的有机农产品（如有机杂粮、有机水果、有机蔬菜等）、有机茶产品、有机食用菌产品、有机畜禽产品、有机水产品、有机蜂产品、有机奶粉、采集的野生产品以及以上述产品为原料的加工产品。国内市场销售的有机食品主要是大米、茶叶、蜂蜜、羊奶粉、有机杂粮、有机水果、有机蔬菜等。

有机食品标志见图 4。

图 4　有机食品标志

268 销售有机产品有哪些要求？

GB/T 19630—2019《有机产品 生产、加工、标识与管理体系要求》规定，一是为保证有机产品的完整性和可追溯性，销售者在销售过程中应采取但不限于下列措施：①应避免有机产品与常规产品的混杂；②应避免有机产品与本标准禁止使用的物质接触；③建立有机产品的购买、运输、储存、出入库和销售等记录。二是有机产品销售时，采购方应索取有机产品认证证书、有机产品销售证等证明材料（使用了有机码的产品销售时，可不索取销售证）。三是有机产品加工者和有机产品经营者在采购时，应对有机产品认证证书的真伪进行验证，并留存认证证书复印件。四是对于散装或裸装产品，以及鲜活动物产品，应在销售场所设立有机产品销售专区或陈列专柜，并与非有机产品销售区、柜分开。应在显著位置摆放有机产品认证证书复印件。

269 什么是绿色食品？绿色食品标志是什么？

NY/T 391—2013《绿色食品 产地环境质量》定义绿色食品，指产自优良生态环境、按照绿色食品标准生产、实行全程质量控制并获得绿色食品标志使用权的安全、优质食用农产品及相关产品。

为了和一般的普通食品区别开，绿色食品有统一的标志。绿色食品标志有特定图形。绿色食品标志图形由三部分构成：上方的太阳、下方的叶片和中间的蓓蕾，象征自然生态。标志图形为正圆形，意为保护、安全。颜色为绿色，象征生命、农业、环保。

绿色食品标志见图 5。

(a)绿底白标志为A级绿色食品　　　　(b)白底绿标志为AA级绿色食品

图 5　绿色食品标志

270 绿色食品标准分为几个技术等级？

绿色食品标准共分为两个技术等级，即 AA 级绿色食品标准和 A 级绿色食品标准。AA 级绿色食品标志与字体为绿色，底色为白色；A 级绿色食品标志与字体为白色，底色为绿色。整个图形描绘了一幅明媚阳光照耀下的和谐生机景象，告诉人们绿色食品是出自纯净、良好生态环境下的安全、无污染食品，能给人们带来蓬勃的生命力。绿色食品标志还提醒人们要保护环境和防止污染，通过改善人与环境的关系，创造自然界新的和谐。

271 什么是无公害农产品？无公害农产品标志是什么？

《无公害农产品管理办法》定义无公害农产品，指产地环境、生产过程和产品质量符合国家有关标准和规范的要求，经认证合格获得认证证书并允许使用无公害农产品标志的未经加工或者初加工的食用农产品。广义上的无公害农产品，涵盖了有机食品（又叫生态食品）、绿色食品等无污染的安全营养类食品。在现实的自然环境和技术条件下，要生产出完全不受到有害物质污染的商品蔬菜是很难的。无公害蔬菜，实际上是指商品蔬菜中不含有有关规定中不允许的有毒物质，并将某些有害物质控制在标准允许的范围内，保证人们的食菜安全。通俗地说，无公害蔬菜应达到"优质、卫生"。"优质"指的是品质好、外观美，维生素 C 和可溶性糖含量高，符合商品营养要求。"卫生"指的是3 个不超标，即农药残留不超标，不含禁用的剧毒农药，其他农药残留不超过标准允许量；硝酸盐含量不超标，一般控制在 432mg/kg 以下；工业三废和病原菌微生物等对商品蔬菜造成的有害物质含量不超标。

图 6 无公害农产品标志

无公害农产品标志见图 6。

272 无公害农产品、绿色食品、有机产品的包装和标志有哪些规定？

《食用农产品管理办法》第三十三条规定："销售获得无公害农产品、绿色食品、有机农产品等认证的食用农产品……应当包装，并标注相应标志和发证机构，鲜活畜、禽、水产品等除外。"

① 无公害农产品标志。《无公害农产品管理办法》第三十五条规定，获得无公害农产品认证证书的单位或者个人，可以在证书规定的产品、包装、标签、广告、

说明书上使用无公害农产品标志。

② 绿色食品标志。《绿色食品标志管理办法》（农业部令 2012 年第 6 号）规定，企业在产品包装上使用绿色食品标志，即表明企业承诺该产品符合绿色食品标准。企业可以在包装上标示产品执行的绿色食品标准，也可以标示其生产中执行的其他标准。

③ 有机产品标识。GB/T 19630—2019《有机产品 生产、加工、标识与管理体系要求》规定，一是有机产品应按照国家有关法律、法规、标准的要求进行标识。二是中国有机产品认证标志仅应用于按照本标准的要求生产或加工并获得认证的有机产品的标识。三是有机配料含量等于或者高于 95％ 并获得有机产品认证的产品，方可在产品名称前标识"有机"，在产品或者包装上加施中国有机产品认证标志，不应误导消费者将常规产品和有机转换期内的产品作为有机产品。四是标识中的文字、图形或符号等应清晰、醒目。图形、符号应直观、规范。文字、图形、符号的颜色与背景色或底色应为对比色。五是进口有机产品的标识也应符合本标准的规定。

273 法定要求食用农产品销售者如何建立进货查验记录？如不建立应当承担什么法律责任？

《食品安全法》第六十五条规定："食用农产品销售者应当建立食用农产品进货查验记录制度，如实记录食用农产品的名称、数量、进货日期以及供货者名称、地址、联系方式等内容，并保存相关凭证。记录和凭证保存期限不得少于六个月。"

《食用农产品管理办法》第二十六条规定："销售者采购食用农产品，应当按照规定查验相关证明材料，不符合要求的，不得采购和销售。销售者应当建立食用农产品进货查验记录制度，如实记录食用农产品名称、数量、进货日期以及供货者名称、地址、联系方式等内容，并保存相关凭证。记录和凭证保存期限不得少于 6 个月。实行统一配送销售方式的食用农产品销售企业，可以由企业总部统一建立进货查验记录制度；所属各销售门店应当保存总部的配送清单以及相应的合格证明文件。配送清单和合格证明文件保存期限不得少于 6 个月。……"

因此，食用农产品销售者应当依据《食品安全法》第六十五条、《食用农产品管理办法》第二十六条的规定建立进货查验记录。

《食品安全法》第一百二十六条第一款规定："违反本法规定，有下列情形之一的，由县级以上人民政府食品安全监督管理部门责令改正，给予警告；拒不改正的，处五千元以上五万元以下罚款；情节严重的，责令停产停业，直至吊销许可证。……"《食品安全法》第一百二十六条第四款规定："食用农产品销售者违反本法第六十五条规定的，由县级以上人民政府食品安全监督管理部门依照第一款规定给予处罚。"

可见，食用农产品销售者未按规定建立进货查验记录的行为违反了《食品安全法》第六十五条的规定，符合《食品安全法》第一百二十六条第四款的情形，应当依据《食品安全法》第一百二十六条第四款的规定责令其改正违法行为，给予警告处罚；拒不改正的，处五千元以上五万元以下罚款；情节严重的，责令停产停业，直至吊销许可证。

274 集中交易市场开办者需要制定食品安全事故处置方案吗？如不制定应当承担什么责任？

《食用农产品管理办法》第九条第四款规定："集中交易市场开办者应当制定食品安全事故处置方案，根据食用农产品风险程度确定检查重点、方式、频次等，定期检查食品安全事故防范措施落实情况，及时消除食用农产品质量安全隐患。"《食用农产品管理办法》第四十七条第三项规定："集中交易市场开办者违反本办法第九条至第十二条、第十六条第二款、第十七条规定，有下列情形之一的，由县级以上食品药品监督管理部门责令改正，给予警告；拒不改正的，处 5000 元以上 3 万元以下罚款：……（三）未制定食品安全事故处置方案的；……"由此可知，集中交易市场开办者不制定食品安全事故处置方案的行为违反了《食用农产品管理办法》第九条第四款的规定，符合《食用农产品管理办法》第四十七条第三项的情形。

因此，集中交易市场开办者必须按照要求制定食品安全事故处置方案。如不制定食品安全事故处置方案，应当依据《食用农产品管理办法》第四十七条第三项的规定责令其改正违法行为，给予警告处罚；拒不改正的，处 5000 元以上 3 万元以下罚款的处罚。

275 食用农产品销售者租赁仓库的，贮存服务提供者应当履行哪些义务？

《食用农产品管理办法》第二十八条规定，销售者租赁仓库的，应当选择能够保障食用农产品质量安全的食用农产品贮存服务提供者。贮存服务提供者应当按照食用农产品质量安全的要求贮存食用农产品，履行下列义务：

（一）如实向所在地县级食品药品监督管理部门报告其名称、地址、法定代表人或者负责人姓名、社会信用代码或者身份证号码、联系方式以及所提供服务的销售者名称、贮存的食用农产品品种、数量等信息。

（二）查验所提供服务的销售者的营业执照或者身份证明和食用农产品产地或者来源证明、合格证明文件，并建立进出货台账，记录食用农产品名称、产地、贮存日期、出货日期、销售者名称或者姓名、联系方式等。进出货台账和相关证明材料保存期限不得少于 6 个月。

（三）保证贮存食用农产品的容器、工具和设备安全无害，保持清洁，防止污染，保证食用农产品质量安全所需的温度、湿度和环境等特殊要求，不得将食用农产品与有毒、有害物品一同贮存。

（四）贮存肉类冻品应当查验并留存检疫合格证明、肉类检验合格证明等证明文件。

（五）贮存进口食用农产品，应当查验并记录出入境检验检疫部门出具的入境货物检验检疫证明等证明文件。

（六）定期检查库存食用农产品，发现销售者有违法行为的，应当及时制止并立即报告所在地县级食品药品监督管理部门。

（七）法律、法规规定的其他义务。

276 销售标注伪造、冒用的认证标志等质量标志的食用农产品，应当承担什么法律责任？

情景再现：2019 年 3 月 6 日，某电视新闻曝光某知名超市（以下简称"当事人"）将"有机食品"与普通蔬菜混卖销售。散装黄瓜（普通蔬菜）一斤 2.98 元，盒装有机黄瓜（有机产品）一公斤 66.98 元。普通娃娃菜一袋三棵 4.5 元，有机娃娃菜一盒两棵 23.5 元。记者购买了某品牌的有机黄瓜、娃娃菜等几个品种的有机蔬菜，然后分别输入其有机码进行查询，按照查询到的信息，记者找到了这几种菜的生产基地。该生产基地目前种植蔬菜的温棚有 8 个，但记者并没有看到在超市里售卖的有机胡萝卜、西红柿和芹菜。而且，记者发现有大量的化肥堆放在有机种植基地的耕地里。经某食品安全监管等部门依法查证，当事人销售的"有机产品"全部是某食用农产品生产企业标注伪造、冒用的认证标志等质量标志的普通蔬菜。

法律分析：《食用农产品管理办法》第二十五条第十二项规定禁止销售标注伪造、冒用的认证标志等质量标志的食用农产品。由此判定，当事人违反了《食用农产品管理办法》第二十五条第十二项的规定。

《食用农产品管理办法》第五十条第三款规定："违反本办法第二十五条第七项、第十二项规定，销售……，标注伪造、冒用的认证标志等质量标志的食用农产品的，由县级以上食品药品监督管理部门责令改正，处 1 万元以上 3 万元以下罚款。"由此可知，当事人销售标注伪造、冒用的认证标志等质量标志的食用农产品的行为符合《食用农产品管理办法》第五十条第三款的情形。

因此，销售标注伪造、冒用的认证标志等质量标志的食用农产品，应当依据《食用农产品管理办法》第五十条第三款的规定责令当事人改正违法行为，处 1 万元以上 3 万元以下罚款的处罚。

277 食用农产品的包装、标识、标签是怎么规定的？

《农产品质量安全法》（2018 年版）第二十八条规定，农产品生产企业、农民专业合作经济组织以及从事农产品收购的单位或者个人销售的农产品，按照规定应当包装或者附加标识的，须经包装或者附加标识后方可销售。包装物或者标识上应当按照规定标明产品的品名、产地、生产者、生产日期、保质期、产品质量等级等内容；使用添加剂的，还应当按照规定标明添加剂的名称。具体办法由国务院农业行政主管部门制定。《农产品包装和标识管理办法》（农业部令第70号）第十条规定，农产品生产企业、农民专业合作经济组织以及从事农产品收购的单位或者个人包装销售的农产品，应当在包装物上标注或者附加标识标明品名、产地、生产者或者销售者名称、生产日期。有分级标准或者使用添加剂的，还应当标明产品质量等级或者添加剂名称。未包装的农产品，应当采取附加标签、标识牌、标识带、说明书等形式标明农产品的品名、生产地、生产者或者销售者名称等内容。

《食用农产品管理办法》第三十二条规定，销售按照规定应当包装或者附加标签的食用农产品，在包装或者附加标签后方可销售。包装或者标签上应当按照规定标注食用农产品名称、产地、生产者、生产日期等内容；对保质期有要求的，应当标注保质期；保质期与贮藏条件有关的，应当予以标明；有分级标准或者使用食品添加剂的，应当标明产品质量等级或者食品添加剂名称。食用农产品标签所用文字应当使用规范的中文，标注的内容应当清楚、明显，不得含有虚假、错误或者其他误导性内容。第三十三条规定，销售获得无公害农产品、绿色食品、有机农产品等认证的食用农产品以及省级以上农业行政部门规定的其他需要包装销售的食用农产品应当包装，并标注相应标志和发证机构，鲜活畜、禽、水产品等除外。第五十二条规定，销售者违反本办法第三十二条、第三十三条、第三十五条规定，未按要求进行包装或者附加标签的，由县级以上食品药品监督管理部门责令改正，给予警告；拒不改正的，处5000元以上3万元以下罚款。

食用农产品不属于预包装食品，食用农产品的包装、标识应当按照《农产品质量安全法》《农产品包装和标识管理办法》《食用农产品管理办法》等规定进行包装和标识。需要包装的食用农产品，外包装上应当标明产品的品名、产地、生产者、生产日期、保质期、产品质量等级等内容。未包装的农产品，应当采取附加标签、标识牌、标识带、说明书等形式标明农产品的品名、产地、生产者或者销售者名称等内容。无公害农产品、绿色食品、有机农产品必须进行包装，并标注相应标志和发证机构，鲜活畜、禽、水产品等除外。

《食品安全法》规定市场上销售的食用农产品由食品安全监管部门负责监管，市场上销售的食用农产品未按要求进行包装或者附加标识的，应当依据《食用农产品管理办法》第五十二条规定责令其改正违法行为，给予警告处罚；拒不改正的，处5000元以上3万元以下罚款的处罚。

278 进口食用农产品的包装或者标签有哪些规定？

《食用农产品管理办法》第三十五条第一款规定，进口食用农产品的包装或者标签应当符合我国法律、行政法规的规定和食品安全国家标准的要求，并载明原产地，境内代理商的名称、地址、联系方式。

279 进口鲜冻肉类产品的包装有哪些规定？

《食用农产品管理办法》第三十五条第二款规定，进口鲜冻肉类产品的包装应当标明产品名称、原产国（地区）、生产企业名称、地址以及企业注册号、生产批号；外包装上应当以中文标明规格、产地、目的地、生产日期、保质期、储存温度等内容。《进出口肉类产品检验检疫监督管理办法》（国家质量监督检验检疫总局令第 136 号）规定，进口鲜冻肉类产品包装应当符合：（一）内外包装使用无毒、无害的材料，完好无破损；（二）内外包装上应当标明产地国、品名、生产企业注册号、生产批号；（三）外包装上应当以中文标明规格、产地（具体到州/省/市）、目的地、生产日期、保质期、储存温度等内容，目的地应当标明为中华人民共和国，加施输出国家或者地区官方检验检疫标识。

280 食用农产品销售者在什么情况下必须采取召回措施？

《食用农产品管理办法》第三十六条规定："销售者发现其销售的食用农产品不符合食品安全标准或者有证据证明可能危害人体健康的，应当立即停止销售，通知相关生产经营者、消费者，并记录停止销售和通知情况。由于销售者的原因造成其销售的食用农产品不符合食品安全标准或者有证据证明可能危害人体健康的，销售者应当召回。……"

因此，食用农产品销售者由于自己的原因造成其销售的食用农产品不符合食品安全标准或者有证据证明可能危害人体健康的，销售者应当召回。

281 猪肉"两证两章"指什么？

猪肉"两证两章"指：动物产品检疫合格证、肉品品质检验合格证、动物检疫验讫印章、肉品品质检验验讫印章。

《生猪屠宰管理条例》规定，国家实行生猪定点屠宰、集中检疫制度。生猪定点屠宰厂（场）屠宰的生猪，应当依法经动物卫生监督机构检疫合格，并附有检疫证明。经肉品品质检验合格的生猪产品，生猪定点屠宰厂（场）应当加盖肉品品质检验合格验讫印章或者附具肉品品质检验合格标志。

282 集中交易市场、商场、超市等销售病死、毒死或者死因不明的禽、畜、兽、水产动物肉类，应当承担什么法律责任？

《食用农产品管理办法》第二十五条第五项规定："禁止销售下列食用农产

品：……（五）病死、毒死或者死因不明的禽、畜、兽、水产动物肉类；……"《食用农产品管理办法》第五十条第一款规定："销售者违反本办法第二十五条……、第五项、……规定的，由县级以上食品药品监督管理部门依照《食品安全法》第一百二十三条第一款的规定给予处罚。"

因此，集中交易市场、商场、超市等销售病死、毒死或者死因不明的禽、畜、兽、水产动物肉类的行为违反了《食用农产品管理办法》第二十五条第五项的规定，符合《食用农产品管理办法》第五十条第一款的情形，应当依照《食品安全法》第一百二十三条第一款的规定给予处罚。

283 商场、超市等销售未按规定进行检疫或者检疫不合格的肉类，应当承担什么责任？

《食用农产品管理办法》第二十五条第六项规定："禁止销售下列食用农产品：……（六）未按规定进行检疫或者检疫不合格的肉类；……"《食用农产品管理办法》第五十条第一款规定："销售者违反本办法第二十五条……、第六项、……规定的，由县级以上食品药品监督管理部门依照《食品安全法》第一百二十三条第一款的规定给予处罚。"

因此，商场、超市等销售未按规定进行检疫或者检疫不合格的肉类的行为违反了《食用农产品管理办法》第二十五条第六项的规定，符合《食用农产品管理办法》第五十条第一款的情形，应当依照《食品安全法》第一百二十三条第一款的规定给予处罚。

284 市场销售使用食品添加剂日落黄的白条鸡，应当承担什么法律责任？

白条鸡属于食用农产品，食品添加剂日落黄的使用范围限于糕点、水果调味糖浆、饮料、调制酒、果冻、膨化食品等食品；不包括生、鲜肉，熟肉制品。因此，销售使用食品添加剂日落黄的白条鸡则构成了销售超范围使用食品添加剂的食用农产品。《食用农产品管理办法》第二十五条第三项规定："禁止销售下列食用农产品：……（三）超范围、超限量使用食品添加剂的；……"《食用农产品管理办法》第五十条第二款规定："违反本办法第二十五条……、第三项、……规定的，由县级以上食品药品监督管理部门依照《食品安全法》第一百二十四条第一款的规定给予处罚。"

因此，销售超范围使用食品添加剂的食用农产品的行为违反了《食用农产品管理办法》第二十五条第三项的规定，符合《食用农产品管理办法》第五十条第二款的情形，应当依据《食品安全法》第一百二十四条第一款的规定给予处罚。

285 销售标注虚假生产日期、保质期或者超过保质期的食用农产品，应当承担什么责任？

情景再现：2020 年 4 月 17 日，某食品安全监管部门接到张××投诉某大型超市（以下简称"当事人"）销售的鲜鸡蛋标有两个生产日期。经某食品安全监管部门查证，当事人销售的鸡蛋 7 元/kg，每袋鸡蛋重量不同，外包装上标有两个价签，打折后的价签在上面，另一价签有部分信息露在外面，但清晰可见打折后的价签标示生产日期为 2020 年 4 月 17 日，另一价签标示生产日期为 2020 年 4 月 13日。违法销售的鲜鸡蛋货值金额 1000 元，违法所得 800 元。

法律分析：当事人销售的鲜鸡蛋属于食用农产品，外包装上标有两个生产日期，由此判定有一生产日期是虚假的，因此当事人构成了销售标注虚假生产日期的食用农产品。《食用农产品管理办法》第二十五条第十项规定："禁止销售下列食用农产品：……（十）标注虚假生产日期、保质期或者超过保质期的；……"《食用农产品管理办法》第五十条第二款规定："违反本办法第二十五条……、第十项规定的，由县级以上食品药品监督管理部门依照《食品安全法》第一百二十四条第一款的规定给予处罚。"

因此，销售标注虚假生产日期、保质期或者超过保质期的食用农产品的行为违反了《食用农产品管理办法》第二十五条第十项的规定，符合《食用农产品管理办法》第五十条第二款的情形，应当依照《食品安全法》第一百二十四条第一款的规定给予处罚。

286 商场、超市销售农药残留超标的韭菜，应当承担什么法律责任？

情景再现：2019 年 4 月 23 日，某食品安全监管部门依法抽检某大型超市（以下简称"当事人"）销售的韭菜（生产日期：2019 年 4 月 22 日）。经检验，甲拌磷项目不符合 GB 2763—2019《食品安全国家标准 食品中农药最大残留限量》要求，最大残留限量为 0.01mg/kg，实测值为 0.86mg/kg，检验结论为不合格。经查证，当事人违法经营的韭菜货值金额四百元，违法所得二百元。

法律分析：韭菜属于食用农产品，甲拌磷属于农药，GB 2763—2019《食品安全国家标准 食品中农药最大残留限量》规定甲拌磷在蔬菜中最大残留限量为 0.01mg/kg，但实测值为 0.86mg/kg。因此，当事人构成了销售农药残留物质含量超过食品安全标准限量的食用农产品。《食用农产品管理办法》第二十五条第二项规定，禁止销售农药残留物质含量超过食品安全标准限量的食用农产品。《食用农产品管理办法》第五十条第二款规定："违反本办法第二十五条第二项、……规定的，由县级以上食品药品监督管理部门依照《食品安全法》第一百二十四条第一款的规定给予处罚。"

由此判定，当事人违反了《食用农产品管理办法》第二十五条第二项的规定，符合《食用农产品管理办法》第五十条第二款的情形，应当依照《食品安全法》第一百二十四条第一款的规定给予处罚。

287 商场、超市销售嘌呤超标的豆芽，应当承担什么责任？

情景再现：2017 年 10 月 17 日，某食品安全监管部门（以下简称"办案单位"）依法对某商场、超市（以下简称"当事人"）销售的黄豆芽抽样，经检验，6-苄基腺嘌呤项目不符合《国家食品药品监督管理总局、农业部、国家卫生和计划生育委员会公告》（2015 年第 11 号）要求，检验结果为不合格。后经某食品检验机构依法复检，复检结论与初检结论相同。经查证，违法销售的黄豆芽货值金额二千元，违法所得一千二百元。

法律分析：《国家食品药品监督管理总局、农业部、国家卫生和计划生育委员会公告》（2015 年第 11 号）中明确，……，现就豆芽生产经营中禁止使用 6-苄基腺嘌呤等物质的有关事项公告如下：

一、6-苄基腺嘌呤、4-氯苯氧乙酸钠、赤霉素等物质作为低毒农药登记管理并限定了使用范围，豆芽生产不在可使用范围之列，且目前豆芽生产过程中使用上述物质的安全性尚无结论。为确保豆芽食用安全，现重申：生产者不得在豆芽生产过程中使用 6-苄基腺嘌呤、4-氯苯氧乙酸钠、赤霉素等物质，豆芽经营者不得经营含有 6-苄基腺嘌呤、4-氯苯氧乙酸钠、赤霉素等物质的豆芽。

二、凡在豆芽生产和经营过程中违反上述规定的，由食品药品监管、农业等相关部门依照法律、法规予以处理。……

（1）刑事责任 黄豆芽属于食用农产品。根据《食品安全法》的规定，食用农产品的市场销售由食品安全监管部门负责监管。由《国家食品药品监督管理总局、农业部、国家卫生和计划生育委员会公告》（2015 年第 11 号）判定，6-苄基腺嘌呤是国务院有关部门公告禁止使用的农药。《食品安全刑事案件若干解释》第九条规定，在食用农产品种植、销售、运输、贮存等过程中，使用禁用农药等禁用物质或者其他有毒、有害物质的，依照《刑法》第一百四十四条的规定以生产、销售有毒、有害食品罪定罪处罚。因此，当事人销售的豆芽 6-苄基腺嘌呤超标，已涉嫌构成生产、销售有毒、有害食品罪。应当将案件依据《食品药品行政执法与刑事司法衔接工作办法》的有关规定移送公安机关进行审查。

（2）行政责任 黄豆芽属于食用农产品，在超市销售黄豆芽应遵守《食用农产品管理办法》的规定。《国家食品药品监督管理总局、农业部、国家卫生和计划生育委员会公告》（2015 年第 11 号）规定，6-苄基腺嘌呤等物质作为低毒农药登记管理并限定了使用范围，豆芽生产不在可使用范围之列，且目前豆芽生产过程中使用上述物质的安全性尚无结论。由此判定，在豆芽生产过程中使用的 6-苄基腺嘌呤是可能危害人体健康的物质。因此，当事人销售的黄豆芽中检出 6-苄基腺嘌呤，构成了当事人销售使用可能危害人体健康的物质的食用农产品。

《食用农产品管理办法》第二十五条第一项规定，禁止销售使用可能危害人体健康的物质的食用农产品。因此，本案当事人违反了《食用农产品管理办法》第二十五条第一项规定。《食用农产品管理办法》第五十条第一项规定："销售者违反本办法第二十五条第一项、……规定的，由县级以上食品药品监督管理部门依照《食品安全法》第一百二十三条第一款的规定给予处罚。"当事人销售使用可能危害人体健康的物质黄豆芽的行为符合《食用农产品管理办法》第五十条第一款的情形，因此应当依据《食用农产品管理办法》第五十条第一款的规定给予处罚。

如果公安机关在食品安全犯罪案件侦查过程中认为没有犯罪事实，或者犯罪事实显著轻微，不需要追究刑事责任，但依法应当追究行政责任的，此时食品安全监督管理部门应当依据《食用农产品管理办法》第五十条第一款的规定给予行政处罚。

288 食用农产品销售者符合哪些条件可以免予处罚？

《食用农产品管理办法》第五十四条规定："销售者履行了本办法规定的食用农产品进货查验等义务，有充分证据证明其不知道所采购的食用农产品不符合食品安全标准，并能如实说明其进货来源的，可以免予处罚，但应当依法没收其不符合食品安全标准的食用农产品；造成人身、财产或者其他损害的，依法承担赔偿责任。"

由此可知，食用农产品销售者免于处罚应当同时符合三个条件。一是销售者履行了本办法规定的食用农产品进货查验等义务。本办法规定的进货查验指：①销售者查验相关证明材料，不符合要求的，不得采购和销售。②销售者建立食用农产品进货查验记录，如实记录食用农产品名称、数量、进货日期以及供货者名称、地址、联系方式等内容，并保存相关凭证。记录和凭证保存期限不得少于 6 个月。③实行统一配送销售方式的销售企业，所属各销售门店应当保存总部的配送清单以及相应的合格证明文件。配送清单和合格证明文件保存期限不得少于 6 个月。④从事批发业务的食用农产品销售企业，建立销售记录，如实记录批发食用农产品名称、数量、销售日期以及购货者名称、地址、联系方式等内容，并保存相关凭证。记录和凭证保存期限不得少于 6 个月。二是有充分证据证明其不知道所采购的食用农产品不符合食品安全标准。是否符合食品安全标准，合格的检验报告就是证明食用农产品符合食品安全标准的凭证。三是能如实说明其进货来源。符合规定的进货记录以及采购发票或者采购收据，就能证明销售者能如实说明进货来源。

因此，食用农产品销售者只要同时符合上述三个条件，则可以免予处罚。

第九章

》 食品安全犯罪

289 什么是食品安全犯罪？

食品安全犯罪并不是一个严格的法律概念，因为在我国《刑法》中，食品安全犯罪并不是一个独立的罪名，而是对一类罪名的总称；而这一类罪名也并未包含相同的同类客体。因此，食品安全犯罪是《刑法》理论上对具有同类犯罪对象的一系列罪名的总称：生产、销售伪劣产品罪；生产、销售有毒有害食品罪；生产、销售不符合安全标准的食品罪；非法经营罪等。由于个罪在《刑法》分则体系中的分散以及法律概念规定的阙如，理论上与实务中对食品安全犯罪也就没有统一的定义。我国有学者将食品安全犯罪界定为在食品生产、销售过程中发生的犯罪活动，它直接危害的是广大人民群众的生命健康权，还有些学者认为食品安全犯罪是指违反国家有关食品安全的规定，足以对身体健康造成重大危害的行为。

290 什么是生产、销售伪劣产品罪？

生产、销售伪劣产品罪指生产者、销售者在产品中掺杂、掺假，以假充真，以次充好或者以不合格产品冒充合格产品，销售金额达到一定限度，追究其刑事责任的犯罪。《刑法》第一百四十条规定："生产者、销售者在产品中掺杂、掺假，以假充真，以次充好或者以不合格产品冒充合格产品，销售金额五万元以上不满二十万元的，处二年以下有期徒刑或者拘役，并处或者单处销售金额百分之五十以上二倍以下罚金；销售金额二十万元以上不满五十万元的，处二年以上七年以下有期徒刑，并处销售金额百分之五十以上二倍以下罚金；销售金额五十万元以上不满二百万元的，处七年以上有期徒刑，并处销售金额百分之五十以上二倍以下罚金；销售金额二百万元以上的，处十五年有期徒刑或者无期徒刑，并处销售金额百分之五十以上二倍以下罚金或者没收财产。"

这里所说的"销售金额",是指生产者、销售者出售伪劣产品后所得和应得的全部违法收入。多次实施生产、销售伪劣产品行为,未经处理的,伪劣产品的销售金额累计计算。生产、销售伪劣产品罪必须具备以下几个条件:第一,生产者、销售者有生产、销售伪劣产品从中谋利的故意,如果行为人在主观上不是故意的,不知所售产品是次品,而当作正品出售了,应承担民事责任,不能作为犯罪。第二,生产者、销售者在客观上实施了"在产品中掺杂、掺假,以假充真,以次充好或者以不合格产品冒充合格产品"等行为。第三,生产者、销售者在产品中掺杂、掺假,以假充真,以次充好或者以不合格产品冒充合格产品,销售金额必须达到五万元以上,才构成犯罪,如果销售金额不足五万元的,不构成犯罪。第四,生产、销售伪劣产品的犯罪主体是生产者、销售者,消费者不能构成本罪的主体。

291 生产、销售伪劣产品罪中"在产品中掺杂、掺假""以假充真""以次充好""不合格产品"分别指什么?

《伪劣商品若干问题的解释》第一条、《刑事案件追诉规定》第十六条规定,《刑法》第一百四十条规定的"在产品中掺杂、掺假",是指在产品中掺入杂质或者异物,致使产品质量不符合国家法律、法规或者产品明示质量标准规定的质量要求,降低、失去应有使用性能的行为。"以假充真",是指以不具有某种使用性能的产品冒充具有该种使用性能的产品的行为。"以次充好",是指以低等级、低档次产品冒充高等级、高档次产品,或者以残次、废旧零配件组合、拼装后冒充正品或者新产品的行为。"不合格产品",是指不符合《中华人民共和国产品质量法》第二十六条第二款规定的质量要求的产品。

292 什么是生产、销售不符合安全标准的食品罪?

生产、销售不符合安全标准的食品罪,指生产、销售的食品不符合食品安全标准,足以造成严重食物中毒事故或者其他严重食源性疾病的,追究其责任的犯罪。《刑法》第一百四十三条规定,生产、销售不符合食品安全标准的食品,足以造成严重食物中毒事故或者其他严重食源性疾病的,处三年以下有期徒刑或者拘役,并处罚金;对人体健康造成严重危害或者有其他严重情节的,处三年以上七年以下有期徒刑,并处罚金;后果特别严重的,处七年以上有期徒刑或者无期徒刑,并处罚金或者没收财产。

怎么理解"足以造成严重食物中毒事故或者其他严重食源性疾病"?《食品安全刑事案件若干解释》第一条规定,生产、销售不符合食品安全标准的食品,具有下列情形之一的,应当认定为《刑法》第一百四十三条规定的"足以造成严重食物中毒事故或者其他严重食源性疾病":①含有严重超出标准限量的致病性微生物、农药残留、兽药残留、重金属、污染物质以及其他危害人体健康的物质的。②属于病死、死因不明或者检验检疫不合格的畜、禽、兽、水产动物及其肉类、肉类制品的。③属于国家为防控疾病等特殊需要明令禁止生产、销售的。④婴幼儿食品中生长发育所需营养成分严重不符合食品安全标准的。⑤其他足以造成严重食物中毒事故或者严重食源性疾病的情形。

怎么理解"对人体健康造成严重危害"？《食品安全刑事案件若干解释》第二条规定，生产、销售不符合食品安全标准的食品，具有下列情形之一的，应当认定为《刑法》第一百四十三条规定的"对人体健康造成严重危害"：①造成轻伤以上伤害的。②造成轻度残疾或者中度残疾的。③造成器官组织损伤导致一般功能障碍或者严重功能障碍的。④造成十人以上严重食物中毒或者其他严重食源性疾病的。⑤其他对人体健康造成严重危害的情形。

怎么理解"其他严重情节"？《食品安全刑事案件若干解释》第三条规定，生产、销售不符合食品安全标准的食品，具有下列情形之一的，应当认定为《刑法》第一百四十三条规定的"其他严重情节"：①生产、销售金额二十万元以上的。②生产、销售金额十万元以上不满二十万元，不符合食品安全标准的食品数量较大或者生产、销售持续时间较长的。③生产、销售金额十万元以上不满二十万元，属于婴幼儿食品的。④生产、销售金额十万元以上不满二十万元，一年内曾因危害食品安全违法犯罪活动受过行政处罚或者刑事处罚的。⑤其他情节严重的情形。

怎么理解"后果特别严重"？《食品安全刑事案件若干解释》第四条规定，生产、销售不符合食品安全标准的食品，具有下列情形之一的，应当认定为《刑法》第一百四十三条规定的"后果特别严重"：①致人死亡或者重度残疾的。②造成三人以上重伤、中度残疾或者器官组织损伤导致严重功能障碍的。③造成十人以上轻伤、五人以上轻度残疾或者器官组织损伤导致一般功能障碍的。④造成三十人以上严重食物中毒或者其他严重食源性疾病的。⑤其他特别严重的后果。

293　什么是生产、销售有毒、有害食品罪？

生产、销售有毒、有害食品罪，指生产、销售的食品中掺入有毒、有害的非食品原料，或者销售明知掺有有毒、有害的非食品原料的食品，依法追究其责任的犯罪。《刑法》第一百四十四条规定，在生产、销售的食品中掺入有毒、有害的非食品原料的，或者销售明知掺有有毒、有害的非食品原料的食品的，处五年以下有期徒刑，并处罚金；对人体健康造成严重危害或者有其他严重情节的，处五年以上十年以下有期徒刑，并处罚金；致人死亡或者有其他特别严重情节的，依照本法第一百四十一条的规定处罚。

怎么理解"有毒、有害的非食品原料"？《食品安全刑事案件若干解释》第二十条规定，下列物质应当认定为"有毒、有害的非食品原料"：①法律、法规禁止在食品生产经营活动中添加、使用的物质。②国务院有关部门公布的《食品中可能违法添加的非食用物质名单》《保健食品中可能非法添加的物质名单》上的物质。③国务院有关部门公告禁止使用的农药、兽药以及其他有毒、有害物质。④其他危害人体健康的物质。

怎么理解"对人体健康造成严重危害"？《食品安全刑事案件若干解释》第五条规定，生产、销售有毒、有害食品，具有下列情形之一的，应当认定为《刑法》第一百四十四条规定的"对人体健康造成严重危害"：①造成轻伤以上伤害的。②造成轻度残疾或者中度残疾的。③造成器官组织损伤导致一般功能障碍或者严重功能障碍的。④造成十人以上严重食物中毒或者其他严重食源性疾病的。⑤其他对人体健康造成严重危害的情形。

怎么理解"其他严重情节"？《食品安全刑事案件若干解释》第六条规定，生产、销售有毒、有害食品，具有下列情形之一的，应当认定为《刑法》第一百四十四条规定的"其他严重情节"：①生产、销售金额二十万元以上不满五十万元的。②生产、销售金额十万元以上不满二十万元，有毒、有害食品的数量较大或者生产、销售持续时间较长的。③生产、销售金额十万元以上不满二十万元，属于婴幼儿食品的。④生产、销售金额十万元以上不满二十万元，一年内曾因危害食品安全违法犯罪活动受过行政处罚或者刑事处罚的。⑤有毒、有害的非食品原料毒害性强或者含量高的。⑥其他情节严重的情形。

怎么理解"致人死亡或者有其他特别严重情节"？《食品安全刑事案件若干解释》第七条规定，生产、销售有毒、有害食品，生产、销售金额五十万元以上，或者具有下列情形之一的，应当认定为《刑法》第一百四十四条规定的"致人死亡或者有其他特别严重情节"：①致人死亡或者重度残疾的。②造成三人以上重伤、中度残疾或者器官组织损伤导致严重功能障碍的。③造成十人以上轻伤、五人以上轻度残疾或者器官组织损伤导致一般功能障碍的。④造成三十人以上严重食物中毒或者其他严重食源性疾病的。⑤其他特别严重的后果。

---

294 什么是"地沟油"犯罪？如何区分犯罪界限？

"地沟油"犯罪，是指用餐厨垃圾、废弃油脂、各类肉及肉制品加工废弃物等非食品原料，生产、加工"食用油"，以及明知是利用"地沟油"生产、加工的油脂而作为食用油销售的行为。"地沟油"犯罪严重危害人民群众身体健康和生命安全，严重影响国家形象，损害党和政府的公信力。

最高人民法院、最高人民检察院、公安部于 2012 年 1 月发布的《关于依法严惩"地沟油"犯罪活动的通知》明确要准确理解法律规定，严格区分犯罪界限：

① 对于利用"地沟油"生产"食用油"的，依照《刑法》第一百四十四条生产有毒、有害食品罪的规定追究刑事责任。

② 明知是利用"地沟油"生产的"食用油"而予以销售的，依照《刑法》第一百四十四条销售有毒、有害食品罪的规定追究刑事责任。认定是否"明知"，应

当结合犯罪嫌疑人、被告人的认知能力，犯罪嫌疑人、被告人及其同案人的供述和辩解，证人证言，产品质量，进货渠道及进货价格、销售渠道及销售价格等主、客观因素予以综合判断。

③ 对于利用"地沟油"生产的"食用油"，已经销售出去没有实物，但是有证据证明系已被查实生产、销售有毒、有害食品犯罪事实的上线提供的，依照《刑法》第一百四十四条销售有毒、有害食品罪的规定追究刑事责任。

④ 虽无法查明"食用油"是否系利用"地沟油"生产、加工，但犯罪嫌疑人、被告人明知该"食用油"来源可疑而予以销售的，应分情形处理：经鉴定，检出有毒、有害成分的，依照《刑法》第一百四十四条销售有毒、有害食品罪的规定追究刑事责任；属于不符合安全标准的食品的，依照《刑法》第一百四十三条销售不符合安全标准的食品罪追究刑事责任；属于以假充真、以次充好、以不合格产品冒充合格产品或者假冒注册商标，构成犯罪的，依照《刑法》第一百四十条销售伪劣产品罪或者第二百一十三条假冒注册商标罪、第二百一十四条销售假冒注册商标的商品罪追究刑事责任。

⑤ 知道或应当知道他人实施以上第①、②、③款犯罪行为，而为其掏捞、加工、贩运"地沟油"，或者提供贷款、资金、账号、发票、证明、许可证件，或者提供技术、生产、经营场所、运输、仓储、保管等便利条件的，依照本条第①、②、③款犯罪的共犯论处。

⑥ 对违反有关规定，掏捞、加工、贩运"地沟油"，没有证据证明用于生产"食用油"的，交由行政部门处理。

⑦ 对于国家工作人员在食用油安全监管和查处"地沟油"违法犯罪活动中滥用职权、玩忽职守、徇私枉法，构成犯罪的，依照《刑法》有关规定追究刑事责任。

295 滥用亚硝酸盐生产经营食品是否涉嫌食品安全犯罪？

亚硝酸盐属于食品添加剂，与食盐相似，使用不当，会对身体健康造成严重危害。《食品安全刑事案件若干解释》第八条第一款规定，在食品加工、销售、运输、贮存等过程中，违反食品安全标准，超限量或者超范围滥用食品添加剂，足以造成严重食物中毒事故或者其他严重食源性疾病的，依照《刑法》第一百四十三条的规定以生产、销售不符合安全标准的食品罪定罪处罚。

亚硝酸盐具有护色、防腐的功能。《食品安全法》规定禁止生产经营超范围、超限量使用食品添加剂的食品，如果食品生产经营者超范围、超限量滥用亚硝酸盐，则会构成严重违法行为。是否足以造成严重食物中毒事故或者其他严重食源性疾病，需要将案件移送公安机关进行审查，如构成食品安全犯罪，依法追究其刑事责任；如公安机关在食品安全犯罪案件侦查过程中认为没有犯罪事实，或者犯罪事实显著轻微，不需要追究刑事责任，但依法应当追究行政责任的，及时将案件移送食品安全监督管理等部门追究其行政责任。

因此，滥用亚硝酸盐生产经营食品已涉嫌食品安全犯罪。

296 某饭店使用食品添加剂硫酸铝钾、硫酸铝铵加工制作花卷、包子，是否涉嫌食品安全犯罪？

情景再现：2017 年 1 月 24 日，某市场监督管理局（以下简称"办案单位"）依法对辖区内某餐饮单位（以下简称"当事人"）加工制作的花卷抽样。经检验，铝的残留量（以干基计）项目不符合《食品添加剂使用标准》要求，实测值为 564mg/kg，标准指标为不得检出，检验结论为不合格。经查证，当事人加工制作的花卷经抽检铝的残留量不符合食品安全标准的原因，是加工制作过程中加入了食品添加剂硫酸铝钾。

法律分析：国家规定加工制作面制品禁止使用食品添加剂硫酸铝钾，饭店制作的花卷中检出铝的残留量不合格，由此判定当事人超范围使用了食品添加剂。《食品安全刑事案件若干解释》第八条规定，在食品加工、销售等过程中，违反食品安全标准，超限量或者超范围滥用食品添加剂，足以造成严重食物中毒事故或者其他严重食源性疾病的，依照《刑法》第一百四十三条的规定以生产、销售不符合安全标准的食品罪定罪处罚。第一条规定，生产、销售不符合食品安全标准的食品，具有下列情形之一的，应当认定为《刑法》第一百四十三条规定的"足以造成严重食物中毒事故或者其他严重食源性疾病"：（一）含有严重超出标准限量的致病性微生物、农药残留、兽药残留、重金属、污染物质以及其他危害人体健康的物质的。本案铝的残留量（以干基计）实测值为 564mg/kg，标准指标为不得检出，铝的残留量实测值远高于标准指标，是否属于滥用食品添加剂？是否属于《食品安全刑事案件若干解释》第一条第一项规定的"足以造成严重食物中毒事故或者其他严重食源性疾病"？需要依据《食品安全法》第一百二十一条、《食品药品行政执法与刑事司法衔接工作办法》的规定移送公安机关进行审查。经审查，构成食品安全犯罪的，依法追究其刑事责任；公安机关在依法审查后，认为不需要追究刑事责任，但依法应当追究行政责任的，应当及时将案件移送食品安全监督管理等部门进行依法处理。

因此，某饭店使用含铝食品添加剂加工制作花卷、包子已涉嫌食品安全犯罪。

297 市场、超市等销售使用孔雀石绿的鱼类，应当承担什么法律责任？

情景再现：2018 年 9 月 17 日，某食品安全监管部门依法抽检某市场销售的鲜活鲤鱼。经检验，孔雀石绿项目不符合农业部公告第 235 号要求，检验结论为不合格。后经某食品检验机构依法复检，复检结论与初检结论相同。违法销售的鲜活鲤鱼货值金额一千元，违法所得四百元。

法律分析：孔雀石绿是农业部公告第 235 号规定禁止使用的兽药，在动物性食品中不得检出。《食品安全刑事案件若干解释》第九条规定，在食用农产品养殖、销售、运输、贮存等过程中，使用禁用兽药等禁用物质或者其他有毒、有害物质的，依照《刑法》第一百四十四条的规定以生产、销售有毒、有害食品罪定罪处罚。

刑事责任：销售使用孔雀石绿的鱼类，符合《食品安全刑事案件若干解释》第九条的情形，已涉嫌构成生产、销售有毒、有害食品罪，应当依据有关规定及时将案件移送公安机关进行审查，如审查后构成生产、销售有毒、有害食品罪，由公安机关依照《刑法》第一百四十四条的规定以生产、销售有毒、有害食品罪定罪处罚。

如果公安机关在食品安全犯罪案件侦查过程中认为没有犯罪事实，或者犯罪事实显著轻微，不需要追究刑事责任，但依法应当追究行政责任的，此时食品安全监督管理等部门在案件移送后应当依法追究其行政责任。

行政责任：《食用农产品管理办法》第二十五条第一项规定："禁止销售下列食用农产品：（一）使用国家禁止的兽药和剧毒、高毒农药，或者添加食品添加剂以外的化学物质和其他可能危害人体健康的物质的；……"《食用农产品管理办法》第五十条第一款规定："销售者违反本办法第二十五条第一项、……规定的，由县级以上食品安全监督管理部门依照《食品安全法》第一百二十三条第一款的规定给予处罚。"由此可知，销售使用孔雀石绿的鱼类的行为违反了《食用农产品管理办法》第二十五条第一项的规定，符合《食用农产品管理办法》第五十条第一款的情形，应当依照《食品安全法》第一百二十三条第一款的规定给予处罚。

298 市场、超市等销售含有氟苯尼考的鸡蛋，应当承担什么法律责任？

情景再现：2017 年 2 月 10 日，某大型超市（以下简称"当事人"）销售的乌骨鲜鸡蛋（生产日期：2017 年 2 月 6 日），经依法抽检，氟苯尼考项目不符合农业部公告第 235 号要求，氟苯尼考（氟甲砜霉素）检出值为 45.3μg/kg，标准指标为不得检出，检验结论为不合格。后经某食品检验机构依法复检，复检结论与初检结论相同。

法律分析：①根据《食用农产品管理办法》第五十七条食用农产品的定义："在养殖活动中获得的供人食用的动物及其产品"，判定当事人销售的"乌骨鲜鸡蛋"属于食用农产品。农业部公告第 235 号规定氟苯尼考是产蛋家禽禁用的兽药。《食品安全刑事案件若干解释》第九条规定，在食用农产品养殖、销售等过程中，使用禁用兽药（氟苯尼考）等禁用物质或者其他有毒、有害物质的，依照《刑法》第一百四十四条的规定以生产、销售有毒、有害食品罪定罪处罚。②当事人销售的乌骨鲜鸡蛋，经检验，氟苯尼考项目不符合农业部公告第 235 号要求，氟苯尼考检出值为 45.3μg/kg，标准指标为不得检出。农业部公告第 235 号《动物性食品中兽药最高残留限量》规定，产蛋家禽禁用氟苯尼考。因此，判定当事人销售了使用国家禁止的兽药的食用农产品。《食用农产品管理办法》第二十五条第一项规定禁止销售使用国家禁止的兽药的食用农产品。《食用农产品管理办法》第五十条第一款规定："销售者违反本办法第二十五条第一项、……规定的，由县级以上食品安全监督管理部门依照《食品安全法》第一百二十三条第一款的规定给予处罚。"

刑事责任： 由法律分析①可知，市场销售含有氟苯尼考鸡蛋的行为已涉嫌构成食品安全犯罪，如审查后当事人构成生产、销售有毒、有害食品罪，应当依据《刑法》第一百四十四条的规定追究其刑事责任。

行政责任： 当公安机关审查后认为不需要追究刑事责任，但依法应当追究行政责任的，此时食品安全监督管理等部门在案件移送后应当依法追究其行政责任。由法律分析②可知，市场销售含有氟苯尼考鸡蛋的行为违反了《食用农产品管理办法》第二十五条第一项的规定，符合《食用农产品管理办法》第五十条第一款的情形，应当依照《食品安全法》第一百二十三条第一款的规定给予处罚。

299 销售含有"瘦肉精"的猪肉，应当承担什么法律责任？

情景再现： 2018 年 8 月 3 日，某生鲜超市（以下简称"当事人"）销售的猪肉（生产日期：2018 年 8 月 2 日），经依法抽检，克伦特罗项目不符合农业部公告第 235 号要求，克伦特罗检出值为 19.0μg/kg，标准指标为不得检出，检验结论为不合格。后经某食品检验机构依法复检，复检结论与初检结论相同。

法律分析： ①"瘦肉精"的学名是盐酸克仑特罗，简称克仑特罗，又名克喘素、氨哮素、氨必妥、氨双氯喘通。当事人销售的猪肉属于食用农产品。农业部公告第 235 号规定克伦特罗是禁止使用的兽药，在动物性食品中不得检出。《食品安全刑事案件若干解释》第九条规定，在食用农产品养殖、销售等过程中，使用禁用兽药（克仑特罗）等禁用物质或者其他有毒、有害物质的，依照《刑法》第一百四十四条的规定以生产、销售有毒、有害食品罪定罪处罚。②当事人销售的猪肉，经依法抽检，克伦特罗项目不符合农业部公告第 235 号要求，克伦特罗检出值为 19.0μg/kg，标准指标为不得检出，检验结论为不合格。农业部公告第 235 号规定克伦特罗是禁止使用的兽药。《食用农产品管理办法》第二十五条第一项规定禁止销售使用国家禁止的兽药的食用农产品。《食用农产品管理办法》第五十条第一款规定："销售者违反本办法第二十五条第一项、……规定的，由县级以上食品安全监督管理部门依照《食品安全法》第一百二十三条第一款的规定给予处罚。"

刑事责任： 由法律分析①可知，当事人销售含有"瘦肉精"猪肉的行为已涉嫌构成食品安全犯罪，如审查后当事人构成生产、销售有毒、有害食品罪，应当依据《刑法》第一百四十四条的规定追究其刑事责任。

行政责任：当公安机关审查后认为不需要追究刑事责任，但依法应当追究行政责任的，此时食品安全监督管理等部门在案件移送后应当依法追究其行政责任。由法律分析②可知，当事人销售含有"瘦肉精"猪肉的行为违反了《食用农产品管理办法》第二十五条第一项的规定，符合《食用农产品管理办法》第五十条第一项的情形，应当依照《食品安全法》第一百二十三条第一款的规定给予处罚。

300 经营含有罂粟壳的火锅，应当承担什么法律责任？

情景再现：2017 年 6 月 29 日，某食品安全监管部门依法抽检某火锅店（以下简称"当事人"）使用的火锅底料。经检验，罂粟壳项目不符合食品整治办〔2008〕3 号要求，检验结论为不合格。后经某食品检验机构依法复检，复检结论与初检结论相同。

法律分析：①罂粟壳中含有吗啡、可待因、罂粟碱等生物碱类物质。其中吗啡、可待因和罂粟碱这 3 种化合物在罂粟壳中含量较高，比较有代表性。罂粟壳是列入食品整治办〔2008〕3 号《食品中可能违法添加的非食用物质名单（第一批）》中的物质。《食品安全刑事案件若干解释》第二十条第二项规定，国务院有关部门公布的《食品中可能违法添加的非食用物质名单》上的物质，应当认定为"有毒、有害的非食品原料"。因此，罂粟壳应当认定为"有毒、有害的非食品原料"。《食品安全刑事案件若干解释》第九条规定，在食品加工、销售、运输、贮存等过程中，掺入有毒、有害的非食品原料，或者使用有毒、有害的非食品原料加工食品的，依照《刑法》第一百四十四条的规定以生产、销售有毒、有害食品罪定罪处罚。

由此可知，当事人经营含有罂粟壳火锅的行为已涉嫌构成食品安全犯罪，如审查后当事人构成生产、销售有毒、有害食品罪，应当依据《刑法》第一百四十四条的规定追究其刑事责任。

②《食品安全法》第三十四条第一项规定："禁止生产经营下列食品、食品添加剂、食品相关产品：（一）用非食品原料生产的食品或者添加食品添加剂以外的化学物质和其他可能危害人体健康物质的食品，或者用回收食品作为原料生产的食品。"《食品安全法》第一百二十三条第一款第一项规定："违反本法规定，有下列情形之一，尚不构成犯罪的，由县级以上人民政府食品安全监督管理部门没收违法所得和违法生产经营的食品，并可以没收用于违法生产经营的工具、设备、原料等物品；违法生产经营的食品货值金额不足一万元的，并处十万元以上十五万元以下罚款；货值金额一万元以上的，并处货值金额十五倍以上三十倍以下罚款；情节严重的，吊销许可证，并可以由公安机关对其直接负责的主管人员和其他直接责任人员处五日以上十五日以下拘留：（一）用非食品原料生产食品、在食品中添加食品添加剂以外的化学物质和其他可能危害人体健康的物质，或者用回收食品作为原料生产食品，或者经营上述食品；……"

　　由此可知，当事人经营含有罂粟壳火锅的行为违反了《食品安全法》第三十四条第一项的规定，符合《食品安全法》第一百二十三条第一款第一项的情形，应当依据《食品安全法》第一百二十三条第一款第一项的规定给予当事人没收违法所得和违法生产经营的食品，并处罚款的行政处罚。

　　当公安机关审查后认为不需要追究刑事责任，但依法应当追究行政责任的，由法律分析②可知，当事人经营含有罂粟壳火锅的行为应当依据《食品安全法》第一百二十三条第一款第一项的规定给予当事人没收违法所得和违法生产经营的食品，并处罚款的行政处罚。

301　"有毒、有害的非食品原料"包括哪些物质？

　　《食品安全刑事案件若干解释》第二十条规定，下列物质应当认定为"有毒、有害的非食品原料"：

　　① 法律、法规禁止在食品生产经营活动中添加、使用的物质；

　　② 国务院有关部门公布的《食品中可能违法添加的非食用物质名单》《保健食品中可能非法添加的物质名单》上的物质；

　　③ 国务院有关部门公告禁止使用的农药、兽药以及其他有毒、有害物质；

　　④ 其他危害人体健康的物质。

302　如何判定一种物质是否属于非法添加物？

　　判定一种物质是否属于非法添加物：第一，此物质不属于传统上认为是食品原料的；第二，不属于批准使用的新资源食品的；第三，不属于国务院卫生部门和国务院食品安全监管部门公布的食药两用或作为普通食品管理物质的；第四，未列入我国食品添加剂（《食品添加剂使用标准》）及卫生部门食品营养强化剂公告、营养强化剂品种名单（《食品营养强化剂使用标准》）及卫生部门食品营养强化剂公告的；第五，其他我国法律、法规允许使用物质之外的物质。

303　食品中可能违法添加的非食用物质有哪些？

　　全国打击违法添加非食用物质和滥用食品添加剂专项整治领导小组自 2008 年以来，共发布六批食品中可能违法添加的非食用物质名单（见表 13～表 18）：

表 13　食品中可能违法添加的非食用物质名单（第一批）

序号	名称	主要成分	可能添加的主要食品类别	可能的主要作用
1	吊白块	次硫酸钠甲醛	腐竹、粉丝、面粉、竹笋	增白、保鲜、增加口感、防腐
2	苏丹红	苏丹红Ⅰ	辣椒粉、含辣椒类的食品（辣椒酱、辣味调味品）	着色
3	王金黄、块黄	碱性橙Ⅱ	腐皮	着色

续表

序号	名称	主要成分	可能添加的主要食品类别	可能的主要作用
4	蛋白精、三聚氰胺		乳及乳制品	虚高蛋白含量
5	硼酸与硼砂		腐竹、肉丸、凉粉、凉皮、面条、饺子皮	增筋
6	硫氰酸钠		乳及乳制品	保鲜
7	玫瑰红 B	罗丹明 B	调味品	着色
8	美术绿	铅铬绿	茶叶	着色
9	碱性嫩黄		豆制品	着色
10	酸性橙		卤制熟食	着色
11	工业用甲醛		海参、鱿鱼等干水产品、血豆腐	改善外观和质地
12	工业用火碱		海参、鱿鱼等干水产品、生鲜乳	改善外观和质地、防腐
13	一氧化碳		金枪鱼、三文鱼	改善色泽
14	硫化钠		味精	
15	工业硫黄		白砂糖、辣椒、蜜饯、银耳、龙眼、胡萝卜、姜等	漂白、防腐
16	工业染料		小米、玉米粉、熟肉制品等	着色
17	罂粟壳		火锅、火锅底料及小吃类	

表 14　食品中可能违法添加的非食用物质名单（第二批）

序号	名称	主要成分	可能添加的主要食品类别	可能的主要作用
1	革皮水解物	革皮水解蛋白	乳与乳制品、含乳饮料	增加蛋白质含量
2	溴酸钾	溴酸钾	小麦粉	增筋
3	β-内酰胺酶（金玉兰酶制剂）	β-内酰胺酶	乳与乳制品	掩蔽、抗生素
4	富马酸二甲酯	富马酸二甲酯	糕点	防腐、防虫

表 15　食品中可能违法添加的非食用物质名单（第三批）

序号	名称	主要成分	可能添加的主要食品类别	可能的主要作用
1	废弃食用油脂		食用油脂	掺假
2	工业用矿物油		陈化大米	改善外观
3	工业明胶		冰淇淋、肉皮冻等	改善形状、掺假
4	工业酒精		勾兑假酒	降低成本
5	敌敌畏		火腿、鱼干、咸鱼等制品	驱虫
6	毛发水		酱油等	掺假
7	工业用乙酸	游离矿酸	勾兑食醋	调节酸度

表 16 食品中可能违法添加的非食用物质名单（第四批）

序号	名称	主要成分	可能添加或存在的食品种类	添加目的	涉及环节
1	β-兴奋剂类药物	盐酸克伦特罗(瘦肉精)、莱克多巴胺等	猪肉、牛羊肉及肝脏等	提高瘦肉率	养殖
2	硝基呋喃类药物	呋喃唑酮、呋喃它酮、呋喃西林、呋喃妥因	猪肉、禽肉、动物性水产品	抗感染	养殖
3	玉米赤霉醇	玉米赤霉醇	牛羊肉及肝脏、牛奶	促进生长	养殖
4	抗生素残渣	万古霉素	猪肉	抗感染	养殖
5	镇静剂	氯丙嗪安定	猪肉	镇静、催眠、减少能耗	养殖、运输
6	荧光增白物质		双孢蘑菇、金针菇、白灵菇、面粉	增白	加工、流通
7	工业氯化镁	氯化镁	木耳	增加重量	加工、流通
8	磷化铝	磷化铝	木耳	防腐	加工、流通
9	馅料原料漂白剂	二氧化硫脲	焙烤食品	漂白	加工、餐饮
10	酸性橙 II		黄鱼、鲍汁、腌卤肉制品、红壳瓜子、辣椒面和豆瓣酱	增色	流通
11	抗生素	磺胺类、喹诺酮类、氯霉素、四环素、β-内酰胺类	生食水产品、肉制品、猪肠衣、蜂蜜	杀菌、防腐	餐饮
12	喹诺酮类	喹诺酮类	麻辣烫类食品	杀菌、防腐	餐饮
13	水玻璃	硅酸钠	面制品	增加韧性	餐饮
14	孔雀石绿	孔雀石绿	鱼类	抗感染	养殖、流通
15	乌洛托品	六亚甲基四胺	腐竹、米线等	防腐	加工

表 17 食品中可能违法添加的非食用物质名单（第五批）

序号	名称	主要成分	可能添加或存在的食品种类	添加目的	可能涉及的环节
1	五氯酚钠	五氯酚钠	河蟹	灭螺、清除野杂鱼	养殖
2	喹乙醇	喹乙醇	水产养殖饲料	促生长	养殖
3	碱性黄	硫代黄素	大黄鱼	染色	流通
4	磺胺二甲嘧啶	磺胺二甲嘧啶	叉烧肉类	防腐	餐饮
5	敌百虫	敌百虫	腌制食品	防腐	生产加工

表 18　食品中可能违法添加的非食用物质和易滥用的食品添加剂名单（第六批）

名　　称	可能添加的食品品种
邻苯二甲酸酯类物质，主要包括： 邻苯二甲酸二(2-乙基)己酯(DEHP) 邻苯二甲酸二异壬酯(DINP) 邻苯二甲酸二苯酯 邻苯二甲酸二甲酯(DMP) 邻苯二甲酸二乙酯(DEP) 邻苯二甲酸二丁酯(DBP) 邻苯二甲酸二戊酯(DPP) 邻苯二甲酸二己酯(DHXP) 邻苯二甲酸二壬酯(DNP) 邻苯二甲酸二异丁酯(DIBP) 邻苯二甲酸二环己酯(DCHP) 邻苯二甲酸二正辛酯(DNOP) 邻苯二甲酸丁基苄基酯(BBP) 邻苯二甲酸二(2-甲氧基)乙酯(DMEP) 邻苯二甲酸二(2-乙氧基)乙酯(DEEP) 邻苯二甲酸二(2-丁氧基)乙酯(DBEP) 邻苯二甲酸二(4-甲基-2-戊基)酯(BMPP)等	乳化剂类食品添加剂、使用乳化剂的其他类食品添加剂或食品等

304　易滥用的食品添加剂品种有哪些?

全国打击违法添加非食用物质和滥用食品添加剂专项整治领导小组自 2008 年以来，共发布以下食品加工过程中易滥用的食品添加剂品种名单（见表 19～表 23）：

表 19　食品加工过程中易滥用的食品添加剂品种名单（第一批）

序号	食品类别	可能易滥用的添加剂品种或行为
1	渍菜(泡菜等)、葡萄酒	着色剂(胭脂红、柠檬黄等)超量或超范围(诱惑红、日落黄等)使用
2	水果冻、蛋白冻类	着色剂、防腐剂的超量或超范围使用,酸度调节剂(己二酸等)的超量使用
3	腌菜	着色剂、防腐剂、甜味剂(糖精钠、甜蜜素等)超量或超范围使用
4	面点、月饼、酒类(配制酒除外)	馅中乳化剂的超量使用(蔗糖脂肪酸酯等),或超范围使用(乙酰化单甘脂肪酸酯等);防腐剂,违规使用着色剂,超量或超范围使用甜味剂
5	面条、饺子皮	面粉处理剂超量
6	糕点、面制品和膨化食品	使用膨松剂(硫酸铝钾、硫酸铝铵等)过量,造成铝的残留量超标准;超量使用水分保持剂磷酸盐类(磷酸钙、焦磷酸二氢二钠等);超量使用增稠剂(黄原胶、黄蜀葵胶等);超量使用甜味剂(糖精钠、甜蜜素等)
7	馒头	违法使用漂白剂硫黄熏蒸
8	油条	使用膨松剂(硫酸铝钾、硫酸铝铵)过量,造成铝的残留量超标准

序号	食品类别	可能易滥用的添加剂品种或行为
9	肉制品和卤制熟食、腌肉料和嫩肉粉类产品	使用护色剂(硝酸盐、亚硝酸盐),易出现超过使用量和成品中的残留量超过标准问题
10	小麦粉	违规使用二氧化钛,超量使用过氧化苯甲酰、硫酸铝钾

表 20 食品加工过程中易滥用的食品添加剂品种名单 (第三批)

序号	易滥用的添加剂品种	可能添加的主要食品类别
1	滑石粉	小麦粉
2	硫酸亚铁	臭豆腐等

表 21 食品中可能滥用的食品添加剂品种名单 (第四批)

序号	名称	主要成分	可能添加或存在的食品种类	添加目的	涉及环节
1	山梨酸	山梨酸	乳制品(除干酪外)	防腐	加工
2	纳他霉素	纳他霉素	乳制品(除干酪外)	防腐	加工
3	硫酸铜	硫酸铜	蔬菜干制品	掩盖伪劣产品	加工

表 22 食品中可能易滥用的食品添加剂品种名单 (第五批)

序号	食品添加剂	可能添加的主要食品类别	主要用途	可能涉及的环节
1	胭脂红	鲜瘦肉	增色	生产加工、流通
2	柠檬黄	大黄鱼、小黄鱼	染色	流通
3	焦亚硫酸钠	陈粮、米粉等	漂白、防腐、保鲜	流通、餐饮
4	亚硫酸钠	烤鱼片、冷冻虾、烤虾、鱼干、鱿鱼丝、蟹肉、鱼糜等	防腐、漂白	流通、餐饮

表 23 食品中可能违法添加的非食用物质和易滥用的食品添加剂名单 (第六批)

名　称	可能添加的食品品种
邻苯二甲酸酯类物质,主要包括: 邻苯二甲酸二(2-乙基)己酯(DEHP) 邻苯二甲酸二异壬酯(DINP) 邻苯二甲酸二苯酯 邻苯二甲酸二甲酯(DMP) 邻苯二甲酸二乙酯(DEP) 邻苯二甲酸二丁酯(DBP) 邻苯二甲酸二戊酯(DPP) 邻苯二甲酸二己酯(DHXP) 邻苯二甲酸二壬酯(DNP) 邻苯二甲酸二异丁酯(DIBP) 邻苯二甲酸二环己酯(DCHP) 邻苯二甲酸二正辛酯(DNOP)	乳化剂类食品添加剂、使用乳化剂的其他类食品添加剂或食品等

续表

名　　称	可能添加的食品品种
邻苯二甲酸丁基苄基酯（BBP） 邻苯二甲酸二（2-甲氧基）乙酯（DMEP） 邻苯二甲酸二（2-乙氧基）乙酯（DEEP） 邻苯二甲酸二（2-丁氧基）乙酯（DBEP） 邻苯二甲酸二（4-甲基-2-戊基）酯（BMPP）	乳化剂类食品添加剂、使用乳化剂的其他类食品添加剂或食品等

附 录

餐饮服务食品安全管理人员必备知识参考题库

（共 200 题，其中判断 100 题，单选 50 题，多选 50 题）

一、判断题（共 100 题）

1. 餐饮服务提供者对其加工制作和经营的食品安全负责。（对）

2. 任何单位将食堂对外承包经营，单位的负责人都要对食品安全负责。（对）

3. 中小学校和幼儿园委托社会供餐，也要对食品安全负责。（对）

4. 学校（含托幼机构）校（院）长是学校（含托幼机构）食品安全第一责任人。（对）

5. 餐饮服务提供者应当对员工进行食品安全知识培训，保证食品安全。（对）

6. 食品经营企业应当配备食品安全管理人员并经考核合格。（对）

7. 大型餐饮服务企业和餐饮连锁企业及设有食堂的大中专院校应当建立食品安全管理机构并配备专职管理人员。（对）

8. 食品安全管理人员应当负责对购买的食品原辅料、食品加工制作过程、餐（饮）具清洗消毒、环境卫生等进行管理。（对）

9. 任何单位和个人不得对食品安全事故隐瞒、谎报、缓报，不得隐匿、伪造、毁灭有关证据。（对）

10. 餐饮服务提供者在发生食品安全事故后隐匿、伪造、毁灭有关证据的，责令停产停业，没收违法所得并处 10 万元以上 50 万元以下罚款。（对）

11. 任何组织或者个人有权举报食品安全违法行为。（对）

12. 倡导餐饮服务提供者公开加工过程，公示食品原料及其来源。（对）

13. 食品经营许可申请人应当对许可申请材料的真实性负责。（对）

14. 委托他人办理食品经营许可申请的，代理人应当提交授权委托书以及代理人的身份证明文件。（对）

15. 食品经营许可证的正本和副本具有同等法律效力。（对）

16. 餐饮服务提供者不得伪造、涂改、倒卖、出租、出借、转让食品经营许可证。（对）

17. 转让餐馆时，可以将食品经营许可证一并转让。（错）

18. 食品经营许可的事项发生变化后，应当在 10 个工作日内申请变更。（对）

19. 餐饮服务提供者应当对监督检查人员现场检查中形成的检查记录、询问记录和抽样检验等文书进行核对，核对无误后签字或者盖章。（对）

20. 日常监督检查结果为不符合，有发生食品安全事故潜在风险时，餐饮服务提供者应当边整改边经营。（错）

21. 日常监督检查结果为基本符合时，餐饮服务提供者应当按照监管部门的要求限期整改，并报告整改情况。（对）

22. 职业学校、普通中等学校、小学、特殊教育学校、托幼机构的食堂原则上不得申请生食类食品制售项目。（对）

23. 制作生食海产品时可以不在专间操作。（错）

24. 餐饮服务提供者不得采购、贮存、使用亚硝酸盐。（对）

25. 餐饮服务提供者可以在食品库房内存放杀虫剂、鼠药。（错）

26. 餐饮服务提供者不得使用工业用洗涤剂、消毒剂对餐（饮）具进行清洗、消毒。（对）

27. 餐饮服务提供者可以将醇基燃料作为酒水提供给消费者饮用。（错）

28. 餐饮服务场所内可以设立圈养、宰杀活的禽畜类动物的区域。（错）

29. 餐饮服务提供者采购蔬菜水果时可以到商场、超市、蔬菜水果种植基地、批发市场采购，采购时要查验蔬菜水果的感官性状。（对）

30. 餐饮服务提供者采购肉类时可以到屠宰场、商场、超市采购，在屠宰场采购的应当索取肉品的检疫合格证明。（对）

31. 餐饮服务提供者不得采购来源不明、标识不清、感官性状异常的食用油。（对）

32. 餐饮服务提供者经营的酒水饮料可以从取得许可证的生产企业、商场、超市采购，不得销售假酒。（对）

33. 餐饮服务企业采购食品，应保存购货凭证，如实记录食品的名称、数量、进货日期等内容。（对）

34. 实行统一配送经营方式的餐饮服务企业，可以由企业总部统一查验供货者的许可证和食品合格证明文件，进行食品进货查验。（对）

35. 添加了食品添加剂的食品一定不安全。（错）

36. 天然食品添加剂一定比化学合成的食品添加剂更安全。（错）

37. 餐饮服务提供者应当定期检查库存食品，及时清理变质或者超过保质期的

食品。（对）

38. 餐饮服务企业应当制定食品安全事故处置方案。（对）

39. 接触直接入口食品的包装材料、餐具、饮具和容器应当无毒、清洁。（对）

40. "冷食类食品"一般指无需再加热，在常温或者低温状态下即可食用的食品，包括熟食卤味、生食瓜果蔬菜、腌菜等。（对）

41. "生食类食品"一般特指生食水产品，尽量不要生食淡水水产品。（对）

42. 食品处理区按清洁程度可分为一级清洁操作区、二级清洁操作区和三级清洁操作区。（错）

43. 可以用切过生肉的菜板切熟食。（错）

44. 可以在清洗原料的水池内涮洗墩布。（错）

45. 食品处理区的抹布应用途明确，定位存放，保持清洁。（对）

46. 餐饮服务提供者应当定期对加工制作和经营食品的质量安全状况进行自查。（对）

47. 进口的预包装食品可以不标注中文标签。（错）

48. 为预防豆浆中毒，需将豆浆在"假沸"后保持沸腾 3 分钟以上。（错）

49. 需要冷藏的熟制食品，应当在冷却后及时冷藏。（对）

50. 可以将未密封的熟食和生肉一起存放。（错）

51. 专间的温度应不高于 30℃。（错）

52. 餐饮服务提供者可以使用盛放过农药、化肥的包装袋盛放食品原料。（错）

53. 餐饮服务提供者可以使用盛放过油漆、涂料等工业产品的容器盛放食品原料。（错）

54. 可以使用甲醛泡发海产品。（错）

55. 蒸制馒头、包子、花卷等可以使用含铝泡打粉。（错）

56. 经营鲜活水产品的餐饮服务提供者可以在饲养用水中添加硝基呋喃、孔雀石绿等。（错）

57. 制作现榨果汁、食用冰等可以使用自来水。（错）

58. 用于制作现榨饮料、食用冰等食品的水，应为通过符合相关规定的净水设备处理后或煮沸冷却后的饮用水。（对）

59. 自行对餐（饮）具清洗消毒的应当配备清洗消毒设备、设施，采用蒸煮等方法消毒。（对）

60. 不具备清洗消毒条件的餐（饮）服务提供者可以使用合法的集中消毒单位提供的餐（饮）具。（对）

61. "专间"内不得设置明沟。（对）

62. 餐饮服务提供者应当定期清理排水沟内的污物。（对）

63. 售出后的菜品消费者如果未食用完，餐饮服务提供者可以回收加工后再次销售。（错）

64. 蔬菜、水果、生食的海产品等食品原料可在专间内清洗处理。（错）

65. 专间内应由专人加工制作，非操作人员不得擅自进入。（对）

66. 餐饮服务提供者应当对消费者提出的投诉立即核实，妥善处理。（对）

67. 可以在贮存食品原料的场所内存放个人生活物品。（错）

68. 申请食品经营许可，应当先行取得营业执照等合法主体资格。（对）

69. 低温能彻底杀灭微生物，所以冰箱可用来长期保存食品。（错）

70. 采购的食品添加剂标签上应该载明"食品添加剂"字样。（对）

71. 禁止在餐食中加入药品，但中药材除外。（错）

72. 餐饮服务提供者终止经营，食品经营许可被撤回、撤销或者食品经营许可证被吊销的，应当在 30 个工作日内申请办理注销。（对）

73. 被许可人以欺骗、贿赂等不正当手段取得食品经营许可的，由原发证部门撤销许可，并处 1 万元以上 3 万元以下罚款。（对）

74. 餐饮服务提供者采购、使用、销售无中文标签的进口预包装食品，货值金额不足 1 万元的，将被处以 5000 元以上 5 万元以下罚款。（对）

75. 餐饮服务提供者采用乙醇消毒容器、物体表面或从业人员手部的，浓度为 99％的乙醇消毒效果优于浓度为 75％的乙醇。（错）

76. 发生食品安全事故或疑似食品安全事故的餐饮服务提供者，应当按照事故调查部门的要求提供相关资料和样品，不得拒绝。（对）

77. 发生食物中毒或者疑似食物中毒后，餐饮服务提供者与中毒者协商解决了医疗及赔偿事宜的，可不必向当地食品药品监督管理部门、卫生行政部门报告。（错）

78. 食品的冷藏温度要求和冷冻温度要求是一样的。（错）

79. 清洗消毒后的餐用具最好用沥干、烘干的方式。使用抹布擦干的，抹布应专用，并经清洗消毒后方可使用。（对）

80. 加工海产品时，必须严格区分加工用具和容器等，避免引发副溶血性弧菌食物中毒。（对）

81. 集体聚餐人数超过 100 人的，餐饮服务提供者应当为提供的食品成品留样。（对）

82. 野生蘑菇中存在多种有毒品种，食用中毒后病死率高，餐饮服务提供者经营野生蘑菇的要确保经营的蘑菇中未混入有毒品种。（对）

83. 餐饮服务工作人员上厕所后应洗净手部，接触直接入口食品的人员还应消毒手部。（对）

84. 餐饮服务提供者可以经营养殖河豚活鱼和未经加工的河豚 整鱼。（错）

85. 螺类在生长过程中易被寄生虫污染，加工时应烧熟煮透。（对）

86. 餐饮服务中使用的洗涤剂、消毒剂应符合食品安全标准。（对）

87. 幼儿园和中小学食堂尽量不要加工制作四季豆。（对）

88. 餐饮服务提供者加工四季豆时应烧熟煮透，避免造成食物中毒。（对）

89. 大型连锁餐饮企业应制定内部的餐饮服务食品安全操作规程。加工制作地

方特色餐饮食品的要制定规范的加工制作方法。（对）

90. 从事接触直接入口食品的人员应当进行健康检查，取得健康证明后方可上岗工作。（对）

91. 食品处理区内可以设置卫生间。（错）

92. 餐饮服务提供者加工食品的用水，应当符合国家规定的生活饮用水卫生标准。（对）

93. 餐饮服务提供者应当在经营场所的显著位置悬挂或者摆放食品经营许可证正本。（对）

94. 食品经营许可证遗失、损坏的，应当向原发证部门申请补办。（对）

95. 集体用餐配送单位在配送食品过程中，应将食品的中心温度保持在 8℃以下或 60℃以上。（对）

96. 餐饮服务提供者在制作的原味果汁中可以添加呈味香精。（错）

97. 餐饮服务提供者应保持就餐场所的空气流通和卫生清洁。（对）

98. 为勤俭节约，餐饮服务提供者可以重复使用火锅底料。（错）

99. 餐饮服务提供者对所有项目的食品检验结论均可以申请复检。（错）

100. 网络餐饮服务第三方平台提供者设立从事网络餐饮服务分支机构的，应当在设立后 30 个工作日内向所在地食品药品监管部门备案。（对）

二、单项选择题（共 50 题）

1. 有关食品安全的正确表述是（B）。

A. 经过灭菌，食品中不含有任何细菌

B. 食品无毒、无害，符合应当有的营养要求，对人体健康不造成任何急性、亚急性或者慢性危害

C. 含有食品添加剂的食品一定是不安全的

D. 食品即使超过了保质期，但外观、口感正常仍是安全的

2. 以下关于食品安全标准的说法正确的是（C）。

A. 食品安全标准是鼓励性标准

B. 食品安全标准是推荐性标准

C. 食品安全标准是强制性标准

D. 食品安全标准是自愿性标准

3. 餐饮服务提供者申办食品经营许可证时，正确的做法是（D）。

A. 一所学校内有多个食堂（厨房独立设置）的，只需申办一个许可证

B. 一家宾馆内有多个餐厅（厨房独立设置）的，只需申办一个许可证

C. 同一法定代表人的餐饮连锁企业，只需申办一个许可证

D. 食品经营许可实行一地一证原则，每个经营场所均需要申办许可证

4. 餐饮服务提供者加工经营河豚鱼的正确做法是（D）。

A. 可以经营所有品种的野生河豚鱼

B. 可以经营所有品种的养殖河豚活鱼

C. 可以经营所有品种的养殖河豚整鱼

D. 只能经营农业部批准的养殖河豚加工企业加工好的河豚制品

5. 餐饮服务提供者对食品的理化指标检验结论有异议的，可以自收到检验结论之日起（A）个工作日内提出复检申请。

  A. 7　　　　　　　B. 10　　　　　　　C. 15　　　　　　　D. 30

6. 餐饮服务提供者在一年内累计（B）次受到责令停产停业、吊销许可证以外处罚的，由食品药品监管部门责令停产停业，直至吊销许可证。

  A. 2　　　　　　　B. 3　　　　　　　C. 4　　　　　　　D. 5

7. 餐饮服务提供者财产不足以同时承担民事赔偿责任和缴纳罚款、罚金时，应当（A）。

  A. 先承担民事赔偿责任　　　B. 先缴纳罚款、罚金

  C. 减少赔偿金额和罚款金额　D. 不予赔偿和缴纳罚款、罚金

8. 餐饮服务提供者在食品安全管理中必须贯彻执行的技术法规是（A）。

  A.《餐饮操作规范》

  B.《食品安全管理体系　餐饮业要求》（GB/T 27306—2008）

  C.《质量管理体系　要求》（GB/T 19001—2016）

  D. 五常法、六 T 法

9. 下列加工制作可以在专用操作区内进行的是（D）。

  A. 生食类食品

  B. 裱花蛋糕

  C. 所有冷食类食品

  D. 现榨果蔬汁、果蔬拼盘

10. 餐（饮）具保洁场所属于哪类操作区（B）。

  A. 清洁操作区　　　　　　　B. 准清洁操作区

  C. 一般操作区　　　　　　　D. 以上都不是

11. 食品的进货查验记录和进货凭证保存期限不得少于产品保质期满后（B）。

  A. 3 个月　　　B. 6 个月，没有明确保质期的不少于 24 个月

  C. 12 个月　　D. 18 个月

12. 餐饮服务提供者在散装食品的贮存位置可以不标明哪项内容（C）。

  A. 食品的名称

  B. 食品的生产日期或生产批号

  C. 食品的成分或者配料表

  D. 保质期

13. 被吊销许可证的餐饮服务提供者，其法定代表人、直接负责的主管人员和其他直接责任人员自处罚决定作出之日起（D）年内不得申请食品生产经营许可、从事食品生产经营管理工作和担任食品生产经营企业食品安全管理人员。

  A. 2　　　　　　　B. 3　　　　　　　C. 4　　　　　　　D. 5

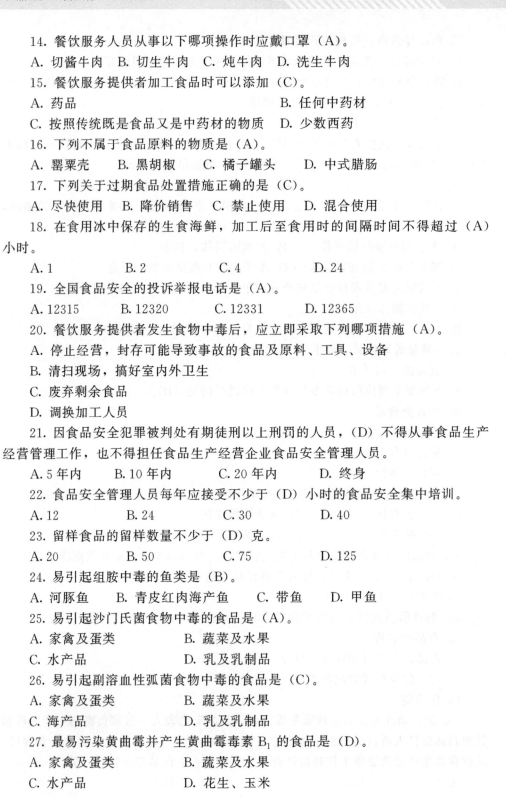

14. 餐饮服务人员从事以下哪项操作时应戴口罩（A）。

A. 切酱牛肉　B. 切生牛肉　C. 炖牛肉　D. 洗生牛肉

15. 餐饮服务提供者加工食品时可以添加（C）。

A. 药品　　　　　　　　　　　B. 任何中药材

C. 按照传统既是食品又是中药材的物质　D. 少数西药

16. 下列不属于食品原料的物质是（A）。

A. 罂粟壳　　B. 黑胡椒　　C. 橘子罐头　　D. 中式腊肠

17. 下列关于过期食品处置措施正确的是（C）。

A. 尽快使用　B. 降价销售　C. 禁止使用　D. 混合使用

18. 在食用冰中保存的生食海鲜，加工后至食用时的间隔时间不得超过（A）小时。

A. 1　　　　　　B. 2　　　　　　C. 4　　　　　　D. 24

19. 全国食品安全的投诉举报电话是（A）。

A. 12315　　B. 12320　　C. 12331　　D. 12365

20. 餐饮服务提供者发生食物中毒后，应立即采取下列哪项措施（A）。

A. 停止经营，封存可能导致事故的食品及原料、工具、设备

B. 清扫现场，搞好室内外卫生

C. 废弃剩余食品

D. 调换加工人员

21. 因食品安全犯罪被判处有期徒刑以上刑罚的人员，（D）不得从事食品生产经营管理工作，也不得担任食品生产经营企业食品安全管理人员。

A. 5 年内　　B. 10 年内　　C. 20 年内　　D. 终身

22. 食品安全管理人员每年应接受不少于（D）小时的食品安全集中培训。

A. 12　　　　B. 24　　　　C. 30　　　　D. 40

23. 留样食品的留样数量不少于（D）克。

A. 20　　　　B. 50　　　　C. 75　　　　D. 125

24. 易引起组胺中毒的鱼类是（B）。

A. 河豚鱼　B. 青皮红肉海产鱼　C. 带鱼　D. 甲鱼

25. 易引起沙门氏菌食物中毒的食品是（A）。

A. 家禽及蛋类　　　　　　B. 蔬菜及水果

C. 水产品　　　　　　　　D. 乳及乳制品

26. 易引起副溶血性弧菌食物中毒的食品是（C）。

A. 家禽及蛋类　　　　　　B. 蔬菜及水果

C. 海产品　　　　　　　　D. 乳及乳制品

27. 最易污染黄曲霉并产生黄曲霉毒素 B_1 的食品是（D）。

A. 家禽及蛋类　　　　　　B. 蔬菜及水果

C. 水产品　　　　　　　　D. 花生、玉米

28. 为预防豆浆中毒，需将豆浆在"假沸"后保持沸腾（D）分钟以上。

A. 1   B. 2   C. 3   D. 5

29. 禁止餐饮业采购、加工和销售的螺类是（C）。

A. 花螺   B. 黄泥螺   C. 织纹螺   D. 田螺

30. 专间使用紫外线灯消毒空气的，应在无人工作时开启（D）分钟以上。

A. 10   B. 15   C. 20   D. 30

31. 大多数细菌能够快速生长繁殖的温度范围是（C）。

A. -15～0℃   B. 0～9℃

C. 8～60℃   D. 61～70℃

32. 关于食品贮存、运输的做法不正确的是（D）。

A. 装卸食品的容器、工具、设备应当安全、无毒无害、保持清洁

B. 防止食品在贮存、运输过程中受到污染

C. 食品贮存、运输温度符合食品安全要求

D. 将食品与有毒有害物品一起运输

33. 留样食品应保留（D）小时以上。

A. 12   B. 24   C. 36   D. 48

34. 下列哪类加工场所内废弃物容器盖子应为非手动开启式（C）。

A. 粗加工场所   B. 切配场所

C. 专间   D. 餐用具清洗消毒场所

35. 为防止鼠类侵入，餐饮服务提供者应在排水沟出口处设置网眼孔径小于（B）mm 的金属隔栅或网罩。

A. 6   B. 10   C. 18   D. 25

36. 接触直接入口食品的从业人员应当（B）进行一次健康检查。

A. 每 6 个月   B. 每 1 年

C. 每 18 个月   D. 每 2 年

37. 餐饮服务提供者应当在经营场所的显著位置悬挂或者摆放（C）。

A. 营业执照   B. 酒类流通许可证

C. 食品经营许可证   D. 税务登记证

38. 餐饮服务提供者应当将食品药品监管部门张贴的日常监督检查结果记录表保持（A）。

A. 到下次监督检查时   B. 3 个月

C. 6 个月   D. 2 年

39. 食品烧熟煮透的中心温度应不低于（D）。

A. 50℃   B. 60℃   C. 65℃   D. 70℃

40. 以下哪种情形可免予处罚（A）。

A. 履行了进货查验等义务，有充分证据证明其不知道所采购的食品不符合食品安全标准，并能如实说明其进货来源

B. 生产经营微生物含量超过食品安全标准限量的食品

C. 生产经营掺假掺杂的食品

D. 生产经营死因不明的禽、畜、兽、水产动物肉类及其制品

41. 许可申请人隐瞒真实情况或者提供虚假材料申请食品经营许可的，申请人在（C）内不得再次申请食品经营许可。

A. 3 个月　　　　B. 6 个月　　　　C. 1 年　　　　D. 2 年

42. 食品经营许可证上载明的许可事项发生变化，餐饮服务提供者未按规定申请变更许可的，由原发证部门责令改正，给予警告；拒不改正的，处（B）元罚款。

A. 1000～1 万　　　　　　　　B. 2000～1 万

C. 5000～1 万　　　　　　　　D. 5000～2 万

43. 餐饮服务提供者撕毁、涂改日常监督检查结果记录表，或者未保持日常监督检查结果记录表至下次日常监督检查的，由市、县级食品药品监督管理部门责令改正，给予警告，并处（C）元罚款。

A. 5000～5 万　　　　　　　　B. 5000～3 万

C. 2000～3 万　　　　　　　　D. 2000～2 万

44. 餐饮服务提供者需要延续食品经营许可有效期的，应当在该许可有效期届满（D）个工作日前，向原发证部门提出申请。

A. 10　　　　　B. 20　　　　　C. 25　　　　　D. 30

45. 餐饮服务提供者应在（C）公示食品安全投诉举报电话。

A. 会议室　　　　　　　　　　B. 负责人办公室

C. 就餐场所醒目位置　　　　　D. 加工操作间

46. 违反《食品安全法》规定，构成犯罪的（涉嫌食品安全犯罪的），应当（B）。

A. 可以以罚代刑

B. 依法追究其刑事责任

C. 依法不应追究刑事责任的，不再给予行政处罚

D. 经审查没有犯罪事实但依法应当予以行政处罚的，由公安机关予以处罚

47. 以下避免熟食品受到各种病原菌污染的措施中错误的是（A）。

A. 接触直接入口食品的人员经常洗手但不消毒

B. 保持食品加工操作场所清洁

C. 避免昆虫、鼠类等动物接触食品

D. 避免生食品与熟食品接触

48. 以下预防细菌性食物中毒的措施中错误的是（D）。

A. 尽量缩短食品存放时间

B. 尽量当餐食用加工制作的熟食品

C. 尽快使用完购进的食品原料

D. 超过加工场所和设备的承受能力加工食品

49. 使用化学消毒法消毒餐具时，配好的消毒液一般（A）更换一次。

A. 每 4 小时　　　　　　B. 每 5 小时

C. 每 6 小时　　　　　　D. 每 8 小时

50. 以下关于食品召回的做法中错误的是（B）。

A. 发现其经营的食品不符合食品安全标准或者有证据证明可能危害人体健康，立即停止经营

B. 对召回的食品进行无害化处理、销毁后，向所在地县级人民政府食品药品监督管理部门报告

C. 通知相关生产经营者和消费者，并记录停止经营和通知情况

D. 对召回的食品采取无害化处理、销毁等措施，防止其再次流入市场

三、多项选择题（共 50 题）

1. 餐饮服务提供者依法应当履行的食品安全职责和义务包括（ABCD）。

A. 持证经营，保持经营场所和条件持续符合食品安全要求

B. 建立食品安全管理制度，配备食品安全管理人员，明确各岗位食品安全责任

C. 组织职工进行食品安全培训，提高其守法经营意识，规范其经营行为

D. 组织职工进行健康检查，及时调离患有有碍食品安全疾病或病症的人员

2. 禁止采购使用下列哪类肉类及其制品（ABCD）。

A. 病死的

B. 毒死的

C. 死因不明的

D. 未经检验或者检疫不合格的

3. 发生食品安全事故后，任何单位和个人不得（AB）。

A. 隐瞒、谎报、缓报事故信息

B. 隐匿、伪造、毁灭有关证据

C. 配合事故调查处理

D. 积极救治中毒人员

4. 食品安全监管人员对餐饮服务提供者进行监督检查时，有权采取下列哪项措施（ABCD）。

A. 进入生产经营场所实施现场检查

B. 对生产经营的食品等进行抽样检验

C. 查阅、复制有关合同、票据、账簿以及其他有关资料

D. 查封违法从事生产经营活动的场所

5.《中华人民共和国刑法》中有关食品安全犯罪的罪名主要有（ABD）。

A. 生产、销售不符合食品安全标准的食品罪

B. 生产、销售有毒、有害食品罪

C. 生产、销售不符合安全标准的产品罪

D. 生产、销售伪劣产品罪

6. 造成细菌性食物中毒的常见原因为（ABCD）。

A. 原料腐败变质

B. 加工过程发生生熟交叉污染

C. 从业人员带菌污染食品

D. 食品未烧熟煮透

7. 厨房中造成交叉污染的常见因素有（ABC）。

A. 生、熟食品混存混放

B. 生、熟食品加工工用具及盛装容器混用

C. 接触直接入口食品的工具、容器使用前未消毒

D. 从业人员加工熟食品后不洗手直接择菜洗菜

8. 食品药品监管部门作出下列哪项处罚决定前，应当告知当事人有要求举行听证的权利（ABD）。

A. 吊销食品经营许可证

B. 责令停业

C. 责令改正，给予警告

D. 较大数额罚款

9. 下列关于餐（饮）具清洗消毒的程序哪项是正确的（AD）。

A. 去残渣→洗涤剂去污→清水冲洗→物理消毒→保洁

B. 去残渣→洗涤剂去污→清水冲洗→化学消毒→保洁

C. 去残渣→洗涤剂去污→清水冲洗→保洁

D. 去残渣→洗涤剂去污→清水冲洗→化学消毒→清水冲洗→保洁

10. 餐饮服务提供者消毒餐（饮）具时，可采用的消毒方式包括（ABD）。

A. 煮沸或蒸汽消毒

B. 红外线加热消毒

C. 紫外线消毒

D. 用含氯消毒药物消毒

11. 下列关于餐（饮）具消毒方法正确的是（AB）。

A. 煮沸消毒，温度 100℃，10 分钟以上

B. 红外线消毒，温度 120℃以上，10 分钟以上

C. 洗碗机消毒，水温 65℃，30 秒以上

D. 含氯消毒剂消毒，在有效氯浓度 250mg/L 以上的消毒液中浸泡 3 分钟

12. 餐饮服务环节发生化学性食物中毒的常见原因为（ABCD）。

A. 食用了毒蕈、野生河豚鱼、发芽土豆

B. 食用了含禁用农药的蔬菜

C. 食用了未烧熟煮透的豆浆、四季豆

D. 误将亚硝酸盐当作食盐

13. 餐饮服务提供者预防细菌性食物中毒的基本原则为（ABC）。

A. 防止食品受到病原菌污染

B. 控制病原菌繁殖

C. 杀灭病原菌

D. 在食品中添加抗生素

14. 防控食品受到病原菌污染的措施主要为（ABCD）。

A. 保持加工场所清洁卫生，防止滋生蚊蝇、蟑螂、老鼠等有害生物

B. 严格清洗和消毒餐（饮）具、加工工用具及容器

C. 严格执行从业人员健康管理制度，患有国务院卫生行政部门规定的有碍食品安全疾病的人员，不得从事接触直接入口食品的工作

D. 严格执行加工人员个人卫生制度

15. 不得将食品与下列哪项物质一同贮存、运输（CD）。

A. 食品添加剂

B. 餐（饮）具

C. 有毒物品

D. 有害物品

16. 下列有关餐饮经营场所卫生间管理正确的是（ABCD）。

A. 设置独立的排风设施

B. 出口附近设置洗手设施，并配备洗手液（皂）、消毒液、擦手纸、干手器等

C. 定期清洗卫生间设施、设备，并做好记录

D. 保持清洁卫生，无污物、无垃圾

17. 餐饮服务提供者采购国内食品生产企业生产的预包装食品时，应当查验下列哪项内容（ABCD）。

A. 食品的名称、规格、净含量

B. 食品的生产日期、保质期

C. 生产者的名称、地址、联系方式

D. 生产许可证编号、产品标准代号

18. 下列哪项物质为食品生产经营活动中禁止使用的非食用物质（ABC）。

A. 硼砂

B. 罂粟壳

C. 酸性橙（金黄粉）

D. 柠檬黄

19. 下列哪项物质为食品生产经营活动中禁止使用的非食用物质（ABCD）。

A. 吊白块

B. 甲醛

C. 苏丹红

D. 三聚氰胺

20. 对违反食品安全法律法规规定的餐饮服务提供者，可处以（ABCD）。

A. 罚款

B. 吊销许可证

C. 行政拘留

D. 判刑

21. 专间内需要有下列哪项专用设施（ABCD）。

A. 冷藏设备

B. 空气消毒设施

C. 工具清洗消毒设施

D. 独立的空调设施

22. 对在加工制作的食品中非法添加药品的行为，应当给予的处罚为（AD）。

A. 没收违法所得和违法生产经营的食品，并可没收用于违法生产经营的工具、设备、原料等物品

B. 货值金额不足 1 万元的，并处 10 万～15 万元罚款；货值金额 1 万元以上的，并处货值金额 5～10 倍罚款

C. 情节严重的，吊销许可证，并可由公安机关对其直接负责的主管人员和其他直接责任人员处 30 日拘留

D. 构成犯罪的，依法追究刑事责任

23. 晨检时发现从业人员存在下列哪项病症，应立即将其调离接触直接入口食品的工作岗位（ABC）。

A. 发热

B. 腹泻

C. 皮肤伤口或感染

D. 头晕

24. 存放消毒后餐用具的保洁设施，应符合下列哪项要求（ABC）。

A. 标记明显

B. 结构密闭

C. 易于清洁

D. 材质透明

25. 下列有关裱花蛋糕加工制作的要求中正确的是（AB）。

A. 在专用冰箱中冷藏蛋糕胚

B. 当天加工、当天使用裱浆和经清洗消毒的新鲜水果

C. 植脂奶油裱花蛋糕储藏温度在 10℃±2℃

D. 蛋白裱花、奶油裱花、人造奶油裱花等蛋糕储藏温度不超过 30℃

26. 下列有关备餐操作的要求中正确的是（ABC）。

A. 认真检查待供应食品，发现腐败变质或感官异常的，不得供应

B. 分派菜肴、整理造型的用具使用前消毒

C. 加工制作围边、盘花等的材料应符合食品安全要求，使用前应清洗消毒

D. 烹饪后至食用前超过 2 小时的食品，存放在常温环境中

27. 接触直接入口食品的从业人员，出现下列哪项情形时应洗手消毒（ABCD）。

A. 处理食物前

B. 接触生食物后、接触受到污染的工具或设备后

C. 使用卫生间后、处理动物或废弃物后

D. 咳嗽、打喷嚏或擤鼻涕后

28. 倡导餐饮服务提供者开展下列哪项活动（ABCD）。

A. 宣传普及食品安全法律、法规及知识

B. 连锁经营与配送

C. 采用食品安全管理先进技术和管理规范

D. 公开食品加工过程，公示食品原料及其来源等信息

29. 国务院卫生行政部门规定的有碍食品安全的疾病包括（ABCD）。

A. 霍乱、细菌性和阿米巴性痢疾

B. 伤寒和副伤寒

C. 病毒性肝炎（甲型、戊型）

D. 活动性肺结核、化脓性或者渗出性皮肤病

30. 下列有关餐厨废弃物处置要求正确的是（ACD）。

A. 建立餐厨废弃物处置管理制度

B. 分类放置餐厨废弃物，做到周产周清

C. 将餐厨废弃物交由经相关部门许可或备案的餐厨废弃物收运、处置单位处理

D. 建立餐厨废弃物处置台账，详细记录有关情况

31. 禁止餐饮服务提供者采购、使用的食品添加剂为（AB）。

A. 亚硝酸钠

B. 亚硝酸钾

C. 硫酸铝钾

D. 硫酸铝铵

32. 食品留样记录中应包含下列哪项内容（ABC）。

A. 留样食品名称

B. 留样时间

C. 留样人员

D. 加工人员

33. 下列哪项加工制作必须在专间内进行（BC）。

A. 加工制作冷食类食品

B. 加工制作生食类食品

C. 加工制作裱花蛋糕

D. 加工制作饮料

34. 下列有关从业人员个人卫生的行为中正确的是（AB）。

A. 穿戴清洁的工作衣帽

B. 头发不外露

C. 留长指甲，涂指甲油

D. 饰物外露

35. 餐饮服务提供者应当履行以下哪项食品安全法定职责和义务（ABCD）。

A. 严格制定并实施原料控制要求、过程控制要求

B. 开展食品安全自查，评估食品安全状况，及时整改问题，消除风险隐患

C. 及时妥善处理消费者投诉，依法报告和处置食品安全事故

D. 接受政府监管和社会监督，依法承担行政、民事和刑事责任

36. 餐饮服务提供者申请食品经营许可时，应当具备下列哪项条件（ABCD）。

A. 具有与经营的食品品种、数量相适应的场所、设备或者设施

B. 与有毒有害场所以及其他污染源保持一定距离

C. 有专职或兼职食品安全管理人员和保证食品安全的规章制度

D. 具有合理的设备布局和工艺流程

37. 餐饮服务提供者加工制作菜品时，应符合下列哪项规定（CD）。

A. 可以添加西药

B. 可以添加中草药

C. 可以添加按照传统既是食品又是中药材的物质

D. 不添加药品

38. 从事网络餐饮经营的餐饮服务提供者应遵守以下哪项规定（ABCD）。

A. 具有实体店

B. 取得食品经营许可证

C. 在许可核定的范围内从事经营活动，不得超范围经营

D. 在网络上公示其食品经营许可证、量化分级动态等级

39. 从事网络餐饮经营的餐饮服务提供者应遵守下列哪项与网络订餐送餐有关的规定（ABCD）。

A. 网上公示的店名、地址、订餐食品等信息与实际一致，不得虚假

B. 送餐食品包装严密，防止送餐途中受到污染

C. 送餐食品有保鲜、保温、冷藏或冷冻要求的，采取能保证食品安全的相应措施

D. 委托具备相应能力的企业送餐

40. 下列哪项为餐饮服务提供者预防细菌性食物中毒的关键控制点（ABCD）。

A. 避免熟食品在加工、贮存中受到各种病原菌污染

B. 控制好食品的加热温度和熟食品的贮存温度

C. 控制好熟食的存放时间，尽量当餐食用

D. 食品的加工量与加工条件相吻合，防止超过加工场所的承受能力加工

41. 以下哪项为防止生熟交叉污染的有效措施（AC）。

A. 采用材质、形状、颜色、标识等方式明显区分加工生熟食品的工用具、容器等

B. 彻底洗净接触直接入口食品的餐（饮）具、工用具、容器

C. 从业人员洗手消毒后加工熟食

D. 在专间或专用场所内加工直接入口食品

42. 餐饮服务提供者购买下列哪项物品时应当实行进货查验记录（AB）。

A. 食品

B. 食品洗涤剂、消毒剂

C. 桌椅板凳

D. 杀虫剂

43. 餐饮服务企业采购食品原料时应当遵守以下哪项要求（ABCD）。

A. 查验供货者的许可证、食品检验合格证明

B. 检查原料感官性状，不采购《食品安全法》禁止生产经营的食品

C. 按规定索取并留存购物凭证

D. 按规定记录采购食品的相关信息

44. 下列哪种情形不符合从业人员个人卫生要求（ABC）。

A. 未经更衣洗手直接进入加工间

B. 将私人物品带入食品处理区

C. 在食品处理区内吸烟、饮食

D. 进入专间的人员洗手消毒后，穿戴专用的工作衣帽并佩戴口罩

45. 生吃水产品存在较高的食品安全风险，加工不当可引起（ACD）。

A. 细菌性食物中毒

B. 食品口感不好

C. 食源性寄生虫病

D. 食源性肠道传染病

46. 将食品离地离墙贮存是为了（BCD）。

A. 便于存取

B. 通风防潮

C. 防止有害生物藏匿

D. 便于检查和清洁

47. 未取得食品经营许可从事餐饮服务，应当承担以下哪项法律责任（ABC）。

A. 没收违法所得

B. 没收用于违法经营的工具、设备、原料等物品

C. 违法经营的食品货值金额不足 1 万元的，处 5 万～10 万元罚款

D. 货值金额 1 万元以上的，处货值金额 5 倍以上 10 倍以下罚款

48. 餐饮服务经营者拒绝、阻挠、干涉食品药品监管部门依法开展食品安全监督检查、事故调查处理的，相关部门可给予其何种处罚（BCD）。

A. 责令改正，给予警告

B. 责令停产停业，并处 2000～5 万元罚款

C. 情节严重的，吊销许可证

D. 构成违反治安管理行为的，由公安机关依法给予治安管理处罚

49. 下列哪种食品属于禁止生产经营的食品（ABD）。

A. 腐败变质的食品

B. 死因不明的禽、畜、兽等动物肉类

C. 按照国家食品安全标准添加了食品添加剂的食品

D. 营养成分不符合食品安全标准的食品

50. 以下清洗消毒餐具的做法中错误的是（BC）。

A. 消毒后的餐具应贮存在专用保洁设施内备用

B. 重复使用一次性餐具时要注意洗净以后再消毒

C. 消毒后的餐具一定要使用抹布、餐巾擦干

D. 使用化学消毒法消毒餐具时，要注意定时测量消毒液浓度，浓度低于要求时应立即更换或适量补加消毒液